消費者教育学の地平
Consumer education science
西村隆男 編著
edited by Nishimura Takao

慶應義塾大学出版会

はしがき

　本書は消費者教育を一つの確固たる学問分野として捉えようとするいわば試論である。また一方で、これまで長年にわたり消費者教育の研究や実践に携わってきた者としての到達点的集成でもある。しかしながら、私個人でこの仕事を取りまとめるには力及ばず、学会の研究同人である方々や私の研究室に籍を置き、今日では大学人として活躍中の方々に大いに協力していただいた。ここに快く寄稿を引き受けてくださった皆様に深い感謝を申し上げたい。私自身は高校教育の現場に15年、大学教育の現場に25年勤務してきた。その経験からすると、消費者教育は、批判的思考によって、市場における商品選択の意思決定を行い、また同時に自らの消費生活の豊かさの追求とともに、他者や環境への配慮をしつつ社会への影響力を与えうる消費者市民となるべく資質を育むものである。

　かつては賢い消費者を育てることが消費者教育の目標とされ、商品知識の習得が主目的とされたが、自立する消費者の育成の時代を経て、今日では消費者市民社会を構築する市場の主体を目指すことが目標となってきた。基本認識は不変でありつつも、経済社会の発展や時代環境の変化とともに、求められる消費者像も変革が迫られる。

　本書の構成は第Ⅰ部で総論として、消費者教育の発展の系譜を繙き、その理論の発展過程を追う。さらに欧米の消費者教育の理論や内容を精査して、わが国の消費者教育の発展に与えた影響を検討する。

　第Ⅱ部は各論として、消費者教育の周辺分野との関係性を問うものとした。第1には教育実践学からのアプローチを、第2には教科教育学の立場からの視座を、第3には消費者市民社会構築で最も近接領域である環境教育学の視座から、第4には消費行動が経済行為の主要な営為であることにより経済教育の視点から、第5には消費行動すなわち商品を入手するために媒介となる金融利用行動の観点から金融教育との関連を、第6には消費者教育が家政学、

なかでも家庭経営学の視点から、第7には消費者の財およびサービスの購入が契約行為であり、その権利や責任の基礎となる法学のアプローチから、第8には消費者教育が地方自治体の行政行為として実施されている地方行政論の視点から、第9には社会的弱者への消費者教育を取り込んだ社会支援論の視点から、第10には実践的消費者支援の視座としての家計管理支援論の立場から、それぞれ論じていただいた。

　第Ⅲ部では、本書全体の議論を踏まえ消費者教育学構築への道程を示すべく、消費者自身の意識変容の萌芽とも言える政策決定への市民意思の発信の実例を示すとともに、消費者から消費者市民への意識変容の動向、また企業行動における革新の状況を論じた。そして、最後には消費者教育学の確立へ向けてその方向性を試論として示した。

　今回、本書を刊行するにあたり、快く執筆に協力をくださった方々の半数は私の研究室で院生として修士、博士の学位を取得し、さらに実績を積み上げ、今日多方面に活躍している。松葉口玲子（横浜国立大学）、神山久美（山梨大学）、石橋愛架（鹿児島大学）、奥谷めぐみ（福岡教育大学）、橋長真紀子（札幌学院大学）の各氏である。さらに、研究同人として早い時期から交流のあった鎌田浩子（北海道教育大学）、阿部信太郎（城西国際大学）、柿野成美（消費者教育支援センター）、小野由美子（東京家政学院大学）の各氏も出版に賛意を示され執筆をしてくださった。また学会活動を通じて親交のある岩本諭（佐賀大学）氏にもご寄稿をいただくことができ、感謝の念に堪えない。

　グローバル化や地球温暖化が進み、国内にあっては少子高齢化が加速するなかで、消費者教育学は、そうした不確実な未来を切り開く学問分野である。さまざまな経済社会事象に正面から目を向けて、批判的思考を巡らし、日々の市場での商品選択行動から社会のあるべき姿を求め、変革していく潜在的なパワーを秘めた分野なのである。早期からの消費者教育的思考力の育成は、これからの世代に不可欠なタスクであり、現代社会の諸課題を解決に導く鍵にもなりうるものであると信ずる。消費者教育学研究への真摯な取り組みは、2016年に国連総会で採択されたSDGs（持続可能開発目標）に示された喫緊の課題、「持続可能な生産と消費の確保」にも通じるのである。

　ここ数年、消費者教育推進法施行後は学校教員の研修会に講師として招か

れる機会も多くなったが、終了後に受講された教員の方から、消費行動を通じて世の中を変える、作り上げていくという思考は、まさに「民主主義教育そのもの」との感想を聞くことが何度となくある。消費者教育に長く関わってきた者として、これ以上の研究者冥利に尽きる表現はない。

　本書の上梓に当たり、企画・編集に関わっていただいた山梨大学大学院の神山久美准教授および、出版の機会を頂戴するとともに編集・校正全般にご尽力くださった慶應義塾大学出版会の喜多村直之氏に心より厚く御礼申し上げます。

2017年2月

　　　　　　　　　真っ白にかがやく八ヶ岳の山なみをを眺めつつ
　　　　　　　　　　　　　　　　　　　　　　　西村隆男

目 次

はしがき　i

序章　消費者教育の学問領域　1

西村隆男

1　経済学のアプローチ　2
2　商学のアプローチ　5
3　家政学のアプローチ　10
4　教育学のアプローチ　12
5　おわりに　13

〈第Ⅰ部　消費者教育の到達点〉

第1章　消費者教育の系譜　19

西村隆男

1　萌芽期　19
　1—1　消費者組織による消費者教育　19
　1—2　政財界支援による消費者教育　22
2　展開期——行政における消費者教育　25
3　転換期　28
　3—1　自立した消費者　28
　3—2　日本消費者教育学会の設立　31
　3—3　消費者教育支援センターの発足　33
4　革新期　34
　4—1　消費者教育の体系化の取り組み　34
　4—2　消費者市民社会の意識形成　37

第2章　消費者教育の理論形成　41

西村隆男

1　賢い消費者論　41
　　1—1　バイマンシップ論　41
　　1—2　意思決定論　43
2　消費者自立論　46
　　2—1　主体形成論　46
　　2—2　権利主体論　46
3　消費者市民論　49

第3章　消費者教育推進法の成立とその内容　55

西村隆男

1　消費者教育推進法制定の背景　55
2　消費者教育推進法の意義・理念と推進の主体　57
　　2—1　消費者教育推進法の意義　57
　　2—2　消費者教育推進法の基本理念　61
　　2—3　消費者教育の推進主体　62
3　消費者教育推進の基本方針　64
4　消費者教育推進計画と推進地域協議会　66
5　消費者教育推進の場と担い手の育成　68
　　5—1　学校における消費者教育の推進　68
　　5—2　地域における消費者教育の推進　70
　　5—3　消費者教育の担い手の育成　72
6　消費者教育推進会議　73
7　消費者教育推進法の効果と今後の課題　74

第4章　地域社会および学校における消費者教育　77

西村隆男

1　地域社会における消費者教育　77
　　1—1　地域における消費者教育の展開　77

1—2　近年の文部科学省社会教育行政による取り組み　79
　2　学校教育における消費者教育　81
　　2—1　学校教育における消費者教育の史的展開　81
　　2—2　学校教育における消費者教育の論理　89

第5章　欧米の消費者教育と日本への影響　93
西村隆男

　1　アメリカ消費者教育の原点　93
　　1—1　生成期のアメリカ消費者教育　93
　　1—2　学校教育とアメリカ消費者教育　97
　　1—3　行動型消費者教育の形成　99
　2　アメリカ消費者教育の思潮　101
　　2—1　消費者としての市民　101
　　2—2　バニスターとモンスマの消費者教育概念　101
　　2—3　経済的投票（市場参加者）、消費者の経済的影響力　102
　　2—4　デイリー・デモクラシー　102
　3　ヨーロッパ消費者教育の原点　103
　　3—1　消費組合運動と社会民主主義　103
　　3—2　市民社会における主体形成を目指す教育　104
　4　ヨーロッパの消費者教育の発展　105
　　4—1　北欧の消費者教育の思潮　106
　　4—2　消費者市民の考え方　106
　　4—3　CCN および PERL の取り組み　108

〈第Ⅱ部　消費者教育へのパースペクティブ〉

第6章　教育実践学——消費者教育の指導と評価　113
神山久美

　1　消費者教育の実践に関する理論　113
　　1—1　消費者教育の実践と理論の融合　113

  1—2　消費者教育を通して育む学習者の力　114
 2　消費者教育の指導と評価　116
  2—1　消費者教育の指導　116
  2—2　消費者教育の評価　117
 3　消費者教育の指導法と評価法の試行とモデル開発　119
  3—1　授業試行　119
  3—2　消費者教育の指導・評価モデルおよび試行　131
 4　おわりに　132

第7章　教科教育学
──子どもの生活実態から見る学校消費者教育の役割　135
奥谷めぐみ

 1　教科と消費者教育の関係性　135
 2　市場経済における消費者としての子ども　136
  2—1　子どもの消費生活の特性　136
  2—2　子どもの消費生活の経年的変化と影響　137
 3　学校教育における消費者教育の位置づけ　142
  3—1　学校における消費者教育の必要性　142
  3—2　消費者教育と教科教育学との関わり　143
  3—3　学校教育の見直しと消費者教育　149
 4　まとめ──学校教育から生涯教育へ　151

第8章　環境教育／ESD　155
松葉口玲子

 1　消費者教育と環境教育／ESDの相互補完性　155
  1—1　消費者教育と環境教育／ESDの関係　155
  1—2　環境教育／ESDへの接近の意義　157
 2　「持続可能な消費」に向けた教育　159
  2—1　「持続可能な消費」への機運の高まり　159
  2—2　「持続可能な消費」に向けた「教育」へ　162

3　国際的な教育改革の動向との関係　164
　　　3—1　教育のグローバル・スタンダード化　164
　　　3—2　「持続可能な消費」との関わり　166
　　4　今後の課題　168
　　　4—1　ジェンダー視点の必要性　168
　　　4—2　「もう1つの教育」としての新たな地平に向けて　170

第9章　経済教育　175

　　　　　　　　　　　　　　　　　　　　　　　　　阿部信太郎

　　1　消費者教育と経済教育の関係　175
　　2　経済教育の目標——市民性教育としての経済教育　177
　　3　消費者市民と経済リテラシー——経済教育の内容　178
　　4　消費者教育と関わりの深い経済リテラシー　180
　　　4—1　希少性・選択・生産資源（スタンダード1）　181
　　　4—2　特化と比較優位（スタンダード6）　181
　　　4—3　市場と価格、需要と供給、競争（スタンダード7〜9）　182
　　5　経済リテラシーの定着状況と課題　182
　　6　社会のあり方についての選択——効率と公正　185
　　7　消費者教育と経済教育の相互補完性　187

第10章　金融教育——社会的価値行動の育成　189

　　　　　　　　　　　　　　　　　　　　　　　　　橋長真紀子

　　1　金融教育の目的と意義　189
　　2　パーソナルファイナンス教育の目的と意義　192
　　3　北欧の消費者教育とパーソナルファイナンス教育　193
　　4　社会的価値行動を育成する金融教育　199
　　　4—1　投資行動による社会的課題解決　201
　　　4—2　企業の社会的責任を後押しする金融商品　203
　　　4—3　購買行動を通じた社会貢献　204
　　5　消費者教育の金融教育への接近　206

第11章 家庭経営学——歴史的経緯と今後の視座　211

鎌田浩子

1　家政学と家庭経営学　211
2　家政学と消費者教育　212
　2—1　家政学事典から見た消費者教育　212
　2—2　『日本人の生活』から見た消費者教育　214
3　家庭経営学から見た消費者教育　215
4　家庭科教育と家政学　216
5　家政学と消費者問題　217
6　アメリカFCSに見る消費者教育　218
7　国連ミレニアム開発目標と家政学　221
8　家庭経営と消費者教育の展開　222

第12章 法学——消費者と市民を架橋する消費者教育　225

岩本　諭

1　はじめに——法学の視座からの問題整理　225
2　「消費者の権利」と消費者教育　226
　2—1　「消費者教育を受ける権利」と消費者教育推進法　226
　2—2　消費者行政の理念と消費者教育　229
3　消費者教育領域における消費者市民社会の意味と位置づけ　232
　3—1　消費者教育推進法制定以前の「消費者市民社会」　232
　3—2　消費者教育推進法における「消費者市民社会」概念　233
　3—3　シティズンシップの前提としての市民社会と日本の状況　235
　3—4　消費者市民社会を理念とする日本の消費者教育の役割　236
4　法学領域における消費者市民社会の受容と検討課題　237
　4—1　「消費者の権利」と消費者概念　237
　4—2　「消費者の権利」と「事業者の権利」について　240
5　おわりに——法学における「消費者」と「権利」の新たな位置づけに向けて　241

第13章　地方行政論・地域政策論
　　　　　——「コーディネーター」が必要とされる2つの理由　243

柿野成美

1　問題の所在　243
2　地方行政論・地域政策論の潮流　244
　2—1　行政学・政策学における地方行政論・地域政策論　244
　2—2　地方行政論・地域政策論の台頭——地方の時代へ　245
　2—3　地方行政論・地域政策論の潮流
　　　　　——ガバメントからガバナンスへ　246
3　地方消費者行政の現状　247
　3—1　地方消費者行政の誕生と位置づけ　248
　3—2　財政面から見た地方消費者行政の限界　249
　3—3　地方消費者行政の推進体制　250
　3—4　地方消費者行政における消費者教育に関わる人材　253
4　消費者教育推進の課題と対応（1）——縦割り行政への対応　254
　4—1　縦割り行政（セクショナリズム）　254
　4—2　消費者行政と教育行政の縦割りを解消するコーディネーター　256
　4—3　コーディネーター配置に向けた課題　259
5　消費者教育推進の課題と対応（2）——ガバナンスの観点から　260
　5—1　ガバナンスの観点から　260
　5—2　消費者教育推進地域協議会　261
　5—3　地域協議会を「多様な担い手の結節点」にするために　262

第14章　社会支援論——要支援者への消費者教育　267

小野由美子

1　支援が必要な消費者の存在　267
　1—1　判断不十分者契約の相談状況　267
　1—2　要支援消費者とは誰か　268
　1—3　相談情報における「判断不十分者契約」と「心身障害者関連」の
　　　　状況　269

2　地域における知的障害者などへの取り組み　274
　　2—1　当事者を対象にした家計管理の支援を目的とした講座　274
　　2—2　家族と支援者を対象にした家計管理の支援の必要性　277
　3　特別支援学校における金銭管理に関わる教育と支援　279
　　3—1　生活とお金に関する授業の実施状況　279
　　3—2　生活単元科目、職業・進路学習、家庭科での取り組み　280
　4　要支援消費者と消費者教育　285
　　4—1　特別支援学校と消費者教育　285
　　4—2　要支援消費者に対する社会のあり方　286

第15章　家計管理支援論——多重債務者への生活再建支援　289

石橋愛架

　1　消費者が置かれている環境　290
　　1—1　見えないお金の普及　290
　　1—2　お金がなくてもお金を使うことのできるシステムの存在　291
　2　お金が足りなくなる理由　292
　　2—1　脆弱な生活基盤　292
　　2—2　家計状況の未把握　293
　　2—3　感情コントロールの不得手　294
　3　返済不能に陥る経緯　295
　　3—1　返済計画のない借金　295
　　3—2　借入先と借入額の膨張　296
　　3—3　お金をくるくる回して生活維持　296
　4　多重債務者への生活再建支援　297
　　4—1　主体的に行動させるための相談支援　298
　　4—2　家計管理能力育成のための相談支援　301
　　4—3　多重債務者の生活再建支援の到達点　304

〈第Ⅲ部　市場社会における意識変容と消費者教育学の課題〉

第16章　市場社会における意識変容　311
西村隆男

1　環境倫理と消費者行動　311
　1—1　消費者教育と価値形成　311
　1—2　環境価値と消費者実践　312
2　市民意識の変化　313
　2—1　住民投票による市民意識形成　313
　2—2　SNSを背景とした若者による発信　316
3　消費者倫理の確立　317
　3—1　消費者責任の考え方　317
　3—2　消費者倫理としてのエシカル消費　319
　3—3　学習主体としての消費者　319
4　企業倫理の確立　320
　4—1　企業の変容　320
　4—2　企業の環境倫理　323
　4—3　CSRの厳格化　324

第17章　消費者教育学の確立へ向けて　327
西村隆男

1　社会実験としての消費者教育学の提唱　327
2　トランスサイエンス時代の消費者教育学　328
3　消費者市民育成の学へ　331

消費者教育発展史（年表）　335

索引　347

執筆者紹介　353

序章

消費者教育の学問領域

西村隆男

「消費者とは、定義するならば我々すべての人である。消費者は、公私のほとんどすべての経済的な意思決定に影響を与え、また影響をも受ける最大の経済主体である。経済活動の生み出す富の3分の2は、消費者による支出なのだ。」

　これは、1962年3月15日のアメリカ大統領ケネディ（J. F. Kennedy）が特別教書として議会で演説した消費者の権利に関する宣言の冒頭の発言である。自給自足の時代には生産と消費が一体化し、消費者概念は存在しなかったが、モノの交換が行われ市場として発達し、生産と消費が分離する中で、生産者と対峙する存在として一方の極に消費者が出現した。

　本書で取り上げるテーマである消費者教育とは、生産のプロセスも、市場自体も高度化、複雑化し、孤立無援の存在となった消費者が、日々湧き出るかのように市場にあふれる商品群の中から、一つの商品を選択し、生命を再生産する営みを繰り返す日常を通じて、市場において疎外された存在としてではなく、市場における取引主体としての地位を回復するための学習過程として捉える。

　今日、わが国のGDPの55％を占める家計消費の担い手たる消費者の意思決定は、経済社会全体に多大な影響を与えうる存在であり、消費者の学習如何によっては、今後の経済社会のありように関わる意思決定をなしうる潜在的資質を備えたキーパーソンとの認識を持つべきであろう。

　ではこれまでの、特に戦後の日本において、消費者教育はどう捉えられてきたのか、さまざまな学問分野のフィールドでどのように定義され、実践されてきたのだろうか、議論の入り口として、俯瞰してみることとしたい。

消費者教育研究は、学会などの活動を通じ、関係する論文の蓄積や、学校教育や自治体行政を通じて、多くの実践の積み重ねが存在することは事実である。

しかし一つの科学、学問としての位置づけは、今日もなお、未確立のフィールドと言ってよい。なぜだろうか。そこには、学問分野としての体系が定立されていないからではなかろうか。

消費者教育が、ともすれば現実の社会問題への対応としてきわめて実践的な能力を育成するものと捉えられることが多く、いわゆる悪質な訪問販売による被害を防止するための処方箋とする者もあれば、安全性や健康を志向した商品選択のスキルを身につけるためのものと説く者もある。さらには、市場における消費者の置かれた状況を改善するために、知識やスキルを身につけて対抗勢力として育つ必要を説く者もある。

消費者教育は、はたして固有の学問領域、研究対象領域として確かな地位を確保することが可能なのであろうか。本書は端緒的にはこうした問題意識から、検証しようとするものである。

消費者なる存在は市場なくしてありえない。消費者は市場からの商品の購入を通じてこそ消費者なのである。その意味では、消費者教育はすぐれて経済社会の論理の上に存在する。そこで序論として、消費者教育に関連の深い諸科学と消費者教育の動向を概観し、消費者教育のフレームワークを浮き彫りにしてみたい。

1　経済学のアプローチ

経済学が直接に教育いわんや消費者教育に対してアプローチを持つことはほとんどなかった。消費は経済学の対象であり、古くはアダム・スミス（A. Smith）の「消費はいっさいの生産の唯一の目標であり、目的なのであって、生産者の利益は、それが消費者の利益を促進するのに必要なかぎりにおいてのみ顧慮されるべきものである」（『国富論』第4編第8章）との名言がある。

生産を究極に決定する権限が消費者にあるとする消費者主権（consumer sovereignty）の考え方はハット（W. H. Hutt）によって提唱された（Hutt 1936, pp. 257-262)。消費者主権は、消費者個々人の自由で合理的な選択が、市場の価格と需給のメカニズムを通じて、究極的には生産者にどのような製品をどれだけ供給すべきか伝達し決定させるシステムとして経済機構に組み込まれていることを意味する。しかし、経済学の伝統理論は市場参加の主体間に対称性があり、人為的な操作が加えられないことを前提としている。今日の競争圧力のもと、消費者に対峙した結果として、事業者は技術力、情報力、組織力において消費者を圧倒し、消費者の意図する選択を阻害するほどの非対称性を市場主体の双方に発生せしめた。

　消費者教育の必要性は現代経済学から論じられているものではないが、ミクロ経済学の不完全情報（非対称性）の理論から市場の欠陥を補完する存在としての意義が推論されよう。伊藤元重は不完全情報の経済学が1970年代以降に、アカロフ（G. Akerlof）らの研究によって注目されだしたとする（伊藤1995、153頁）。たしかに市場関係において企業・消費者間の情報疎通が不完全であれば、取引は歪められてしまう。アメリカでは欠陥車をレモンと呼ぶことから、以下のように不完全情報の理論では説明される。

　中古車市場において、売り手はその車の品質に関し詳細なデータを保有している。一方、買い手は当該品質に十分な情報を持ちえない。なぜなら、売り手は高く売ろうと一部の情報を隠そうとするからである。もし、高い価格の中に質の悪いレモンが存在すれば、買い手は価格が高いことが品質の証明にならないと気づくようになる。その結果、買い手は市場を信用しなくなり、品質の高いものも安く買いたたかれることにより、売り手も市場から撤退する。市場に残るのは価格の低い粗悪品だけになる。つまり、レモンの存在が、質の良い商品の流通を阻害する逆選択が生じるのである。

　ポスト−サミュエルソンの定番的な経済学教科書とされることが多いスティグリッツ（J. E. Stiglitz）（1995）では、「十分な情報・知識を持たない消費者に対する政府の関心は、多くの消費者保護立法への動機を与えていた。（中略）しかし、こうした法律のほとんどは限られた有効性しか持っていない。個々の消費者はすべての情報を消化することは到底できない。どのようにして、注意を払うべき情報はどれであるかを知るのだろうか」として、不完全情報市場を市場の失敗とし、政府の対応例に消費者保護立法や義務教育

を掲げている。

　不完全情報のもとでは逆選択が生じやすいことは、銀行が融資先を選ぶ場合や、我々がレストランや塾を選択する場合に経験するところである。情報の非対称性による市場での逆選択を招かないための努力は、アメリカにおける金融機関や保険会社などに対する格付け機関の存在などによって知られる。アフターサービスとして1年間の無償修理などを行うメーカー保証は、消費者に購入上の安心感を与えるもので、情報の不完全性を埋める販売政策にほかならない。

　1994年のPL法（製造物責任法）制定により企業の警告表示が増えたが、消費者にとっては購入時の商品情報が拡大したと言える。警告表示は高品質のものを正しく判断させる鍵ともなり、逆選択を回避させてくれる。消費者は企業から開示された安全性に関する情報を、それがなされなかった以前と比較して、増えた情報量の中で的確な判断ができやすくなった。

　消費者と生産者の間の、あるいは消費者と販売者の間の情報格差を埋める努力は、市場の健全な発展のために不可欠な営為である。消費者はより高度な商品情報を求め、それを正しく理解して消費生活に生かす。企業は消費者に対してあらゆる商品情報を開示することで、正しい選択を促す。

　経済学上、情報の非対称性は前述のように市場欠陥の一態様とされる。つまり、公共財の存在や環境汚染などと同様に、市場の欠陥から生じた現代経済の問題は、市場外の力によって市場内部に取り込むことで克服することのみが、解決への道筋であるとする。しかしながら、市場における情報の非対称性は、行政による規制のみでは補完されず、消費者教育が行われなければ片務的な情報提供のみに終始することになる。ところで、健全市場育成のための表示規制や広告規制は、消費者に適切な商品情報を提供する有力な手段となる。もし、規制により完全情報つきの商品のみが市場に供給されることが可能であるなら、不完全情報の問題を市場で解決することを可能とするが、一方、消費者においても用意された情報を適切に活用して、最善の判断をする能力が問われることにもなる。特に警告表示などの危険情報は、すみやかにその意義を理解することが必要となる。

　バブル期に多額の保険料を支払って契約した保険が、満期時に払込保険料

金額を割り込むという変額保険訴訟が1994年頃に相次いだが、意図的な情報不足が招いた逆選択の結果であった。昨今、レンダーズ・ライアビリティ（融資者責任）が問われ、金融機関の説明責任が求められた。企業側の適切な情報開示が行われ、消費者の情報識別能力が具備されていれば被害は免れたのである。

規制による情報補完は、警告表示の規格化・標準化などのプロセスを経て、一定程度は可能であろう。しかしながら、消費者側の認識力の向上、不断の学習なくして情報欠陥商品が市場から駆逐されうるだろうか。つまり、市場は商品を媒介とするも、提供する企業と提供される消費者の双方向の発信によってこそ発展しうるものなのである。ここに現代経済社会における消費者学習・消費者教育の有用性が存在する。

2　商学のアプローチ

わが国の戦後の消費者教育の発展過程を検証するとき、1940年代から50年代において商業学者がこの分野を開拓した功績はきわめて大きい。日本商業学会の初代会長となった向井鹿松、第2代会長の福田敬太郎、続く長屋有二、そして当時新進気鋭の宇野政雄らである。彼らは、消費者の視点から経済学を分析し、家政学者との橋渡しを演じてきた。いわば商学と家政学の蜜月時代を築いた立て役者である。

長屋（1949、167頁）は、アメリカの消費経済学の動向を精査し、その源流を家政学から発展した家計管理や商品購入を主とするカーク（H. Kyrk）らによる研究と、配給論に端を発する消費者需要、購買動機を主とするショー（A. W. Shaw）とそれに続くコープランド（M. T. Copeland）らの研究にあるとした。しかし、アメリカ消費経済学の原点はナイストロム（P. H. Nystrom）にあるとして、自著の『消費経済論』で中心的に取り上げた。長屋は第5章に「消費者の教育」をあて、「消費者が購買上において受ける利益阻害が、必ずしも生産者や販売業者の倫理的水準が低いことのみに原因せず、むしろ消費者側の無知、無関心ということも大いに原因している」と消費者教育の必要性を提唱した。さらにアメリカの大学における消費者教育講座や、消費

組合（コンシューマーズ・ユニオン：CU）を紹介した。

　福田（1951）の『消費経済学』は家政学講座の1冊として上梓された。消費経済の理論を示しつつ、消費者保護の必要（第1編第5章）や消費組合の発達（第2編第4章）、生活協同組合の経営をあげ、「最も肝腎なことは、消費者自身が自覚して、自らを助ける精神によって互いに団結して防衛することである」と消費者が連帯することの重要性を明示した（福田1951、100頁）。

　向井編（1952）『消費者の経済学』は、向井、福田、宇野らの商業学者と松平友子、氏家寿子らの家政学者による著作で、第1編「消費者教育の必要性」、第2編「衣・食・住の買い方と使い方」、第3編「収入及び家計」から構成される。向井によれば、消費者教育には学校におけるものと社会におけるものとがあること、社会におけるものは消費者組織を通じて運動の形で行われるが、学校における消費者教育はハラップ（H. Harap）の著書『消費者の教育』（原題、*The Education of the Consumer: A Study in Curriculum Material*）がアメリカで1924年に出版されてから注目され出したという[1]。さらに1920年代に消費者意識の顕著な発達があって、恐慌を経て30年代末には消費者教育の課程が急増し、46年11月のある調査では300人以上の生徒を有する高等学校725校のうち26％の学校が独立科目として「消費者教育」を開設していたとする。

　向井は、「消費者が商品に対する鑑定力があるかないかは、そもそもものを安く購うか高く買うかの分れ道である。（中略）この故に商品の質、用途、処理に関し豊富な知識を有することは買い物上手の根本的な要件である」と消費者教育の必要性を強調した。また、「消費者教育の内容は、品物やサービスを上手に買い求めて賢く利用し、消費者によって受けられる価値を増すとともに、消費者の消費行為の経済的影響を常に反省する習性を与えることである」とも述べている。この向井の指摘は今日においても十二分に通用すると言えよう。消費者市民性をより重視する立場からは、この定義後段の「経済的影響」のあとに社会的影響を加えれば十分であろう。

---

(1)　ハラップの著作（Harap1924, pp. 32-40, 50-56）の内容に関しては、本書第5章第1節を参照。

宇野 (1954a、26頁) はアメリカのパブリック・リレーションズ (Public Relations: PR) などの販売政策研究に着目し、消費者重視の思想がその背景にあって、ベター・ビジネス・ビューロー (Better Business Bureau) などの活躍に見られるように、確かな鑑識眼を持った消費者の選択によってこそ企業は生き残りうるとした。行論の中でアメリカの消費者経済学の動向を取り上げ、消費者が商品を合理的に購入できるための商品知識の習得、消費者教育が研究対象になっていると紹介した。そして品質鑑定の実験設備を備えた消費者組織コンシューマーズ・リサーチ (CR)、コンシューマーズ・ユニオン (CU) の存在意義にふれつつ[2]、「健全なビジネスの発展を期待するものとして、その基盤となる消費者の目覚め、そして消費者教育の徹底、消費者経済学の検討がなされなければならない」とした。

　また、販売経営においては生産の立場と消費の立場の双方を考慮しなければならないとして、商品の標準化、ラベル、包装、商標などを含むマーチャンダイジングの思想の日本への導入を提唱するとともに、「アメリカにおいて最近マーチャンダイジングが登場し、商品研究が企業経営ないし社会経済の立場から重視されてきたことは、言うまでもなく、消費者運動の影響であろうが、その点から言えば、わが国で商品学があまり企業経営および一般に積極的な研究方向が見いだせないのは一にかかって一般に消費者として自覚が足りないこと、そして、その消費者の圧力が企業者に弱く、それが未だ正しい商品への理解を欠乏させている理由だとも言えよう」(宇野1954b、182-183頁) と消費者の意識改革を求めた。

　戦後間もなくマーケティングがアメリカから輸入される時期に、商品学が消費者教育の有用性を説いて以来、商品知識としての消費者教育を除き、1960年代以降、商品学からの消費者教育へのアプローチはほとんど見られない。唯一消費者教育に積極的にふれたものはアメリカの消費者運動に詳しい商品学者、水野良象の『商品学読本』(初版1977年、第2版1987年) であろう。水野 (1987) は商品学を商品学 (総論) と商品政策論に分け、商品政策論をさらにマーケティング商品学、企業商品学、消費者商品学、社会商品

---

(2) CR (1928年設立)、CU (1936年設立) の展開の詳細は、本書第5章を参照。

学に分類した。消費者教育は社会商品学に位置づけられ、その目標を「消費者の自覚を促し、情報の活用と組織の拡大強化により企業と対抗できる交渉力を自らそなえるような消費者の資質を育成すること」とし、重要なことは「消費者自身が自覚して、賢明に行動する態度と能力を身につけるための学習をすること」であると結論づけている。

日本消費者協会の生みの親で、相模女子大学学長を歴任した山崎進の『消費者商品学——消費者教育の理論』（初版1967年、新版1979年）はシンプルな概説的テキストであるが、その標題のネーミングといい、まさに消費者教育の啓蒙書としてよく知られる。山崎は消費者教育の具体的な内容を「買いものの四原則」として以下のように明示した（山崎1979、109-113頁）。

①量目によく注意して買うこと　　②価格をよく見て買うこと
③品質表示をよく確かめて買うこと　④機能をよく調べて買うこと

山崎は後述するように日本生産性本部、日本消費者協会での活動を通じ、買い物上手論、賢い消費者論を形成していった実践家であり、やがて研究者へと転身するわが国消費者教育の草分け的人物である。しかし消費者問題を社会構造的に捉える方向は、残念ながらその著作の中からは見いだしえない。

商品学における品質の問題は古くからの研究課題であった。その契機は、「いろいろな商品のいろいろな使用価値は、一つの独自な学科である商品学に材料を提供する」[3]とマルクスが『資本論』第1部第1篇第1章で指摘したことに始まると考えられる。以後、今日に至るまで品質論をめぐる商品学からの分析は豊かな蓄積を持っている。

消費者問題としての欠陥商品に関して、水野（1987、205頁）は、「安全性、性能、アフターサービスなどその商品に当然備わっているべきだと誰もが期待している性質が欠けているため、（消費者に）なんらかの身体的または経済的損失をもたらした商品」と定義した。

欠陥商品を市場に出現させた企業は社会的に糾弾され、またその被害の救済のために万策を講じることは当然である。同時に、再び同一商品による被

---

[3]　マルクス＝エングルス全集刊行委員会訳（1968）『資本論』第1分冊、48頁。

害の発生が拡大することを防ぐため、当該商品の全面回収やあらゆる手段を通じてのユーザーへの周知徹底も欠かせない。さらに、被害再発を未然防止するためのすみやかな製造中止や製品改良が、企業のトップによって指示されなければならない。

商品の品質の良否は、消費者利益を大きく左右し、消費者の身体・健康・生命にも影響を及ぼすものであるから、消費者選択において価格と並び最も重要な判断材料である。また、一方、生産企業・販売企業においても、消費者ニーズに適合した製品開発や、品揃えなどのマーケティングの観点から、商品の品質は重大関心事であることは疑いない。

消費者問題は消費者教育の前提であり、消費者問題の発生のないところに消費者教育は存在しえない。飯島義郎が言うように、「商品学が人間社会のためのよりよき商品のあり方をめざす社会科学」（飯島1978、3頁）であるとすれば、商品の存在に根ざす消費者問題も消費者教育も商品学の対象となる必然性があろう。

消費者教育戦略という新たな用語を編み出して、商品学のフレームの再構築を図る石崎悦史は、商品戦略には企業のみならず他の経済主体である行政、消費者も戦略主体になりうるという（石崎1997a）。石崎によれば、「企業の商品戦略は（中略）商品についての情報を消費者にどれだけわかりやすく提供するかということになる。商品のコンセプトを提示するのである。そうすると問題はその情報を受け取る側の問題が大きくなる。この点については消費者操作という問題と消費者主権の問題がある」とする（石崎1997a、102頁）。

新たな商品の出現が生活を変容させる例は枚挙にいとまがないが、既存商品の有効性を否定もしくは劣等性をいたずらに強調して、旧商品を生活の必需品からいきなり廃棄物に転化させてしまう消費者操作に近い例もある。効能を誇示し、必ずしも必要のないものを、あたかも現代科学技術の産み出した文明の利器のごとく販売戦略を展開するものである。さらに、石崎（1997b、136頁）は、「消費者のネットワークを拡大するインセンティブは何か」と自らの生活向上のための消費者の商品戦略を検討する中から、企業に対するカウンタベリングパワー（対抗力）としての消費者主権を確立するための戦略に期待を込めて言及している。

石崎の提唱する消費者における商品戦略という論理は示唆に富んだ内容を含んでいる。企業に対しては商品購買戦略と商品消費情報戦略を有し、同時に行政に対し商品情報要求戦略、社会に対し商品情報発信戦略を有すると分析する。そうした見解は、「生活を変える原動力は企業にあり、企業が消費者を、世界をひっぱり、説得していく責任がある。だが企業にその自覚がないのが問題である。現代の企業に期待できないとすれば社会的リーダーがいないことになり、新しいタイプのリーダーが必要になるだろう。その内容は正確に予測できないが、市民型のリーダーであり、特別の存在ではない。市民のなかから作り上げられてくるものだろう」(石崎1997c、53頁) と、社会のニューリーダーの出現を、企業でも消費者でもない市民としてイメージするところに石崎の独創性があると言えよう。

3　家政学のアプローチ

　アメリカでおもに州立大学に家政学 (ホームエコノミックス) が開講されたのは、1862年のモリル法によって、連邦が大学に土地を供与し、地域生活の質を高めることを目的に設けられたランド・グラント大学以来のことであると言えよう。1870年代には農業生産力の向上と家事の合理的経営を目指し、農学と家政学を擁する多くの州立大学が誕生している。

　1930年代には、スーパーマーケットの出現などの流通革新も進み、一方、家政学系のコースを有する大学に消費者教育の講座が開設されていった。36年にはミズーリ州コロンビア市のステファンカレッジ (Stephens College) に、消費者教育研究所 (Institute for Consumer Education) が設けられた。同研究所はスローン財団 (Alfred P. Sloan Foundation) の援助を受けながら38年には消費者教育協会 (Consumer Education Association) を発足させ、翌39年4月には3日間にわたる全米消費者教育会議 (National Conference on Consumer Education) を開催し、全米から教師や研究者、婦人クラブのリーダー、政府関係者、企業関係者、テスト機関の職員ら600人以上が参集した。そのほかにも消費者相談所を開設するなど消費者教育の普及活動を積極的に行った同研究所は、不運なことに戦争のため解散を余儀なくされた[4]。

アメリカの家政学は、今井光映によれば、「人とモノとの相互作用を研究する学問として誕生し、70年代には人間生態学（human ecology）の名称で発展してきた。人間らしく生きるにふさわしい生活価値を実現する方法がマネジメント（家庭経営）であり、その中核的機能が意思決定であるとする（家政学と家庭経営学と、その教育的担い手である消費者教育とが三位一体となって実施されていたのである）」（今井1994、62頁）[5]。

消費者教育は経済社会システムの中で人とモノの相互作用が切断され、生活の基本的価値が侵された状況からの回復を図る能力を身につけるものなのである。こうしたアメリカのホームエコノミックスから誕生した消費者教育は、今井ら家政学の研究者によって紹介され、日本の家政学会および家庭科教育学会の関係者の間に次第に浸透していく[6]。

（社）日本家政学会はすでに1981年にヒーブ問題特別委員会を設け、その研究成果として『消費者問題と家政学』を85年に出版した。同年、その延長線上に消費者問題委員会を常置委員会として設置し、消費者問題関連研究を進め、毎年ブックレット形式で消費者問題資料シリーズを発刊することになった。

消費者教育の家政系研究者からのアプローチは、環境適応および環境醸成の意思決定論か、合理的経済人としての消費者自立論が中心となる。そこでは生活設計の視点が強調され、家庭経営の枠の中での消費者教育の有用性が

---

(4) 国立国会図書館調査立法考査局資料（1955）『アメリカの消費者保護運動』42、53-54頁、およびリチャード・モース、小野信夸監訳（1996）『アメリカ消費者運動の50年——コルストン・ウオーン博士の講義』41頁、また初めての全米消費者教育会議に関しては、アイオワ州立大学図書館に所蔵する、Intitute for Consumer Education (1939) Next Steps in Consumer Education: Proceedings of a National Conference on Consumer Education held at Stephens College, Columbia, Missouri, April 3, 4, & 5 を参照した。同会議はステファンカレッジのメンデンホール（J. E. Mendenhall）が中心となって開催し、コルストン（Colston E. Warne）やハラップ（Henry Harap）らも報告をしている。
(5) 原資料は家政教育社編（1984）14頁。
(6) たとえば佐原他（1971）。
　　なお、今井、小木らの献身的な尽力によって、消費者教育の学問的基盤を確立すべく、日本消費者教育学会が1981年11月に設立された。

実践される。

4 教育学のアプローチ

　大量生産、大量消費の社会の中、1960年代の初頭に社会教育のフィールドで、消費者教育の有用性に関する議論が生まれている。岡本包治らは、「消費の教育も、消費技術の教育に終わってはならないものである。よりすぐれた社会を志向し創造するはっきりした、価値的な、指標をそなえた全人教育でなければならない」（岡本・古野1962、27頁）と生活哲学として消費者教育を位置づけた。この時期の社会教育学者の論争の詳細は本文で触れる。
　社会科教育の専門家である梶哲夫は、消費者教育を社会科の新しい学習分野としてその目標を次のように論じている（梶1974、350頁）。

　　(1) 経済社会の在り方についての認識。生産第一主義の考え方の転換で、経済が人間のために行われること、消費者利益を尊重するものであるという認識。
　　(2) 経済主体としての消費者の主体性の回復の必要性の確認と、主体的に経済社会に参加する能力の育成。
　　(3) 消費者の権利と社会的責任についての考え方の深化。

宮坂広作は1980年代より消費者教育に関心を寄せた数少ない社会教育学者である。宮坂は消費者教育の目標を「消費者問題の解決に主体的にとりくもうとする実践者の形成を目ざす」こととし、「消費者の運動それ自体の中に含まれている教育・学習機能こそが真正の消費者教育」とする（宮坂1976、184頁）。
　さらに、宮坂（1989、29、71頁）は実践の具体化として、「単に知識を伝授するだけではだめで、消費者のものの見方・考え方の枠組み・様式の自己変革を援助するものでなければならないと考える。（中略）それは消費者自身の内発的な学習の努力なしには起こり得ない。消費者教育はそうした主体的学習の援助を目指すべきもの」として、批判的思考に基づく学習のプロセスを重視し、目指すゴールは「現在の経済社会・社会構造の矛盾について認

識し、それを変革する方法について学習し、『市民参加』によって変革する」ことであると述べる。

そして宮坂（1990）は主体形成による自己変革を強調すべく、今井の意思決定論をいわば脱イデオロギーのオブラートに包まれたものと批判し、消費者教育における価値論の重要性を以下のように指摘した。「消費者教育は現代社会における深刻な社会問題としての消費者問題の根本的解決を目指すものである。消費者問題にかかわる論者はイデオローグとみなされがちであり、これを好まず、あるいは恐れる人々は、自己が不偏不党で、客観的真理を探究しつつある中正な人間だと主張しようとする」と（宮坂1990、18頁）。

5 おわりに

　消費者教育への既存学問分野からのアプローチは多様である。歴史的には商業学・商品学からの着目が早い。消費者教育が市場における消費者の商品選択に有益な能力を形成し、市場発展に不可欠な要素であることが認識されるのは、戦後アメリカの企業経営や消費者組織の動向を吸収した先見的な商業学者に負うところが大きい。その後家政学においても家庭経営における消費者教育の有用性が理解され、合理的家庭経営の実践に生かされるようになる。

　しかし、これらのアプローチは商品知識の獲得など、消費の技術的側面を切り取ったものであり、人間発達の観点からは消費者の問題解決能力、社会参加能力などを育てる教育学の論理の上に構成されて、初めて消費者教育の社会的意義を見いだしうる。

　これまでのアプローチは客体としての消費者へ情報を提供することによって、あるいは教え込むことによって購買能力、家計管理能力、市場への参加能力を育成することに終始した感が否めない。しかるに消費者教育とは何かと問われれば、消費者としての人間発達を目的とする消費者自らの胎内の潜在的消費者能力の形成にあると考えられる。とするならば、以下の各章で日本の消費者教育を論じるにあたり、潜在的消費者能力とは何かを明らかにする必要があろう。

ここで潜在的消費者能力とは、①自らが消費者としてどのような権利と責任があるかを認識し、それを自由に行使することができること、②自らの消費生活上の価値実現に向かって、確かな意思決定能力を備えていること、③地球上の資源浪費、環境破壊、人権（差別撤廃）に関心を持ち、責任ある消費を実践できること、④消費・非消費行動を通じて社会に対して積極的な意見表明ができることの4点と定義したい。

　これらの消費者能力が具備されるには、消費者自らが胎内にある学習ニーズを掘り起こし、進んで学習の機会を捉えては相応の学習の積み重ねを螺旋的に繰り返し、自らを高めていく以外にはないかもしれない。しかし、消費者教育の本質を消費者個人の消費者能力の開発、能力形成に求めるとすれば、消費者自身のチャレンジが不可欠なのではないか。

　ここにおいて、消費者能力を具備した消費者は、もはや単なる消費者ではなく、社会のありように関与する、あるいは消費社会をリードする消費生活者となる。これからの消費者教育は、ここで言う消費生活者を世に送り出すための基本的インフラでなければならない。本書はそれを確かめるための仕事である。

　消費者教育を、今日的に有用な社会発展のインフラとするためには、教育学をはじめ、経済学、商学、法学、社会学、社会福祉学、家政学（生活科学）、環境学、情報学、政策科学などの諸科学からのアプローチを参考にしつつも、新たな切り口が必要であろう。消費者教育はいまだ未確立の分野である。実践はさまざまな場で行われているものの、よって立つ学問的基盤がきわめて脆弱である。本書ではこれまでに取り組まれてきた戦後わが国の消費者教育の実践を検証しつつ、消費者教育の論理の再構築を目指し、学問としての消費者教育学の地平を展望するものである。

【参考・引用文献】
福田敬太郎（1951）『消費経済学』恒春閣
Harap, Henry（1924）*The Education of the Consumer: A Study in Curriculum Material*, Macmillan
Hutt, W. Harold（1936）*Economists and Public: A Study of Competition and Opinion*, Jonathan

Cape

飯島義郎（1978）「消費者問題と商品学」『早稲田商学』271 巻
今井光映（1994）『消費者教育論』有斐閣
石崎悦史（1997a）「商品情報論としての商品学の体系」『経済系』190 号
石崎悦史（1997b）「商品知識・情報創造戦略の枠組み」『経済系』193 号
石崎悦史（1997c）「情報革命と商品の展開像」『自然・人間・社会』22 号
伊藤元重（1995）「市場か組織か」根岸隆編『経済学のパラダイム』有斐閣
梶哲夫（1974）「消費者教育」『現代教科教育学体系』3 巻、第一法規出版
家政教育社編（1984）『消費者教育のあり方に関する調査』
国立国会図書館調査立法調査局資料（1955）『アメリカの消費者保護運動』
マルクス＝エンゲルス全集刊行委員会訳（1968）『資本論』第一分冊、大月書店
水野良象（1987）『商品学読本』第 2 版、東洋経済新報社（初版 1977 年）
宮坂広作（1976）『転形期の社会教育』日本評論社
宮坂広作（1989）『消費者教育の創造』ウイ書房
宮坂広作（1990）「消費者教育の基本」『消費者教育』10 巻
モース, リチャード著、小野信夸監訳（1996）『アメリカ消費者運動の 50 年──コルストン・ウオーン博士の講義』批評社
向井鹿松編（1952）『消費者の経済学』東洋書館
長屋有二（1949）『消費経済論』同文舘出版
岡本包治・古野有隣（1962）「消費者教育──その考え方・すすめ方」『社会教育』17 巻 4 号
佐原洋・植野昭・今井光映・小木紀之（1971）『現代消費生活思想──コンシューマリズムの原理』法律文化社
スミス, アダム著、水田洋訳（1963）『国富論』河出書房新社
スティグリッツ, J. E. 著、藪下史郎訳（1995）『スティグリッツ　ミクロ経済学』東洋経済新報社（Stiglitz, Joseph E. *Principles of Micro Economics,* 1993）
宇野政雄（1954a）「消費者経済学への道」『早稲田商学』109 号
宇野政雄（1954b）「アメリカ商品学への反省」『早稲田商学』111 号
山崎進（1979）『消費者商品学──消費者教育の理論』光生館（初版 1967 年）

第Ⅰ部
消費者教育の到達点

第1章

消費者教育の系譜

西村隆男

1　萌芽期

1—1　消費者組織による消費者教育

　消費者が集団を作り組織的な活動をしてきた歴史は、戦前の消費組合運動にさかのぼらなければなるまい。1879（明治12）年に設立された共立商社（東京）や大阪共立商社は協同組合運動の嚆矢とされるが、翌年の不況に耐えられず4、5年で解散した。大正時代に入り、大正デモクラシーを背景にして、ロッチデール原則[(1)]に基本的にのっとり、資本主義社会に対し何らかの改造を目指していた。吉野作造の率いる家庭購買組合、賀川豊彦の指導による灘購買組合、神戸消費組合、共益社などが次々と生まれた。大正デモクラシーの先頭に立っていた賀川が関東に活動の場を移して、江東消費組合を結成し、1927（昭和2）年に本所で事業を開始した。

　同組合の宣伝用リーフレットによれば、「世界中に数字のハッキリ解って居る消費組合員だけで約五千六百万人有り、家族も入れれば二億五千万人位は有りましょう。（中略）英国では、消費組合員並びに家族は全人口の六割余、フィンランドでは五割余を占め、文明国中消費組合の発達しない国は米国と日本とでありましたが、米国では近年政府勧奨の下に非常な勢で発展を始めました。今日では、消費組合の発達如何によって、其の国民の社会理想

---

(1)　1844年イギリスで創立された協同組合の原型とされる組織、ロッチデール公正先駆者組合（Rochdale Pioneers Co-operative）が掲げた①一人一票の議決権、②加入脱退の自由、③出資金への利子制限、④購買高配当制、⑤現金取引などを指す。ロッチデール原則は、やがて国際協同組合同盟による協同組合原則へと継承されていく。

の水準が解ると言っても宜しいかと思います」とある。そして、「日本では消費組合は法律上は購買組合と申します。当江東消費組合は、産業組合法による有限責任購買利用組合であります。ご承知の如く購買組合は、組合員が相協力して、一般商業につき物の中間利潤を排し、独り経済的相互扶助のみならず、全生活の相互扶助にまで進むことを目標として組織して居る法人団体であり、政府は之を社会を進歩せしめる上に役立つものと認めまして、(中略) 之が発達助成のために努力して居ります」と広く加入を呼びかけた[2]。

　これら消費組合活動は戦中、敗戦後の混乱を経て、再び息を吹き返して大同団結し、1945 (昭和20) 年11月、賀川豊彦を会長とする日本協同組合同盟 (日協) を結成した。やがて、GHQ の指導下で国民のための民主的生活組織作りのための生協法が検討されるが、冷戦体制に伴うアメリカの対日占領政策の変更によって頓挫し、日協は生協法制定に向けた100万人署名運動を展開した。結局、商工業者の反対もあって国会内の紆余曲折の審議の末、48年7月に消費生活協同組合法 (生協法) が制定されることになった。

　生協法の問題点について、日協は「生協法が単に組織に法人格を与えるという組織法にとどまらず、統制経済下での事業権を保証する行為法であること、生協の資金的裏付けとして信用事業・保険事業を認めることという二つの基本的要求を踏みにじったばかりでなく、非課税原則の撤廃、員外利用の禁止、地域生協の事業連の禁止など産組法 (産業組合法) より後退する条項を組み込むに至った」と批判した[3]。

　今日まで日本の消費者団体の代表としてその地位を確立している主婦連合会は、1948年9月3日に渋谷の中央社会館講堂で行われた不良マッチ退治主婦大会に集まった主婦らが全国的組織の必要を訴え、翌10月の協議会で主婦連合会として結成されたものである。

　『主婦連だより』の創刊第1号 (1948年12月5日付け) で、会長の奥むめおは『たのしい闘い』と題した巻頭言で、「われわれの生活の悩みを、声を

---

[2]　江東会 (1979) 261頁。
[3]　日本生活協同組合連合会 (1977) 61頁。

あげて叫ぼう。ふみにぢられて来た消費者の根強いはね返し運動を主婦連合会に依ってたたかい抜こう。敗戦日本のやむなき事情下におかれて、万人と共に苦しみ、万人と共に生きる道をわれら婦人の結束の力でうち立てたいとねがう」と力説した。

　初期主婦連の活動として、1949年3月に行われた主婦の店の選定運動や、物価引下げ運動、主婦大学の開講などがある。「主婦の店」と銘打った総投票数47万票、選定857店に及ぶ優良店投票は、消費者に表示や重量の不正をただす買い物行動を啓蒙するのに大いに役立った。

　機関紙『主婦連だより』の発行も消費者の意識高揚に大いに寄与したものと思われる。1949年4月の第1回総会以降は、毎月発行（4ページ）されるようになった。翌50年には、日用品審査部が設置され、消費者のための商品テストが実施されるようになった。ごまかし商品が出回る中で、テスト結果を機関紙上に公表したり、報告会を開催するなど消費者への情報提供を推進していった。7年間の募金活動の末、56年4月に主婦会館が完成すると、日用品試験室として商品テストは主要な事業活動の一つとなった。試験室の消費者教育効果は大きく、試験依頼に商品を会館へ持参する主婦が絶えず、いつもにぎわっていたという（高田ユリ写真集編集委員会 2009）。

　その後、1950年に既存生協の連合組織を設立すべく、前述の日協を解散し、日本生活協同組合連合会（日生協）を発足させた。50年代前半には各地の小売業者の団体や商工会議所などの生協規制運動に遭遇し、日生協は56年、生協規制に反対する第1回全国消費者大会を主催した。これを機に主婦連合会、日本婦人団体連合会、日本生活協同組合連合会、総評、中央労働者福祉協議会、くらしの会、婦人問題研究会、婦人民主クラブ、全国大学生活協同組合連合会、炭協連によって全国消費者団体連絡会（消団連）が結成された。翌57年2月に主婦会館で開かれた全国消費者大会では、奥むめお主婦連会長の起草による以下の「消費者宣言」が採択された。

消費者宣言

　「資本主義は両刃の剣である。労働者として搾取され、消費者として搾取される」と私たちの先覚者は叫びました。

労働者の搾取を排除する闘いは前進しましたが、消費者を搾取するからくりは、なお巧妙を極めて、私たち大衆の生活を脅かしています。

　大衆への奉仕を考えない独占資本は権力と手を結び、一部業者を利用してカルテル化をはかり、消費者大衆の良い品物を適正な値段で欲しいという要望をふみにじって逆に高い値段で粗悪なものを私たちに押しつけようとしています。

　ものの買手としての消費者、特に主婦の社会的責任は非常に大きいのです。もっと声を大きくして消費者の立場を主張しましょう。そして私たちの暮らしよい社会をつくろうではありませんか。

　私たち消費者大衆こそ経済繁栄の母であり商業者繁栄の支柱であります。

　すべての物の価格と品質は消費者の意志を尊重して決定されなければなりません。

　私たち消費者大衆こそ主権者であることを高らかに宣言します。

　この権利をまもり流通過程の明朗化と合理化のために、全消費者の力を結集してたたかうことを誓います。

　昭和32年2月26日

全国消費者大会

　消費者団体は消費者の利益増進のために組織化されたものであり、消費者庁『平成26年度消費者団体名簿』によれば、消費者団体の総数は2,121団体（うち広域団体は294）に及ぶ。消費者団体の活動の中で、消費者自身が主体となって教育活動を担う消費者教育もその大きな役割の一つである。前述の生協も、その活動内容から、もちろん消費者団体としてカウントされている。

1―2　政財界支援による消費者教育

　戦後日本経済の壊滅的状態を一気に打破したのは、1950年から52年の朝鮮戦争特需であったが、その後の景気後退は著しく、53年の金融引き締め

が引き金となり長期不況に突入する。政府は低賃金の一方で輸出品価格が高い現状を打破するため、産業界へのテコ入れとして、欧米各国にならい生産性向上運動を定着させる目的で、経済4団体の主導により1年余りにわたる準備を経て日本生産性本部を55年に設置させた。

　その設置目的は生産性の向上による生産者、労働者、消費者への公正な分配にあり、アメリカの支援も受け、当初より活発な海外視察団派遣を行ってきた。また、向上させた生産性を市場にどう吸収させていくかという観点から市場サイドの合理化・計画化の学習も事業の中核をなすようになり、55年の第1次トップマネジメント専門視察団のアメリカ派遣を皮切りに、56年にはマーケティング視察団の派遣をはじめ多くの視察団が最新の経済情勢を学び取ってきた。58年に派遣されたアメリカ経済調査専門視察団（団長：有澤廣巳東京大学教授）には、本部事務局から山崎進が加わっている。学者のみからなる11名の団員は、各自の専門領域から調査対象を検討するなど事前の研究会を持った。山崎は視察団の幹事として、また消費者問題担当として視察に関わり、視察箇所にはコンシューマーズ・ユニオン（CU）を組み込んでいた。氏は帰国後、「民間機関が、メーカーや卸小売商の影響から完全に独立して、独自のテストを行ない、それが社会の信用をえているということは、確かにアメリカ社会の民主主義が健全である1つの証拠であるであろう」（山崎1959、189頁）と論じている。

　生産性本部は、58年に発足させた消費者教育委員会を、60年1月には消費者教育室として独立させた。この間、商品知識に関するアンケート調査、消費者向け消費者教育誌『買い物上手』の発刊、工場見学会など次々と精力的に事業を広げてきた。中でも、59年4月に実施された消費者教育専門視察団の参加者は、消費者団体などのその後の活動に大きな影響を与えた。

　同視察団は、団長の奥むめお主婦連会長を筆頭に、日本女子大学教授の氏家寿子（副団長）、高田ユリ（主婦連）、勝部三枝子（主婦連）、小野京子（友の会）、永谷晴子（灘生協）、後藤まさ（北海道）、辻恵美子（農林省）と青山三千子（生産性本部）の総勢9名、全員女性で構成された。6週間に及ぶアメリカ視察では、ベタービジネスビューロー（BBB）や商品テスト会社、スーパーマーケット、CU、学校消費者教育の現場などを次々と訪問してい

る。

　帰国後、高田は、視察中に耳にした「一つの車で通うような家庭を持つな」という自動車メーカーの宣伝や「われわれは流行が古くなるプロセスを早めなければならない」というある会社の社長の言葉にひたすら驚くばかりだったとして、朝日新聞に「不幸を売る商人の国で」(1960年7月13日～16日、夕刊) と題する連載コラムを寄稿した。

　視察団に参加した団員らは、各地で帰朝報告会を開いた。また、日本生産性本部の機関誌『生産性新聞』には、今後日本の消費者教育活動への提言として、①学校教育における消費者教育課程の採用、必要なテキストの作成、②消費者向け消費者教育資料の発行、③消費者の手による商品テスト機関の設立と情報提供活動、④広告監視のための日本版BBB設立への努力、⑤レジャーを楽しむことは悪ではなく生活をより豊かにするとの考え方の普及などが掲載された。

　視察団派遣とその後の生産性本部内外の活発な動きは、日本に総合的な消費者教育の機関を設立しようとする機運の高まりをもたらした。消費者団体代表と関係官庁担当者との会議などを経て、1961年3月には、生産性本部消費者教育室が消費者協会設立企画案を作成し、発起人会を経て、同年9月、通産省所管の財団法人として日本消費者協会が設立され、生産性本部から完全に独立した機関となったのである。

　生産性本部における消費者教育は、高度成長初期の企業 (産業界) が新しい商品知識を消費者に提供するために行われたとする見解もないではないが、生産性本部の内部ではむしろ消費者教育部門は異端であり、元満鉄調査部で調査分析を担当していた山崎の尽力が大きく、協会が独立したときの理事長は経営学者の野田信夫であり、むしろ独立したのは生産性本部において消費者教育活動をするには居所が悪く、生産性向上運動と消費者教育はなじまない性格だったのではないかとも思われるのである。

　1961年に日本生産性本部[4]から独立し、通産省所管の財団法人として発足した日本消費者協会 (日消協) は、いわゆる消費者団体 (消費者運動団体) とは異なり、消費者教育団体として登場したと言える。同協会の代表理事を務める松岡 (長見) 萬里野は「消費者運動のためには消費者教育が必要であ

り、消費者教育が普及すると消費者運動も広がりを持つ」（長見1983）と、日消協の事業は創設以来、消費者教育と消費者運動であるとする。

これは日消協の5年史に見られる記述、すなわち「消費者教育は、消費者運動の基盤であり、その浸透によって、賢い消費者が育てられ、消費者意識が高められるとともに消費者運動も推進されることになる」と同一の思考に立っている。その消費者教育の目的とするところは、「消費生活全般の問題について消費者を啓蒙、指導し、賢い消費者を育成するとともに消費者意識の高揚や、消費者運動の推進を図ることにより国民経済の健全な発展に寄与すること」なのである[5]。

こうして消費者教育は消費者運動の原動力として位置づけられるのである。たしかに、行動の前には学習が必要であり、事実を知り問題を把握する学習活動が次の運動へのステップとなる。

2　展開期——行政における消費者教育

戦後、1955年の森永ヒ素ミルク事件のような食品公害、62年のサリドマイドやスモンなどの薬害のように、購入した商品が甚大な健康被害を招く事例が発生し、特に高度成長下ではアンプル風邪薬ショック死事件（1965年）、リア樹脂製品ホルマリン溶出事件（1966年）、カネミ油症事件（1968年）などの被害が頻発し、社会問題としては比較的新たなフィールドとして消費者問題が社会問題として次第に意識されるようになっていった。

こうした高度成長のひずみに対処すべく、1961年7月に経済企画庁長官の諮問機関として国民生活向上対策審議会が設置され、あらたに生活環境および消費者問題についての諮問がなされた。これに対し、63年6月、「消費

---

[4]　日本生産性本部は、1954年の閣議決定に基いて、政府・経営者・労働者の協同機関として翌1955年に発足した。アメリカの援助を受け、生産性向上運動の展開を目指し、その成果は経営者、労働者、消費者の3者に公正に分配されるものとした。生産性向上運動はイギリスやドイツでも推進され、戦後資本主義を再編成する国民運動としての性格を有した。

[5]　日本消費者協会（1966）38頁。

者保護に関する答申」が示され、国民経済の最大の集団である消費者は、行政全体が生産に傾斜している中で、全く保護されていないとして、消費者保護行政を充実すべきときに来ていると答申した。さらに具体的な施策として、消費者保護行政を強化するために、法律の整備、被害救済措置の整備、法施行機関の整備強化、消費者意向の行政への反映、消費者組織の自主的活動の促進、研究機関の整備などと並べて消費者教育の推進を掲げ、さらに消費者保護行政専管機構の拡充強化、総合調整機関の新設などを提言した。

東京都は消費経済課をすでに1961年に設置していたが、63年の答申を機に農林省、通産省にそれぞれ消費経済課が発足するなど専管機構が次第に整備され、公正取引委員会においても不当景品類及び不当表示防止法が制定されるなど消費者問題への対応が見られるようになってきた。

1964年には臨時行政調査会による「消費者行政の改革に関する意見」が出され、翌65年6月、経済企画庁に国民生活局が設置され、同時に国民生活向上対策審議会を国民生活審議会に改組した。同年12月には、通産省の産業構造審議会消費経済部会から「消費者意向の活用の方策と消費者教育の在り方についての答申」が示された。

同答申では消費者教育の意義を「自主性をもった賢い消費者を育成することにより、商品・サービスの合理的な選択、使用を通じての効用の極大化を助長し、消費生活を向上させること」とし、今日の消費者は「社会的背景の変化として商品、サービスの多種多様化等に対応していくとともに誇大広告、不当な表示等に対抗していくために消費者の側にも判断力と知識が要求される」ようになっており、「講演会、講習会、研究会等、直接消費者に接触するような消費者教育は、地方公共団体において行うことが適当であり、国においてはこれらの教材になりうるような情報の提供を、パンフレットその他の出版物によって行うとともに、教材用の映画、スライド等を作成することが望ましい」と明示した。また、学校教育での消費者教育に関しても十分行われておらず、その充実を図ることが望ましいとされている。

1966年11月には国民生活審議会が「消費者保護組織及び消費者教育に関する答申」を出して、消費者教育では自主性を持った賢い消費者を育てるものとし、具体的には、①商品・サービスの合理的な価値判断をする能力を養

う、②消費生活を向上させる合理的な方途を体得させる、③経済社会全体のうちにおける消費および消費者の意義を自覚させる、の3点を挙げた。さらに同答申は学校消費者教育に関して詳述している。

　消費者組織の行う消費者教育が一定のメンバーを対象にして行われる限界があるのに対して、学校教育、特に初等中等教育における消費者教育は広範な対象ゆえに、また心身の形成過程にある青少年の社会人準備教育として実効性が高いと大きく期待を寄せ、社会科、商業科、家庭科などの教科内容に立ち入って問題点と対策を指摘した。この対策に関する記述は、30年以上を経た今日もなお十分通用するものであると考えられるので次に引用する。

　（1）学校における消費者教育は一部のものだけを対象とした職業教育や家庭科教育としてのみでなく、広く一般教養の中に織り込んで実施すべきである。そのため、社会科においては、消費者利益を尊重する考え方を経済社会に導入する必要性を理解させるように努め、市民権の一つとして消費者の権利を明確に意識されるよう考慮する必要がある[6]。

　（2）教員が消費者教育のための識見、知識を備えて有効な教育が行えるよう、関連教科担当の教員に対し、「政治・経済・社会講座」のような教員の再教育過程の中で消費者教育についての指導、啓発を行う必要がある。また、教員養成大学の教科にもこうした観点を取り入れることが必要である。

　こうした経過を経て、消費者保護施策の基本方向を明らかにすべきとの世論を背景に、1968年4月には自民、社会、民社、公明4党共同の議員提案により消費者保護基本法案が提出され、5月24日全会一致で可決成立し、5月30日公布・施行された。基本法は消費者利益の擁護増進のための対策の推進と、国民の消費生活の安定向上の確保を目的とし、行政、事業者、消費者のそれぞれの役割分担を定めた。その第5条で、消費者には「みずから（中略）必要な知識を修得するとともに、自主的かつ合理的に行動するよう

---

[6]　ただし、答申に先立って公表された中間報告（1966年8月）では、この項に関し、「社会科においては」の後に、「学習指導要領を早急に改訂して」が挿入されていた。

に努める」役割が明示された。

　また、基本法により施策の実施を推進する事務を行う機関として、内閣総理大臣を会長とする消費者保護会議が毎年開催されることになったが、1968年8月6日の第1回消費者保護会議以来、毎回学校における消費者教育の充実が謳われ、特に第1回の報告文では学習指導要領の改訂に合わせ、「消費者教育の充実について検討をする」と示された。

　1968年の消費者保護基本法の制定は、コンシューマリズムがアメリカですでに定着し、わが国でも市場の弱者としての消費者を保護することが行政の明確な施策目標となったことを意味する。翌年には地方自治法を改正し、消費者保護は地方自治体の事務に組み入れられる。兵庫県は、いち早く65年に神戸市三宮に神戸生活科学センターを設置し、70年前後には各地の自治体に消費生活センターが次々と誕生していった。

　学校消費者教育を重視する声は、1971年以降になってようやく「消費者保護」を中学・高校社会科および高校家庭科に取り込む契機となった。第4次学習指導要領の改訂において、「国民生活優先という立場から国や地方公共団体は、消費者保護に関する施策の樹立とその実施を推進しなければならないこと、事業者はそれらの保護施策に進んで協力しなければならないことについて触れるとともに、消費者は消費生活に必要な知識の修得に努め、自らの手で消費生活を向上安定させる努力が必要であることを理解させる」（中学社会・公民分野）とした。

　やがて各自治体は、消費者教育と銘打つよりも、消費者啓発を事業の中核に据えて、被害救済のための消費者相談業務と並行し、消費生活センターにおける消費者講座の開催や、啓発パンフレットの作成、学校向け教材の開発など徐々にではあるが、学校教育にも一定の波及効果を求めて、さまざまな努力をするようになっていった。

3　転換期

3—1　自立した消費者

　日本の消費者教育がいっそう本格化し始めるのは、70年代中葉以降の消

費者信用の拡大に伴うサラ金問題の深刻化や、80年代の規制緩和による海外産品の大量の市場参入などの中で、消費者の自立が求められるようになってきた背景がある。それまでは、知識で強化された賢い消費者像の追求が一般的であったが、市場における善し悪しの判断ができ、万一の場合にもあるべき行動が取れる消費者、すなわち自立した消費者像が行政によって作り上げられていった。

　消費者保護政策には、消費者被害などの消費者問題解決のために、苦情相談、被害救済、消費者被害未然予防としての消費者啓発、商品テスト結果公表などの直接消費者対象に行われる消費者支援の施策と、事業者に対し不公正な表示や販売を是正させ、適正取引を確保するための事業者規制の施策の両面がある。

　消費者教育が施策運営の行政課題として本格的に議論のテーブルに上がるのは、1985年の金取引のペーパー商法、豊田商事事件を経てからのことである。安全な金貯蓄への切替えと預り金による有利な投資運用と称して、高齢者から多額の現金預金を巻き上げていったこの事件の被害者は、裁判所へ届出のあったものだけでも全国で約3万人、被害総額は1,000億円以上にも達した。しかし、問題発生当初は、通常の投資の結果であるとして消費者行政の保護対象として扱われてこなかった。しかし、次第に社会問題化し、各地の消費生活センターにも苦情が殺到するようになり、ようやく国会でも問題が取り上げられ、資産形成取引による消費者被害としてその問題性が取り沙汰されるようになっていった。

　消費者教育は、消費者行政にとっては被害の未然予防策であり、好ましい取引であるか否かを判断できる能力が消費者に備わっていれば、被害に遭遇することはないと考えることに無理はない。しかし、豊田商事事件を理解し、その手口のすべてを知らされたとしても、第2、第3の類似あるいは全く異なる百戦錬磨の販売員の戦術に対抗できる保証は全くない。また、折しも1980年代には街頭での訪問販売の一種であるキャッチセールス、アポイントメントセールスといった若者の消費者被害が相次ぎ、行政は契約観念の希薄な日本人の覚醒を促すべく、高校までに契約意識醸成のための教育を徹底して行うことが不可欠と考えるようになっていく。

折しも 1986 年 9 月に、「学校における消費者教育について」なる意見書が国民生活審議会（国生審）から、教育課程の再編に着手した教育課程審議会に送付され、一方その具体化として教科書における望ましい消費者教育の記述を検討する消費者教育研究会が経済企画庁の主唱で組織された。同研究会の報告が翌年『学校における消費者教育の新しい視点——市民社会における消費者教育へ』として経済企画庁から公刊された意義は大きい。この間、86 年 11 月には参議院決算委員会の審議において、消費者教育に関し議員から答弁を求められた文相が、あらためて消費者教育の重要性を強調するなど、気運が次第に盛り上がっていったと言えよう[7]。

国生審の意見書そのものは 2,000 字ほどのきわめて明快なものであった。その内容を要約すれば次のようである。

社会科の消費者保護に関する記述が大量生産・大量消費時代の商品取引を前提にしたもので、消費者問題は品質や安全性に関するものが中心で、事業者責任と行政の役割を示すにとどまっているが、最近の消費者問題は資産形成取引や消費者信用、無店舗販売などの取引被害が中心で、契約に関するトラブルが目立っている。

したがって契約の重要性や生活設計の考え方を理解させる必要があり、合理的判断ができる消費者を育成する消費者教育が必要である。こうした新しい消費者教育を展開するためにはアメリカの例にならい、ロールプレイングやケースメソッドなどの直接体験方式を取り入れることが望ましい。

一方、1987 年 3 月に公表された前述の『学校における消費者教育の新しい視点——市民社会における消費者教育へ』は、86 年度の経済企画庁委託調査として日本リサーチ総合研究所が受託し、消費者教育研究会（委員長：円谷峻横浜国立大学経営学部助教授）を組織して行ったもので、筆者もそのメンバーの一人であった。同研究会では現行の中学および高校の社会科教科書を総点検し、消費者保護に関する記述内容を調査した。その結果、消費者問題は利潤第一主義の企業が大量生産・大量販売する過程で発生し、消費者保

---

[7] 「第 107 国会参議院決算委員会会議録」1986 年 11 月 21 日（消費者教育支援センター編『消費者教育（政策・答申）資料』1996、303–308 頁）。

護のために企業責任の追及や規制、消費者運動の推進が必要であるとする記述がほぼ同様に描かれていた。しかし、国民生活センターの全国消費者相談状況からすると、取引・契約に関する被害や相談が大半を占め、この方面の教育が必要とされた。

ところで、契約意識に関して、日本人は一様に低く、学校現場で指導する場合にも相応の戦略が必要と考えられた。そこで市民社会の成立の歴史にさかのぼり、市民法の基本原理である契約自由の原則を導入部とし、市民社会の基本原則と消費者問題をリンクさせた学習が不可欠であると結論づけ、あるべき学習内容のプランを提示した。同報告書は研究会委員長の名を冠して「円谷レポート」とも呼ばれた。その内容は次のようであった。

第1章　社会科における学習指導要領および教科書の現状
第2章　消費者問題の現状からみた教科書の問題点
第3章　契約と消費者教育
第4章　社会科における学習指導要領および教科書の改革案
付　論

当時このレポートは波紋を呼び、行政の事業者責任から消費者責任への転嫁であるとか、悪しき消費者自立論などと研究者や消費者団体に加え一部のマスコミの反発を受けた。この間の事情につき、当時発注者側の経済企画庁の担当課長の職にあった植苗（1995）は、「いままでなんどもひどい被害を受けてきた消費者の防衛意識に対する、武装解除論の役割をはたしかねない」とする社会教育学者宮坂の報告書批判[8]を引用し、「市民としての消費者は、企業に対してはもちろんのこと政府に対しても必要な施策を要求するものであることを考えれば必ずしも武装解除論にはならないのではないか」（植苗1995、48-49頁）と反批判した。

3―2　日本消費者教育学会の設立

1981年11月、消費者教育に関する唯一の学術団体として日本消費者教育

---

[8]　宮坂（1989）。

学会は設立された。設立発起人には 20 人の研究者が名を連ね、創立総会は名古屋市愛知会館で行われ、教育、行政、企業、消費者団体などの関係者、約 240 名が参加した。学会代表理事に就任した今井光映（金城学院大学学長）は、以下のような設立趣意書を参加者らに明示した。

「生産・流通の急速にして高度な発展の陰で、消費者は商品・サービスについての情報に立ち遅れたり、必要な情報が得られなかったり、反対に情報は提供されているのにそれに無関心であったりして、的確な意思決定と自己実現の能力を低下させてきております。

人間としての消費者が置かれているこのような状況に注目する時、消費者が生活の価値を守り、生活の質を向上させるための自立人間能力を開発する消費者教育の意義と必要性は、教育・行政・産業などの各界、及び国民経済の立場から、それぞれに自覚されるはずであります。

人は誰でも生涯にわたって消費者であります。したがって、消費者教育は人間の発達の段階に応じて、生涯にわたってシステム的に、また家庭・学校・社会・産業等その担い手相互の間の理解と協力と連繋のもとにシステム的に、行われる必要があります。1975 年にフォード大統領が「消費者教育を受ける権利」を消費者の第 5 番の権利として掲げたのも、そのためであります。

ここに消費者教育の理念・方法・効果等を組織的に研究するために、日本消費者教育学会を設立いたします。消費者教育の対象とその範囲・内容はますます広がりを要求されております。学界・教育界・行政・消費者団体・企業などでそれぞれの立場から消費者教育に関心をお持ちの方々が、広く参加されることを願ってやみません。」

当日は、今井の基調講演につづいて、創立総会シンポジウム「新しい消費者教育を求めて」が行われた。パネラーは今井のほか、同学会発起人（理事）の一人で早稲田大学教授の宇野政雄、経済企画庁消費者行政第 2 課長の鶴岡詳晃、同発起人（常務理事）で市邨学園大学助教授の小木紀之（司会）だった。

学会は毎年の大会でシンポジウムや研究発表を重ね、また国際シンポジウムを開催し、消費者教育研究のプラットホームとなっていった。また、学生セミナーを開催するなど、大学での消費者教育の普及推進にも大きな役割を演じてきたと言えよう。2016年までに学会誌『消費者教育』を第36冊（36号）まで発刊し、消費者教育研究に関わる学術論文は第1冊から累計で約650編を数えるに至っている。

3―3　消費者教育支援センターの発足

80年代後半の国の消費者行政を議論する中で、国民生活審議会においても消費者教育は重点施策の一つとして認識された。しかし、消費者教育が重視されても、消費者教育に対する深い理解と実践の方法が教師の身につかなければ、学校教育に定着するよしもない。前述の国生審意見書は、アメリカの消費者教育の実践法を例にしており、ケースメソッド、ロールプレイなど学校の現場では日頃聞き慣れない手法を紹介した。

さらに、国生審は1988年9月の意見書「消費者教育の推進について」で、消費者教育の総合的体系作りと体制作りのために、政府・消費者・教育者・企業の4者による協力関係の構築と、それを担う機関の設立を提案した。こうして、日本の教育土壌に合った新たな指導教授法を開発し、学校への消費者教育推進の一助とするため、1990年2月に経済企画庁と文部省の共同所管の財団法人として消費者教育支援センターを発足させた。

設立の寄附行為によれば、「青少年等を対象とした消費者教育に関する調査研究及び各種事業を実施することにより、消費者教育の総合的推進を支援すること」（第3条）を目的として定め、趣旨に賛同した企業から賛助金を受けて基金とし、賛助会員企業からの年会費を主たる収入とし、また近年は自治体等からの請負事業等により事業の幅を広げている。

1990年の開設年の夏には、アメリカの消費者教育を専門とする大学教授らを招き5日間にわたる「教師のための消費者教育国際セミナー」を開催し、全国から多くの教員が参加した。2012年には公益法人制度の改革に伴い、公益財団法人へ移行した。

女性の社会参加推進事業や地域の親子教室などの生涯学習支援事業も行い

つつ、主として学校消費者教育推進のための教師支援事業に重点を置いている。

開設以来、消費者教育情報の発信を続けており、優良教育実践の表彰やそのデータベース化、消費者教育教員講座の開催、教育指導法の開発、教材開発などを中核的事業として、名実ともに消費者教育のリソースセンターになりつつある。欧州や韓国などの海外の消費者教育事情を調査する一方で、教材の開発や高齢者向けの消費者被害防止のリーフレットやゲームの開発などを行ってきた。機関誌『消費者教育研究』を隔月発行し、教育実践を中心としつつ研究者の論文や行政情報も加え、教員や行政に頒布し、今日に至っている。

消費者教育推進法が制定されると全国の都道府県や政令市をはじめ各自治体が、消費者教育に本格的に取り組むことになり、法令に基づく推進計画の策定や、学校教材開発などにおいて、ノウハウの蓄積のある支援センターに指導助言を依頼する機会も増え、消費者教育推進の中核としての機能を果たしている。

4　革新期

4—1　消費者教育の体系化の取り組み

1994年には製造物責任法、そして2000年には消費者契約法と、消費者保護法制が整備・強化され、やがて消費者保護基本法も04年には消費者基本法と改訂され、消費者行政も新たな時代を迎えることになった。01年は、中央省庁の大幅な整理統合が行われた年であり、1府22省庁は、1府12省庁となった。その結果、戦後の経済復興を支えた経済安定本部を基盤として、日本経済を誘導してきた経済企画庁も45年の長い歴史の幕を閉じることとなった。その結果、同庁内の国民生活局消費者行政は内閣府に移管された。

一方、消費者教育では内閣府自らが、学校教員に対する全国実態調査を行い、03年からの新学習指導要領導入前の教育実践の現状や教員（高校地歴科・公民科および家庭科の教員を対象）の消費者教育認識の状況把握を試みている。調査結果からは、消費者教育への教員の関心の高さがうかがわれるも

のの、時間不足や研修の機会の不足などが指摘された。また、今後の取り組みとしては、従来の契約・取引、クレジット関連などに加え、ごみ問題やリサイクル、遺伝子組み換え食品、環境を考えた消費、資源や省エネルギーなどを挙げた教員の割合が高かった（内閣府 2001）。

2003 年 5 月の国生審消費者政策部会答申「21 世紀型の消費者政策の在り方について」を反映させた形となった翌 04 年に制定された消費者基本法は、消費者の 8 つの基本的権利を明示した。また、同法に基づき、さらに翌 05 年閣議決定された消費者基本計画では、消費者教育の推進における内閣府と文部科学省の連携の強化をはじめ、消費者教育の基盤整備として、内閣府や文部科学省、国民生活センターなどによる教員向け指導書や体験型学習の事例集の作成、また消費者教育支援センターなどによる消費者教育教材や実践事例、専門家情報を集約したポータルサイトの構築を挙げた。同時に、07 年度までに消費者教育の効率的・効果的推進のための、消費者教育の体系化を図ることを掲げた。

これを受け、内閣府はただちに消費者教育体系化のための調査研究会を 05 年に立ち上げて、消費者教育の体系シートを完成させ 06 年 3 月に公表した[9]。筆者は同研究会に委員として加わったが、その目的とするところは、自立した消費者の育成を消費者教育の理念として掲げ、①消費生活に関して、自ら進んで必要な知識を修得し、必要な情報を収集する等自主的かつ合理的に行動できる消費者育成、ならびに②消費生活に関して、環境の保全および知的財産権等の適正な保護に配慮する消費者の育成を、消費者教育の目指す目標とした。

研究会が開発した体系シートは、個々の消費者が幼児期から高齢期に至るそれぞれのライフステージにおいて、消費者教育の内容にふさわしい 4 つの領域、すなわち「安全」「契約・取引」「情報」「環境」において、どんな学びを行いそれ修得することが期待されるのか、明示したところに特徴があると言えよう。この体系シートは、現在、学校や自治体、消費者団体その他のさまざまな組織や機会で活用されている、消費者庁作成の「消費者教育の体

---

(9) 消費者教育支援センター（2006）。

系イメージマップ」として継承されている（消費者教育支援センター 2006）。

　2008 年は、消費者団体や弁護士団体などにより、縦割り行政の弊害を除去し、真の消費者保護施策を求め消費者行政一元化による新たな消費者行政組織の設置要求の機運が高まった。政府与党も国民生活の安心・安全を基本政策の重点項目の一つとし、各省庁間の調整を図っていった。その結果、09 年 5 月には、消費者庁設置関連三法案が可決成立し、9 月には消費者庁および消費者委員会が発足することとなった。この法案審議の中で与野党の修正審議の結果、消費者安全法に「消費生活に関する教育活動」が位置づけられるとともに、衆参両議院の附帯決議として「学校教育及び社会教育における施策を始めとしたあらゆる機会を活用し」ながら、消費者教育の「全国におけるなお一層の推進体制の強化を図る」ことが決議された。

　文部科学省は、2010 年度には消費者教育推進委員会を生涯学習政策局に立ち上げ、消費者教育推進事業として、推進委員会の開催のほか、国内外の消費者教育の取組状況調査、大学等の協力による試行的実施による効果検証を行い、11 年 3 月には「大学等及び社会教育における消費者教育の指針」を公表した。

　同指針では、消費者教育の指針を以下のように定めた[10]。

① 消費者の権利を実現し、消費生活の安定と向上を図るため、消費に関する基礎的・基本的な知識及び技能を習得し、これらを活用して消費者被害等の危機を自ら回避する能力、将来を見通した生活設計を行う能力、及び、課題を解決する実践的な問題解決能力をはぐくむ。

② 自己の利益だけを求めるのではなく、他者や社会とのかかわりにおいて意思決定し、よりよい社会を形成する主体として、経済活動に関して倫理観を持って責任ある行動をとれるようにする。

③ 消費を、持続可能な社会を実現するための重要な要素として認識し、

---

[10] 文部科学省生涯学習政策局「大学等及び社会教育における消費者教育の指針」1-2 頁、2011 年 3 月。なお、筆者は同委員会の委員長を務めた。その後、文科省は毎年の全国各地での消費者教育フェスタの開催のほか、教材作成、教育委員会及び大学等における消費者教育の状況調査等を行ってきている。

持続可能な社会を目指してライフスタイルを工夫し、主体的に行動できるようにする。

4—2　消費者市民社会の意識形成

　すでに前項で述べた文科省指針では、消費者教育の目的に他者への配慮や持続可能社会を見据えたライフスタイルの追求などが描かれていたが、それは、後述の2008年のOECD消費者教育合同会議や、国民生活白書による問題提示、あるいはすでに始まっていた消費者教育推進法制定への与党内部での勉強会の動向などが反映していたと言えよう。

　消費者教育推進法は第3章で詳述するように議員立法で成立した。言い換えれば、国（行政）のリードで制定されたものでなく、国民の発意で誕生したという独自性を持つ。折しも食品偽装事件や耐震偽装事件など国民生活を震撼させる事件が相次ぎ、福田政権の目指す安全・安心社会実現への政策展開の中、消費者庁創設の機運の高まりなど背景に、政権与党の消費者問題調査会のもと、2008年10月下旬、消費者教育ワーキング部会（WT）が発足した。同WTは、消費者団体や日弁連らにも意見を求め、09年3月まで十数回の議論を重ねた。筆者は初回にその直前に開催されたOECD合同会議の報告をし、以後終始部会に参加をし、法案の草案作りにも加わった。

　法案の理念となる消費者教育の目指す目標として描いた、持続可能社会を構築する消費者市民像は、海外動向に大きく影響を受けている。1985年の国連消費者保護ガイドラインでは「消費者教育と情報プログラムの提供」に関して、健康や安全、表示などについて、低所得層や識字能力の不足する地域の存在などに特別の配慮をした活動をすべきであるとし、1999年改訂では教育条項に続けて、「持続可能消費の推進」とする新たな項を設けている。この点に関し、国際消費者機構（CI）は、持続可能消費の推進へ向けた消費者教育の強化のための提言を国連に向け行った。

　2008年秋、パリで開催されたOECD消費者教育合同会議には筆者も参加しているが、議論の中心は持続可能な消費に向けて、消費者市民性（Consumer Citizenship）の育成が重要な共通認識となり、特に社会的関与（social concern）の語がフロアの議論にたびたび登場し、注目を集めていた

印象が強い。一方、幼少期からの実践的な消費者教育で知られる北欧では、6〜18歳の児童・生徒を対象として、子どもの自主的判断、批判的思考、消費者としての役割に積極的にアプローチする能力の育成を目指すガイドラインが北欧閣僚協議会によってすでに2000年には策定されている。同ガイドラインでは、①家計、②消費者の権利と責任、③広告と影響力、④消費と環境・倫理、⑤食育、⑥製品安全と生活安全の6領域を設定した。02年には、欧州消費者教育ネットワークを中心として、消費者教育、環境教育、市民教育を融合させた消費者市民教育（Consumer Citizenship Education）の発展をテーマにした国際会議が開催され、翌03年にはトーレセン（V. W. Thoresen）を中心とするコンシューマー・シティズンシップ・ネットワーク（CCN）が誕生し、日本にもさまざまな形で大きな影響を与えてきた。

　トーレセンによれば、「コンシューマー・シティズンシップの概念はカナダとオーストラリアで始まり、ヨーロッパで急速に発展した。この概念の発展は、一つには政府と自治体が、関係者に積極的に関与するよう求めたためであり、もう一つは、市民も意思疎通や得られる情報により、より大きな力を持ちうるのだということを知るようになったためである」として、背景には地球温暖化とともに、金融危機があるとした。また、北欧では特にコンシューマー・シティズンシップの概念が、社会民主主義に基づく基本的な価値観、すなわち公平な世界であることが重要であるという価値観を共有しているから発展したのではないかと発言した。また、持続可能な社会と言う場合に環境は重要な要素であるが、それだけを指すものではなく、社会的・経済的発展をも含み、これまでさまざまな問題に対処するため細分化して考えてきたところを、異なる物事の相互作用が重要であることを認識し、相互作用を重視して全体を考えることであると指摘した[11]。

　消費者市民の考え方は、すでに2008年度の国民生活白書にも紹介されているが、やがて消費者教育推進法に消費者教育の定義として明確に示された

---

(11)　筆者は日本弁護士会消費者問題対策委員会消費者教育ネットワーク部会メンバーとともに2009年6月初旬、北欧ノルウェーおよびフィンランドの消費者教育事情視察に同行し、トーレセンの所属するヘドマーク大学も訪問し、消費者市民教育の実際につき直接ヒアリングすることができた。

ことで、消費者教育の推進が国と地方自治体の責務とされ、消費者市民社会の実現へ向けて消費者教育の推進が次第に加速されていくことになったのである。まさに、契約被害防止の自衛的消費者教育から、他者への配慮や環境配慮を含む社会的影響力を視野に入れた意識形成と行動変容を促す消費者教育へと大きく転換する画期を迎えた。

【参考・引用文献】
江東会（1979）『回想の江東消費組合』
宮坂広作（1989）『消費者教育の創造』ウイ書房
文部科学省生涯学習政策局（2011）「大学等及び社会教育における消費者教育の指針」1-2頁、2011年3月
長見萬里野（1983）「消費者教育団体における消費者教育」『消費者教育』1、165-167頁
内閣府（2001）『学校教育における消費者教育の実態調査報告書』2001年3月
日本生活協同組合連合会（1977）『日本生活協同組合連合会25年史』
日本消費者協会（1966）『日本消費者協会5年の歩み』
消費者教育支援センター（2006）『消費者教育体系化のための調査研究報告書』2006年3月
高田ユリ写真集編集委員会（2009）『消費者運動に科学を—写真集　高田ユリの足あと』ドメス出版
植苗竹司（1995）「消費者教育（三）消費者市民学の形成を目指して」『自治研究』71巻11号
山崎進（1959）「アメリカ経済と生活消費」『アメリカの経済—新しい発展とその構造』日本生産性本部

第2章

消費者教育の理論形成

西村隆男

　消費者教育の理論は、単純にいくつかの学説があるというように割り切れるものとは言いがたい。ただ少なくとも、史的考察を加えるならば、初期の買い物上手としての賢い消費者論に始まり、やがて消費者の市場における選択判断の過程を重要視する意思決定論、経済的弱者として消費者の権利自覚を促す消費者権利論、また、消費者自らが市場で主体性を発揮できるようにする潜在力に注目した消費者の主体形成論、さらには市場を通じた社会的影響力を消費者に求める消費者市民論としてわが国の消費者教育論が発展してきたことは事実である。ここではいくつかの代表的な見解や議論を紹介しつつ、消費者教育論の依って立つ根拠、存在意義を検証する。これまでの研究の成果や研究者のそれぞれの論説をある一つの枠組みに入れ込むことには無理があるのだが、便宜上の分類としてあえて仕分けを試みた。

1　賢い消費者論

1—1　バイマンシップ論

　序章でも略述したが、消費者教育の原点的叙述は商品知識と商品選択技術の習得にあるとする賢い消費者の育成に論拠を求める思考である。

　1924年刊行のアメリカの教育学者ハラップ（H. Harap）による『消費者の教育——カリキュラム教材における研究』（原題 *The Education of the Consumer: A study in Curriculum Material*）にさかのぼることは、消費者教育の考え方の発祥を知るうえで有益であろう。詳細は第5章に委ねるが、同書は食品や家庭雑貨、被服品などのまさに賢い使用法を列挙したものである。一例を示

せば、ニューヨーク市では、1年間に食品の27%が廃棄されているとして、スープに入れて使うように野菜の切れ端や残りをとっておく、肉の脂身もすべて大事に切り取り使用するなど、一家に一冊あると便利な賢い消費者のための百科事典のような内容であった。アメリカでは大正末期に、すでに消費者教育と銘打ったテキストが存在したことに驚く。

　わが国における賢い消費者論も、戦前では1932年の松平友子東京女子高等師範学校講師による『最新家事経済』などに見られる（松平1932、305頁）。同書は経済の基礎のあとに、収入編、支出編と分けて論じているが、家族経済の観点からは有価証券への投資に関しても、より確実安全なものを選ぶべきであり、確実で価格変動が少なく、比較的利回りも良く、売買も容易で担保に供し信用を受けやすいものがよいとして、国債や特殊銀行債券を推奨するとともに、株式においては資本金の多寡で全国規模の会社への危険を分散して投資するべきであると述べている。

　『消費者商品学』を著した山崎（1967、109頁）の買い物4原則など、個別の商品知識の学習を超えて、消費者が購入において留意すべき点を、量目、価格、表示、機能に求める現在に通じる商品選択の基本を示している。

　ボニス（J. G. Bonnice）とバニスター（R. Bannister）は『賢い消費者』（原題 Consumers Make Economic Decisions）を1990年に著している。その内容は、第1部「現代社会を生きる」、第2部「金銭管理」、第3部「賢い消費者選択」、第4部「行動する消費者」となっている。その第3部「賢い消費者選択」では、「購買技術を磨く」として、「なぜ買いたいかを知る」「品質判定の方法を知る」「価格比較の方法を知る」「どこでいつ買うべきか知る」「情報を見つけ出して使う方法を知る」の5つを、賢い消費者としてとして知っておくべき項目として最初に掲げている。著者の一人バニスターは、1982年にモンスマ（C. Monsma）と『消費者教育の諸概念の分類』で消費者教育の体系を示し、その内容を具体的に示した。

　「賢い消費者」という用語は、行政用語としてもしばしば用いられてきたし、現在も多くの自治体が啓発リーフレットなどで好んで使うフレーズなのである。

　古くは、1965年10月の経済企画庁長官による諮問「社会開発の一環とし

て消費者保護の強化及び消費者教育の推進を図るための基本方策並びにその実施にあたって国及び地方公共団体、生産者及び販売者並びに消費者の果たすべき役割について意見を問う」を受けて、約1年をかけた審議の末に、66年11月、「消費者保護組織および消費者教育に関する答申」をとりまとめた。この答申で、国民生活優先という基本的理念の浸透を図ることを大前提としつつ、国および地方を通じた消費者行政機関の強化とともに、消費者教育については、自主性を持った「賢い消費者」を育てることを目的として、消費者教育体系の確立と、特に学校における消費者教育推進が重要であるとしたのである。また、国および地方公共団体が種々の情報提供に努めるとともに、関連部門の連絡調整を密にすべきこと、また民間消費者組織による消費者教育強化のためリーダー養成を促進することなどを提言した。

　つまり、「賢い消費者」は、日々の消費生活を巧みに実行していくために、消費者はかくあるべしとの知識と技術の総体を指すもので、いつの時代でも使用可能な、ある意味で普遍的な用語なのかもしれない。しかし、一方でこれは消費者の主体を意識したものでもなく、消費者自身以外の外部の力が、消費者に対して知識や技術を身につけなさいと注文をしているのであり、その結果よりよい、より豊かな消費生活が営めるとの仮定を押しつけたものでもある。はたして、その学びはより豊かな消費生活を実現するものとなっているのだろうか。むしろ、自らの思考力や行動力を委縮させるものになってはいないだろうか、という疑問を持つことさえできよう。

　かつて、「消費者は王様」ともてはやされた高度成長初期の時代、家電品など新製品が市場にあふれる中で、宣伝攻勢や割賦販売の利用促進によって、売り手側から生み出された購入意欲が消費者の意思決定を混乱させ、合理的な消費生活が実現できたと錯覚させられた時代をわれわれは経験してきた。前述のアメリカ視察団が目の当たりにした、アメリカのマーケティング戦略が生んだ「消費者は王様」との語は、着実な消費拡大を狙うための販売者による消費者教育活動であったのである。

1—2　意思決定論

　わが国の消費者教育が、第2次世界大戦後のアメリカのマーケティングの

発達の中で、コンシューマリズムの勃興と合わせ活発になっていく消費者教育運動の影響を受け、60年代に一般化していくことは、これまでの発展史研究の中で述べてきたところである。コンシューマーズ・ユニオンの商品テスト誌である『コンシューマーズ・リポート』は、現在に至るまで半世紀以上も高品質の消費者教育誌としての地位を揺るがしていない。

　日本でも『暮しの手帖』に始まり、日本消費者協会の『月刊消費者』、国民生活センターの『たしかな目』と発刊を見たが、現在は『暮しの手帖』以外は残念ながら廃刊となっている。いずれも基本的なスタンスは、主として商品テストを通じ、同種の商品の性能を比較して掲載し、消費者の選択に供するものである。

　消費者教育の基本的な考え方としての、商品の選択における意思決定能力の向上は、消費者教育の目標を論じる場合の共通項と言えるものである。例えば、序章で述べた日本消費者協会設立の立役者である山崎進が挙げた「買いもの4原則」は、具体的な意思決定の手順を示していて、今日でも十分通用するものである（山崎1967）。

　アメリカの消費者教育関連文献や国際消費者機構の動向等を参考にしつつ、消費者教育における意思決定論をより精緻に論じたのは今井光映であろう。やや長くなるが、今井・中原編（1994、48頁）の消費者教育による定義を引用する。

　　「生産と消費の分離以来、複雑多様化している現代の経済社会の仕組みの中で、消費者はいわゆる消費者問題に迫られ、基本的な生活の価値が侵され、生活の豊かさの実感から離れ、人間として自己実現しにくい状況におかれている。他方、消費者の意思決定→行動は、経済、社会、地球などの環境に大きな影響を及ぼす。そうした事実の認識から、それぞれの目標・目的の実現に必要な情報・知識を合目的的に収集、分析、理解し、それぞれに個人的、社会的、地球環境的に責任がもてる形で価値を選び、トレイド・オフし、優先順位を枠組みし、それにもとづいて批判的思考を働かせつつ、商品やサービスを購入し、使用、後始末する役割を自覚して、安全などその満足、生活の豊かさを実感する生活環境適応、個人的ライフ

スタイル形成の意思決定能力を開発するとともに、生活の基本的価値、消費者の権利が侵されないように、提供される商品やサービス、その提供され方を能動的に批判的思考を働かせて改善していく、市民参加の生活環境醸成、社会的ライフスタイル形成の意思決定能力を開発しようとするものである。」

　このやや迂遠とも思える定義の要所を簡潔に言い換えるとすれば、今井の言う消費者教育とは「批判的思考による個人的ライフスタイル形成の意思決定能力の開発と、社会的ライフスタイル形成の意思決定能力の開発」を指すと言えるのではないだろうか。今井の文章から別の表現を用いれば、消費者教育とは「生活環境適応の意思決定能力と、生活環境醸成の意思決定能力の開発」であるとする。

　言うまでもなく、意思決定論では、情報の収集から分析、その選択の意思決定までのプロセス、加えて選択後のフォローアップとしての評価など一連の意思決定過程を検証し、次の意思決定にフィードバックさせて、いわば螺旋状に意思決定能力を向上させていくことを重視する。

　花城（1994、305頁）は、意思決定に関し、「どの選択が正しく、どれが間違っているとはいえない。重要なことは、意思決定のステップをおって、熟慮して判断を下す習慣、つまり、意思決定の技能を身につけ、そのことによって、その人にとって、より満足のいく責任ある結論を選ぶことができるようにすることである」と述べている。また、同書の中で「大量生産は大量消費を前提にしており、大量消費は消費者の欲望の創造を前提としている。商品の購入を促すため、宣伝によって、欲望さえも操作されている。（中略）消費者にとって、判断の基準となる情報が信頼できるものであるかどうかを査定する批判的思考の力は重要である」と、市場における消費者の意思決定に関し、批判的思考力を鍛えることが不可欠であるとして、アメリカの批判的思考力の開発に関するロールプレイング、ディベート、ケーススタディなどの方法論を紹介している。

2 消費者自立論

2—1 主体形成論

　社会教育学者の中では早くから消費者教育に関した議論が見られた。

　室（1965）は、日本の消費者教育の発展の系譜を確認しつつ、「良い品物を安く買う」という消費者教育は購入の時点で完結するが、医薬品のように現在の医療制度を背景に安く売薬が買えるだけでは、「国民の健康を守る医療制度を確立するという大きな論理では完結し得ない」とし、消費の問題から生活問題全般における「生活する者」に立つことが重要であると指摘した。また、「『生活する者』としての主体性の形成をめざす社会教育活動は重要な役割を担う」と述べている。

　山口（1966、73頁）は、この論説について、「小さな論理が大きな論理つまり、『働き、生活する国民の生活向上と主体性の形成』にまで発展させる可能性と条件について、室論文は示さなかった」と批判した。

　その後、山口は消費者教育学会の発起人に名を連ね、シンポジウムなどでも社会教育の立場からたびたび発言をしてきた。社会教育行政における消費者問題への関心の低迷を打破すべく、消費者教育を社会教育の学習課題とすべきとして、「生活者として自立し得る知識と能力を習得すること、そして現実の暮らしの中で消費者としての連帯行動を行う過程で、人間の行動や思想は史的変化を遂げるのである。この意味で消費は労働と並んで人間を変える重要な契機として教育の観点から重視されなければならない」と述べている（山口1981、131頁）。

2—2 権利主体論

　主体形成のための消費者の権利認識と行動を最重要視して消費者教育の存在意義を提唱する理論が、権利主体論である。

　権利主体論を明確に提唱するのは経済法学の泰斗、正田彬であろう。

　正田（1972、171頁）は、消費者行政の一環として行われている消費者教育に関し、「個々の消費者に対して、個別的に、全く孤立的なかたちで教育を行うことは、すなわち、消費者教育と言われるものの目的としては適当と

いうことができない。(中略) 個々の消費者の教育にとどまることを予定するべきではなく、あくまでも、それが消費者運動・消費者組織間の契機となり得ることが目的とされなければならない」と、名著『消費者の権利』(岩波新書)の中で触れ、権利の担い手である消費者の権利意識の向上が社会的な力を形成し、また権利が守られるものであると論じる。

また、正田(1991、38頁)によれば、消費者教育は単に知識を拡大することではなく、「個々の消費生活での行動をとおして、確実にまた具体的に、消費者の権利を定着させながら自分の生活を守っていくことである。どうしたら、市民としての権利知識と自覚を持った行動を、どういう場合にどのような形で行うことができるのか、そのために何が必要なのかを考えて行動するための契機と材料が必要なのである」と、消費者教育がその契機と材料を与えるべきと明言している。

言い換えれば、消費者の主体性とは、生起する消費者問題に対峙し、権利意識を発揚させて、消費者が行動を起こすことであり、ここにこそ市場における消費者としての存在意味があり、その行動を支えるものが消費者教育でなければならないとする論理と見ることができる。

社会教育学者の宮坂広作の教育学の立場からの議論も、正田理論に近いと言えよう。

宮坂(1989、20頁)は「消費者教育の目的は、窮極的にいえば、消費者問題を解決するためには、まず、消費者の生命・健康にとって有害であるような商品、欠陥・瑕疵のある商品、不当な価格の商品などを、消費者が購買しないことが考えられる」として、正田(1972)の、消費者問題は事業者、企業による消費者の生存権、生活権に対する侵害というかたちであらわれる問題とする見解を引用している。また、宮坂は消費者問題の解決のためには権利意識に目覚めた消費者が多くならなければならないとも述べる(同書23頁)。また、「消費者教育は子どもたちに市民としての権利と義務とを教える市民教育の一翼を担うものであり、こんにちの学校教育の最大の課題となっている市民(主権者国民)の形成というしごとをもっとも効果的に達成する可能性を有している」(同書29頁)とも論じている。

消費者問題の存在を前提とした消費者教育の理論構成では、市場で疎外さ

れることのない消費者像が求められよう。そのためには主体としての確立が何より大切なのである。それは、宮坂が、消費者教育学会誌に依頼論文を寄せることはあっても、終始一貫して今井の理論に疑問を投げかけ、例えば「今井氏が『普遍的な公教育の場である学校』というとき、特定の立場やイデオロギーによってゆがめられることのない真に公共的な教育が行われるべきであることを強調しているのであり、教師が生徒に自己の価値観・主張を伝達・注入するのでなく、問題点を客観的・普遍的に説明したうえで、各人の価値やニーズ、状況にもとづいて責任ある自主的選択をおこなうように指導すべきだという見解をとっている。(中略)生活における基本的価値として『安全』『健康』『円満な家族関係の形成』などが設定され(中略)、普遍的価値だと考えているのだが、筆者からすれば、それらは十分に論争的 controversial な価値だと思われる」と反論する。

　70年代後半から80年代の消費者教育実践を分析した鶴田(1995、8頁)は、学校消費者教育の現状を主体的内容に欠くと憂い、子どもの権利条約と絡めて「子どもはすでに消費者として社会行動をしており、ここで言う権利主体としての自己決定できる消費者像が子どもに要求されている」とし、「自己決定の内容は取り引きのトラブルにあわないという選択のレベルだけではない。グローバルな視点から言えば、今、消費者教育が目指す方向は、子どもと大人が共同して、自然と全人類が共生できる、生産効率一辺倒でない経済活動の編み出しと、新たな生活様式の創造であろう」と論じるが、なおも学校消費者教育の今日の状況にも通じる示唆に富むものである。

　消費者の取引被害の拡大に伴い、消費者の契約責任が求められ、その結果学校消費者教育が重要視され、消費者自立論としての消費者の責任が問われているが、消費者が負うべき責任と、消費者に過重に負担となりうる責任をどう見極めるか、その判断もまた消費者教育の重要な役割と考えるべきである。

　岩本(2013、145-147頁)は、基本法の言う消費者教育を受ける権利につき、国民の教育を受ける権利は憲法26条1項に規定されるもので、国に対する基本的な権利であるとし、消費者教育推進法は、まさしく消費者の権利行使によって実現した立法であるとする。また、消費者の権利は生身の人間の生

活・生存のための権利と捉え憲法上の権利とする正田（1972）や鈴木（2010）の見解を紹介する一方、消費者の権利を事業者に対して救済を求めることができる私法上の権利として「国や自治体が消費者政策を推進する際に無視できない理念としての権利」とする細川（2007、22、221頁）の論説を懐疑的であるとする。

　正田は岩波書店のいわゆる赤本の『消費者の権利』の執筆者として知られるが、オイルショックによる狂乱物価の混乱の直後の日本で、まさしく消費者の権利の確立の必要性を世に問うた最初の法学者である[1]。

3　消費者市民論

　2012年に消費者教育推進法が成立し「消費者市民社会」が法制上定義され、それに先立つ2008年末に内閣府から刊行された『平成20年版国民生活白書』で、「消費者市民社会への展望──ゆとりと成熟した社会構築に向けて」が副題とされたことなどから、にわかに消費者市民育成が、とりわけ行政における消費者教育の目標として大いに取り上げられるようになった。

　しかしながら、消費者教育の思潮や目標の中には、以前から市民としての消費者という概念は存在していた。松葉口（2016、14-15頁）は、カナダの家政学者マクレガー（S. L. McGregor）に注目し、「伝統的な消費者教育とグローバルな消費者教育との対比」を紹介するとともに、「市民としての消費者」の考え方が、バニスターとモンスマの「諸概念の分類」以前に、ジョーダン（M. Giordan, 1980）の著作『消費者教育──教師のためのハンドブック』（原題 *Consumer Education: A Handbook for Teachers*）にあることを論じた。マクレガーは、2002年にノルウェーで開催された消費者市民力開発国際会議（International Conference on Developing Consumer Citizenship）の基調講演で、市民教育と消費者教育の融合の必要を提唱して、社会行動の責任と消費行動の責任は連動し合うものだと捉え、「自分たちの行為の結果が他の市民、コ

---

[1]　岩本諭は、生前の正田から改訂の意思を受け、舟田正之とともに、消費者庁設置などの部分補筆を行い新版として同書を2010年に著した。

ミュニティ、社会に対して及ぼす影響を理解すると同時に、個々の消費者としての役割と責任について人々が理解するのを促すこと」に、消費者市民教育の役割があるとする（永井は「消費者シティズンシップ」と訳す）。さらに永井（2012、96頁）は、マクレガーの主張する消費者シティズンシップに含まれる役割と責任の論理を根底で支えるものを「関係性への関心」と見ている。つまり、消費者もしくは市民という個人の選択は、市場のみならず政治的にささやかな選択行動であっても、その関係性を意識した行動はローカルにもグローバルにも影響を与えうることもあることを自覚すべきと提唱していると考えられるのである。

永井（2016、116頁）は、一方で、さらにさかのぼり、すでに60年代に「消費者市民論の予兆があった」とする。永井によれば、岡本・古野（1962、24頁）が「『買い方』における主体性を重視し、『大衆が主人公たるべき消費社会』の建設に向けた消費者教育」を提起しているという。たしかに、岡本らの、消費者教育が「消費面における大衆の疎外を排除し、その主体性をとりもどせるかもしれない」との論述や、「消費生活を通して、経済・社会への関心を拡げうる内容が提供されるべきである」との主張から、半世紀以上前に、消費者市民的論説が社会教育学者に見られたことは注目されてよい。

しかしながら、消費者市民の考え方が本格化するルーツは、前述のように90年代にさかのぼるのが一般的であり、市場社会で事業者と対峙する関係においての消費者が、市場における選択を通じ、より市場社会に影響を行使しうる存在としての意識を持つことの重要性が、欧州の消費者教育の新たな潮流の中で、明確に認識されるようになったのである。

西村（2013、19頁）は、特に日本では消費者市民社会の構築を含む消費者教育が消費者教育推進法に規定され、自治体において消費者教育推進が責務となることで、消費者市民社会の構築を意識するようになったことや、日本の消費者に「消費者の権利の存在と意義を再確認させ、権利主体であることを改めて自覚させ、行動に結び付けることの重要性を消費者に投げかけた」と論じている。

推進法に基づく消費者教育推進会議は、第1期（2013-2015年）の検討において、消費者市民育成小委員会を設けて、消費者市民の考え方をどう国民

に理解させ、浸透を図っていくかを中心に検討を重ねた。環境へのマイナスの影響を考えた選択、児童労働や社会的不正義を背景とした取引を選ばない選択、地元産品やオーガニック商品の選択など、社会性を考えて行動することで、一人一人の小さな消費が持つ、社会的影響力の大きさに気づくことを旨とする主張であり、考え方である。

　もちろん、環境破壊や人権問題としての強制労働の現状などは、ひとり消費者の行動によって解消される課題ではない。むしろ事業者に対しての規制を厳しくして、環境規制や企業行動に対する倫理性を強化する方策も緊急課題である。2010年アメリカのドッド・フランク法（Dodd-Frank Wall Street Reform and Consumer Protection Act）や、2015年イギリスの現代奴隷法は好例である。

　携帯電話をはじめレーザーディスク、プリンターなど多くの機器には、チタン、タングステン、タンタル、金などのレアメタル（希少金属）が大量に使用されているが、その主要な原産国は赤道付近の途上国が多く、中でも内紛の絶えないコンゴ共和国では、その採掘権を巡って、反政府勢力の資金源に利用されるなど先進諸国の資本が紛争に加担しているとの批判があった。アメリカでは、2010年に提案した議員の名を冠したドッド・フランク法が成立し、レアメタルを原材料に使用するメーカーは、コンゴ共和国との取引関係の有無を有価証券報告書に記載し証券取引委員会（SEC）に報告しなければならないこととなった。レアメタルが紛争鉱物と呼ばれる所以である。

　イギリスでは現代奴隷法（Modern Slavery Act）が2015年に制定され、同国でビジネス活動を行い年間売上高が3,600万ポンド（約60億円）を超える企業に対して、事業活動とサプライチェーンの取引で起こる強制労働や人身取引に関する事情を文書で公開する義務を課した。

　こうした企業に対して倫理性を求める最近の動向は、ますます強化されつつある。2015年に196ヵ国が参加した国連の気候変動会議で、温暖化対策として各国が2020年までに、産業革命以来の温度上昇を2度以内に抑え、さらに1.5度以内に抑えることも努力目標として政策を策定しなければならないとした（「パリ協定」という）。地球温暖化は干ばつ、洪水などの異常気象をきたし、農作物への被害などをはじめ世界各地に大きな被害をもたらし

ていると科学者は警告を出し続けていた。ここに京都議定書以来18年ぶりの採択となったのである。温室効果ガスである人為的な二酸化炭素などの排出量を減らし、森林などの吸収量と同一量にするレベルが目標となろう。わが国もようやく2016年に正式に批准した。

　個人の自由な消費者選択は自由主義経済である以上、至極当然のことであり、法令上の罰則を受けるものであるはずがないが、社会の成熟に従って、あるいは世界の情報が一瞬のうちに伝わる技術革新の恩恵を受ける今日にあって、われわれ消費者は消費者行動を内省的に捉え直す必要があろう。消費者教育の原点が商品知識とその選択における批判的思考にあることを再認識することにより、自らの消費者行動のささやかな一歩が大きなうねりのような力を蓄えて、日本社会を、世界を、地球を動かしつつあるのである。このことこそ、まぎれもない消費者としての個と市民としての個の融合なのではないだろうか。まさに、消費者市民としての意識形成こそが、消費者教育の究極価値、最終目標として求められる。

【参考・引用文献】
Bannister, R. and C. Monsma (1982) *Classification of Concept in Consumer Education*, South-Western Publishing Co.
Bonnice, J. R. and R. Bannister (1990) *Consumers Make Economic Decisions*, South-Western（本文では訳書『賢い消費者』家政教育社1998に依っている）
Giordan, M. (1980) *Consumer Education: A Handbook for Teachers,*
花城梨枝子（1994）「消費者教育における意思決定」今井光映・中原秀樹編『消費者教育論』有斐閣
細川幸一（2007）『消費者政策学』成文堂
今井光映・中原秀樹編（1994）『消費者教育論』有斐閣
岩本諭（2013）「消費者の権利と責任」『消費者市民社会の構築と消費者教育』晃洋書房
松葉口玲子（2016）『消費者教育』第36冊、中部日本教育文化会
松平友子（1932）『最新家事経済』新知出版
宮坂広作（1989）『消費者教育の創造』ウイ書房
室俊司（1965）「消費者教育の盲点」『月刊社会教育』9巻6号、12-16頁
永井健夫（2012）「消費社会における成人の学習の意義に関する研究ノート―McGregorによる「消費者シティズンシップ」の提起」『大学改革と生涯学習（山梨学院大学生涯学習センター紀要）』第20号
永井健夫（2016）「社会教育の主要課題としての消費者教育―1960年代前半の議論の検

討」『大学改革と生涯学習（山梨学院大学生涯学習センター紀要）』第20号
西村隆男（2013）「消費者教育推進法の意義と消費者市民社会」『生活協同組合研究』第454号
岡本包治・古野有隣（1962）「消費者教育―その考え方・進め方」『社会教育』17巻4号
鈴木深雪（2010）『消費生活論　消費者政策』第5版、尚学社
正田彬（1972）『消費者の権利』岩波書店
正田彬（1991）「消費者教育―主体性の確立」『社会教育』46巻9号
鶴田敦子（1995）「子どもの権利条約と消費者教育」『NICEニュースレター』33号
山口富造（1966）「消費者教育の盲点―『室論文』を読んで」『月刊社会教育』8月号
山口富造（1981）「社会教育における消費者教育」『新しい消費者教育を求めて』家政教育社
山崎進（1967）『消費者商品学』光生館

第3章

消費者教育推進法の成立とその内容

西村隆男

1　消費者教育推進法制定の背景

　第1章で述べたように、2003年の国民生活審議会消費者政策部会の答申「21世紀型消費者政策の在り方について」が、消費環境の変化の中で、消費者政策を大きく転換させる必要が生じているとし、保護の客体としての消費者から、自立した主体としての消費者を目指すべきであると提言した。それを受け、04年制定の消費者基本法では、消費者自立を支援するための消費者教育を消費者の権利として明示した。しかしながら、学校教育における消費者教育は各方面からその必要性が指摘されながらも、学習内容の多さや授業時間の制約などから、限られた教科の中で、割り当てられる授業時間数もわずかであるという現実は改まることなく、基礎学力重視のもとで、新科目の必要や抜本的な学習内容の改善が一部から求められるにとどまっていた。

　やがて財産被害のみならず、食品偽装、表示偽装、製品事故をはじめとする消費者問題の複雑化・多様化の時代を迎え、消費者団体などからの長年の強い要請も受け、政府部内においても、多くの行政庁にまたがる消費者行政の一元化のための新組織を創設する動きは加速していく。2007年9月に発足した福田康夫政権は、政策目標に国民生活の安全・安心を掲げ、消費者庁の設置に意欲を見せた。

　またほぼ時期を同じくして、消費者教育推進法（以下では「推進法」と略す）の立法化による学校教育における消費者教育の必須化を急ぐべきとの提言は、日本消費者教育学会や日本弁護士連合会、全国消費者団体連絡会など種々の団体から次第に高まりを見せた。消費者行政の司令塔としての消費者

庁設置を政策目標とした福田政権は、2008年9月8日の第10回消費者行政推進会議において、消費者行政推進基本計画の具体化として、消費者庁の設置と概算要求、関連法案の整備等を示した。その後、消費者庁設置関連3法案[1]は、第170回国会に提出され審議未了となったが、次期通常国会（第171回国会）において、当初提案の消費者政策委員会を消費者委員会と改称し、内閣府の独立機関として設置するなどの修正を経て、2009年5月末に成立した[2]。消費者教育の推進に関しては、3法案成立の際には、衆院では「消費者教育推進体制の強化」、参院では「消費者教育推進法制の整備を検討」を求める附帯決議が全会一致で採択された。

消費者政策の転換と消費者の自立支援の新たな方向性を模索する与党議員らは、2008年10月28日、自民党消費者問題調査会のもとに、消費者教育ワーキングチーム（座長：島尻安伊子参議院議員）を発足させた。同年10月から同チームにおいて検討が始まり、法案作成への準備が鋭意進んでいった。翌2009年6月10日に開催された消費者問題調査会・内閣部会・文部科学部会合同会議では、河野太郎消費者問題調査会長の挨拶に始まり、「消費者教育の推進に関する法律案（仮称）骨子案」が示され、質疑応答が行われた。同骨子案では、基本理念を「かしこい消費者・考える消費者の育成を目指して」として、消費者教育を「消費者の自立を支援するために行われる消費生活に関する教育（消費者が主体的に消費者市民社会の形成に参画することの重要性について理解および関心を深めるための教育を含む）」と定義した。

ところが、同年7月の衆院解散による翌8月の総選挙で、自民党は大敗を喫し野に下る。この政権交代により推進法の審議は一時中断を余儀なくされ、さらには2011年3月には未曾有の被害を発生させた東日本大震災が起こり、推進法の検討はさらなる空白期間を生むことになる。しかし、政権与党となった民主党においても、同年5月には推進法制定へ向けたワーキンググループ（座長：仁木博文衆議院議員）が設けられ検討が開始された。被災地支

---

(1) 3法案は、①消費者庁及び消費者委員会設置法、②消費者庁及び消費者委員会設置法の施行に伴う関係法律の整備に関する法律、③消費者安全法を指す。
(2) 筆者は第171回国会の審議（参議院消費者問題対策特別委員会）において参考人として召喚を受け、消費者教育推進の必要性に関し意見を述べた。

第 3 章　消費者教育推進法の成立とその内容　57

援や復興計画などが何よりも政策の最優先政策課題となる中で、翌 2012 年 3 月には推進法制定へ向けた与野党三党の合意を実務者レベルで成立させ、議員提出の法律案として国会に上程されることになった。審議が行われた第 178 回国会は消費税国会として、他の法案審議は時間の確保が難しくなる中で、各党各会派の賛同を得、消費者教育推進法[3]は 8 月 10 日衆議院本会議にて可決成立（参議院先議）し、8 月 22 日公布、12 月 13 日に施行された。

2　消費者教育推進法の意義・理念と推進の主体

2—1　消費者教育推進法の意義

　消費者教育推進法は、その目的を「消費者教育が、消費者と事業者との間の情報の質及び量並びに交渉力の格差等に起因する消費者被害を防止するとともに、消費者が自らの利益の擁護及び増進のため自主的かつ合理的に行動することができるようその自立を支援する上で重要であることに鑑み、消費者教育の機会が提供されることが消費者の権利であることを踏まえ、消費者教育に関し、基本理念を定め、並びに国及び地方公共団体の責務等を明らかにするとともに、基本方針の策定その他の消費者教育の推進に関し必要な事項を定めることにより、消費者教育を総合的かつ一体的に推進し、もって国民の消費生活の安定及び向上に寄与する」（1条）とした[4]。

　推進法では、消費者教育を受ける権利が、消費者基本法（2004 年成立）2 条の消費者の権利として明示されていることを踏まえ、その具体的な推進策を明らかにすることを掲げている。消費者教育を受ける権利は、1962 年にケネディ（J. F. Kennedy）大統領が議会で宣言した「消費者の権利」（安全を求める権利、選択できる権利、知らされる権利、意見が反映される権利）ののち、

---

(3)　正式名称は「消費者教育の推進に関する法律（平成 24 年法律第 61 号）」。
(4)　推進法 1 条の（目的）は、自民党の当初案では「消費者の自立を支援する上で消費者教育が重要であることに鑑み、消費者教育に関し、基本理念を定め、並びに国及び地方公共団体の責務を明らかにする」こととなっていたが、民主党主導政権の修正案による三党合意では、消費者教育が「情報の質及び量並びに交渉力の格差等に起因する消費者被害」の防止に有効であること、また、「消費者教育の機会が提供されることが消費者の権利」であると改めて確認する文言を条文中に盛り込んだ意義は大きい。

フォード（G. R. Ford）大統領が1975年に提唱し追記された、消費者の基本権としての消費者教育の理念規定を明示するとともに、消費者教育を推進することが国および地方公共団体の責務であること、さらには具体的に消費者教育を推進するために政府がその基本方針の策定を行い、また具体的な実施のための方策を提示することを同法制定の目的としたものである。

　消費者教育が「消費者と事業者との間の情報の質及び量、並びに交渉力の格差等に起因する消費者被害を防止する」とは、消費者基本法1条が法の目的として掲げる消費者被害発生の原因として市場における消費者と事業者の格差の存在を前提とし、その是正に消費者教育が有効な手段であることを示しており、被害防止のためには消費者へ確かな消費者情報の提供や消費生活に関する学習の機会確保が不可欠であることを表している。

　「消費者の利益の擁護及び増進」は消費者基本法2条が定めるように、消費者政策の基本的な理念である。「自主的かつ合理的に行動できるようその自立を支援する」とは、単に消費者教育を被害防止の視点からのみならず、消費者の消費生活の向上安定を目指して、日常の適切な行動ができるように、消費者の自立を支援するための消費者教育を重視すべきであることを明示したものである。この点は、消費者の存在を消費者保護の客体として捉えることから、消費者を市場における主体として、社会への行動力を育成する消費者教育により支援する立場を、行政がより重点化していく現れと見ることができる。

　推進法はその推進を、国および地方公共団体の責務とする「消費者教育」ならびに「消費者市民社会」というキー概念を定義している。「消費者教育」という用語は、現行法には既出のものではないが、すでに消費者基本法2条（基本理念）において、「消費者に対し必要な情報及び教育の機会が確保され」ることが「消費者の権利であることを尊重する」とされ、消費者安全法4条（国及び地方公共団体の責務）では、6項に、「国及び地方公共団体は、消費者教育を推進し（中略）国民の理解を深め、かつ、その協力を得るよう努めなければならない」と明示されている。

　推進法では「消費者教育」を法令上、初出の用語として定義しており、「消費者の自立を支援するために行われる消費生活に関する教育」として、

消費者の日々の消費生活が安心・安全に送れるために必要不可欠な消費生活上の知識やスキルを身につける教育活動全般を指すと同時に、「消費者が主体的に消費者市民社会の形成に参画することの重要性について理解及び関心を高めるための教育」を含む教育活動でもあると併記した（2条1項）。このことは、従来の主として消費者行政が、消費者教育として、あるいは情報提供型の啓発活動として行ってきた消費者被害を未然防止するための消費生活知識の教授に加え、同時に、消費者の主体的な活動によって消費者市民社会を構築する基本的な資質・能力の開発がより重要になっていることを示すものである。

この「消費者教育」の定義に関しては、国際動向が少なからず影響を与えていると考えられる。国連消費者保護ガイドライン（1985年採択、1999年改正）では、消費者教育を消費者に正当で不可欠な教育として明示し、同時に「消費者の選択が、環境、社会、経済に与える影響についての教育を含めた消費者教育」として定義していた[5]。

また、すでに欧米型の消費者教育において、市民参加や消費者市民概念が消費者教育の要素のひとつとして定着しており、わが国においても消費者教育の再定義において、改めて加えられたものである。

さらに、推進法は「消費者市民社会」を次のように定義している。消費者市民社会とは、「消費者が、個々の消費者の特性及び消費生活の多様性を相互に尊重しつつ、自らの消費生活に関する行動が現在及び将来の世代にわたって内外の社会経済情勢及び地球環境に影響を及ぼし得るものであることを自覚して、公正かつ持続可能な社会の形成に積極的に参画する社会」と明示した[6]。消費者市民社会の概念は決してきわめて新しい概念というわけではない。2008年6月27日に閣議決定した消費者行政推進基本計画におい

---

(5) 国連消費者保護ガイドラインはその後2015年にさらに改訂されている。新ガイドラインでは、消費者教育に関して「各国は関係する人々の文化的伝統を考慮し、消費者の選択及び行動がもたらす環境への影響、消費の変化により起こりうる特質に関する情報を含む一般的な消費者教育及び情報プログラムを策定し、または策定を奨励すべきである。同プログラムの目的は、人々が十分に情報を得たうえで物品・サービスを選択し、自らの権利と責任を自覚した判断力のある消費者としての行動できるようにすることである」としている。

て、「(消費者市民社会とは)個人が、消費者としての役割において、社会倫理問題、多様性、世界情勢、将来世代の状況を考慮することによって、社会の発展と改善に積極的に参加する社会を意味しており、生活者や消費者が主役となる社会そのものと考えられる」としている。また、同年12月に内閣府が公表した『国民生活白書』でも、消費者市民社会に向かうことが望ましいとの論調が全体に流れたものとなっていた。そうした背景により推進法においても、消費者市民社会の消費者像を今後の消費者のあるべき姿(目標)として明示したのである。

同白書は、北欧と日本の消費者意識の差異を掲載するなどして、サブタイトルを「消費者市民社会への展望」とした(内閣府2008)。わが国の消費者教育の形成には欧米の消費者教育思想が影響を与えていると考えられるが、中でも、ヨーロッパのコンシューマー・シティズンシップの思潮のインパクトは大きいと言えるだろう。北欧4カ国にエストニアを加えた5カ国は、消費者教育を政府レベルで進めてきた。北欧閣僚協議会消費者教育ガイドラインおよび、その後の活動でも各国に大きな影響を与えたコンシューマー・シティズンシップ・ネットワーク(CCN)は消費者市民について、「消費者市民とは、倫理、社会、経済、環境面を考慮して選択を行う個人である。消費者市民は、家族、国家、地球規模で思いやりと責任をもって行動することで、公正で持続可能な発展の維持に貢献する」と定義し、世界をリードしてきたと言えるだろう[7][8]。つまり、消費者市民とは、消費生活の向上を目指して日々商品選択を行う「消費者」としての性格と、消費行動を通じて社会や国家への影響力を行使しうる「市民」としての性格を併せ持った主体的な消費者像を意味する。消費者市民によって構成される社会こそ消費者市民社会

---

(6) 2条2項の消費者市民社会の定義においても、当初案では消費者市民社会を「(略)内外の社会経済情勢及び地球環境に与える影響を考慮しつつ」公正で持続可能な社会の形成に積極的に参画する社会としていた。しかし、修正案は考慮では弱いとして、影響力の自覚を強調するものとなった。

(7) CCNは、2011年にはPERL (Partnership of Education and Research for Responsible Living) として、さらに消費者市民のあるべき生き方を追求する取り組みに活動の幅を拡大している。

(8) Thoresen ed. (2005).

と表現できるものである。

　翻って2条2項を解釈するならば、消費者の特性とは、すべての人間は消費者であるものの、年齢や性別の違いはもちろんのこと、障害の有無、外国からの居住など、さまざまな消費者の存在をお互いが理解し合い尊重することは当然である。また、個々の消費者の、消費生活の多様性についても、互いの多様な消費生活を尊重することを求めた。「現在および将来の世代にわたって」とは、今を生きる私たちはもとより、これから生まれる世代の尊重を意味し、今後、来るべき何十年後、何百年後にもわたり地球および世界を維持発展させ、人類の生存を持続させることが、現在世代を生きる人々の責任であることを意識して表明したものである。「内外の社会経済情勢および地球環境に影響を及ぼしうる」とは、日本国内への社会的経済的影響のみならず、海外への影響も考慮することが不可欠であることを示す。国内市場を通じての消費者の購入や消費の行動が、途上国をはじめ他国の社会経済情勢に影響を与えていることは少なくない。安価で海外から入手できる原材料による生産の過程では、強制労働などの不公正な対価で取引されているものも存在する。公正で持続可能な世界各国の社会経済の確保、安定、および地球環境の保全は世界共通の課題であり、消費者が他者の利益や社会的公正[9]、地球環境にも配慮した消費行動をとることを求め、「公正かつ持続可能な社会」を目指すものとしたのである。

2—2　消費者教育推進法の基本理念

　推進法の基本理念として、消費者教育推進の基本的な視点を7項目挙げている（3条）。1項は消費生活に関する知識の修得と適切な行動に結びつけることができる実践的な能力を育成すること、2項は消費者が消費者市民社会の形成に参画しその発展に寄与できるようその育成を積極的に支援すること、3項は、幼児期から高齢期まで各段階に応じた体系的な消費者教育が行われること、ならびに年齢、障害の有無その他の消費者の特性に配慮した適切な

---

[9]　国際市場における社会的公正では、人権問題としてフェアトレードやコンフリクト・ミネラル（紛争鉱物）などが例として挙げられる。

方法で行われること、4項は、学校、地域、家庭、職域その他のさまざまな場の特性に応じた適切な方法で、多様な主体と連携し効果的に行うべきこと、5項は、消費者の消費生活に関する行動が現在および将来の世代にわたり内外の社会経済情勢及び地球環境に与える影響に関する情報など多角的な視点に立った情報を提供すること、6項は、災害その他非常の事態においても消費者が合理的に行動することができるよう、非常の事態における消費生活に関する知識と理解を深めること、7項では、推進施策を講ずる際には、環境教育、食育、国際理解教育その他の消費生活に関連する他の教育施策と有機的な連携が図られることとした。

 6項は、推進法の自民党内ワーキングが2008年10月から開始されたものの、途中政権交代があり、また2011年に東日本大震災が発生した折の消費者の商品の買い占めなどの自己中心的行動が批判され、民主党（当時）の修正提案により加えられた条項であった。

2—3 消費者教育の推進主体

 推進法が、消費者教育の推進を国の責任により行うと明示したことは、最も重要なポイントである（4条）。つまり自立した消費者育成を目指す消費者教育を推進することを国家戦略として、責任を持って実施することを明言したものである。「自らの利益の擁護及び増進のため自主的かつ合理的に行動することができる自立した消費者の育成が極めて重要である」との認識は、同法1条が定めるところであり、そのためには国が総合的な消費者教育推進の施策を策定するのみならず、それを実施することを明文化した規定である。2項で国の消費者教育推進の責任を「内閣総理大臣及び文部科学大臣」としたのは、1項で消費者教育の推進が国の責務であると明示しつつも、その行政としての責任主体をより明確にすべきことから、消費者行政を一元的に管理する消費者庁所管の内閣府、および、教育行政を所管する文部科学省として明示し、それぞれの行政の長たる内閣総理大臣および文部科学大臣を消費者教育推進の核として位置づけ、さらに施策実行上の関係機関との連携などを義務付けてその実効性の確保を目指したものである。

 地域における消費者教育の推進については、地方公共団体が実施の責任を

負うことを明示した（5条）。中でも消費生活センターは、開設以来、消費者被害救済や被害予防を軸として、地域の消費生活相談ならびに消費者啓発を担ってきた。消費生活センターは消費者問題解決の中核的機能を果たしてきたものであり、消費者教育の推進にあたっては、その地域の情報の受発信の基地として、言い換えれば地域における消費者教育の拠点としての役割を果たすことが期待されている。また、教育行政としての教育委員会は、地域の学校教育および社会教育施策の全般を司っており、地方公共団体がその責務としての消費者教育推進を実施するにあたり、消費生活センターならびに教育委員会を核とし、連携した推進が欠かせないことを本条で示した。

　これまでは消費者保護基本法や消費者基本法に基づいて、国や自治体は消費者啓発、消費者教育に取り組んでは来たが、消費者教育の実施をそれぞれの責務としたことで、明確に予算化して、何らかの成果を上げなければならなくなった点は重要である。

　消費者教育の推進は、国および地方公共団体の責務で行うものとした一方で、これまで消費者行政に深い関わりを保ってきた、消費者団体や事業者および事業者団体についても、推進主体としての努力義務を課している。

　消費者団体は消費者の権利擁護による消費生活の向上を求めて、歴史的にも種々の運動を展開し、政府に対して事業者規制による消費者保護施策の実施を訴えてきた。同時に、消費者自らの力を高めるための消費者教育活動にも力を注いできた。6条は、消費者団体が消費者教育推進の協力者として、積極的な役割を果たすことを努力規定としている。消費者団体とは、消費者の権利・利益の擁護・維持を目的または活動内容に含み、消費者によって自主的に組織された団体または消費者のための活動を恒常的に行っている民間団体を言う（消費者庁「平成23年度消費者団体名簿」による）。全国規模のものや地域に存する消費者グループなどを含むものである。事業活動を営む生活協同組合も全国消費者団体の調査では消費者団体として扱われる。推進法が消費者教育推進の担い手として、消費者団体を改めて第一に明示したのは、消費者団体本来の設立趣旨である消費者の権利擁護行動の一環として、国や地方公共団体が中心となって推進する消費者教育の最大の協力者として位置づけていることにほかならない。消費者団体は地域や全国レベルで連合組織

（全国消団連等）を有し、特定の地域で行われる消費者教育活動が他の地域での活動に示唆を与え、情報共有を容易にする利点も存在する。消費者教育実践には地域により取り組みに差異もあり、地方公共団体のプラットフォームで消費者団体の果たす役割は大きい。

　さらに、事業者および事業者団体の努力義務規定を示した（7条）。事業者および事業者団体とは、営利法人として事業活動を営む個々の事業者および、業界団体など関連する事業者相互が組織する事業者の連合組織を指している。市場において事業者は消費者が商品を購入する相手方であるが、商品やサービスに関連する情報を最大限保有しており、一方の消費者は表示等により生産地、品質、内容量等の最小限の情報のみが市場において選択判断の材料として与えられるにすぎない。事業者による商品やサービスの提供そのものが消費者の消費生活を成り立たせているものであり、場合により消費者においては、誤認や誤使用あるいは、消費者トラブルを誘発する原因ともなりうる。したがって、事業者が商品やサービスに関わる種々の十分な情報提供を行うことは不可欠であり、商品・役務の安全かつ有効な利用法等を消費者に供することは生産、販売する者の責務でもある。

　同条は、事業者および事業者団体が商品や役務の提供者としての責任ある立場に鑑み、国および地方公共団体の実施する消費者教育推進に関わる事業に協力するよう求めるとするものであり、この場合の協力とは、消費者教育推進事業への人的・金銭的支援を含むものであると解釈できる。すでに、事業者および事業者団体は、自主的な活動として、消費者啓発や情報提供を行うものもあり、消費者関連専門家会議（ACAP）などの行う消費者教育事業や、その他の業界団体の実施する消費者教育事業が一層充実されることも期待されていることを示している。

3　消費者教育推進の基本方針

　推進法では、消費者教育の推進に関して政府が実施すべき施策の基本的な方向性について基本方針（「消費者教育の推進に関する基本方針」）の策定を定めている（9条）。すでに基本方針は、推進法制定の翌年、2013（平成25）6

月28日に閣議決定し、公表された。基本方針の内容は4種に分類される。第1は「消費者教育推進の意義及び基本的方向に関する事項」、第2には「消費者教育の推進の内容に関する事項」、第3には「関連する他の消費者政策との連携に関する事項」、第4には「その他消費者教育の推進に関する重要事項」を定めることとなっている。

　第1の消費者教育推進の意義及び基本的方向とは、消費者教育を推進する必要があるとする今日の消費者を巡る環境等の背景や課題であり、一方、消費者教育の推進が消費者自身ならびに社会に果たす意義と、実際に推進するにあたっての基本的枠組みや実施する各主体の果たすべき役割等を指すものである。第2の消費者教育の推進に関する事項とは、消費者教育を行う場や消費者教育を担う人材に関することが、また消費者教育を行う場合に必要となる資源のほか、推進法が目指す消費者教育を、国民的レベルで推進するために不可欠な内容を指すものである。第3の関連する他の消費者政策と連携する事項とは、3条4項に定める、関連する他の消費者政策と同様に、消費者基本法が定める消費者の利益擁護増進のために国が行う個別の消費者政策を指す。第4のその他消費者教育の推進に関する重要事項とは、体系的・総合的・計画的な消費者教育の推進のための施策や実施内容に関わる検証の方法など、消費者教育推進施策の実効性を高めるための諸施策を指す。

　消費者教育推進の基本方針は、3項が示すように、消費者基本法で定める「消費者基本計画との調和」の上に成り立つものでなければならない。消費者基本計画は、毎年閣議決定されるものである。推進の基本方針は、その原案を内閣総理大臣と文部科学大臣が作成し、閣議決定しなければならない（4項）。内閣総理大臣と文部科学大臣が作成し、としているのは、4条2項で、国の責務である消費者教育の推進が、内閣総理大臣と文部科学大臣の集約により、関係行政機関との連携の上で策定・実施されるとするところに由来する。この基本方針案の作成にあたっては、関係行政機関の長（大臣等）との協議を必要とするとともに、同法に定める消費者教育推進会議ならびに消費者委員会の意見を聞かなければならないこと、またさらに消費者の意見を広く反映させる措置をとることを求めている（5項）。消費者教育推進会議は19条に規定されるもので、消費者教育の推進にあたり、施策の全般に関

する意見交換や政府への具申を行う推進法に基づく審議会であり、基本方針の策定や見直しへの積極的関与を求めたものである。同時に、消費者庁および消費者委員会設置法第6条に定める消費者委員会に対しても意見を求めている。

また同時に、基本方針が閣議決定されたならば、直ちに国民へ公表する義務を定め、基本方針については、消費者教育推進の諸施策の実施状況の調査、分析、評価を行うとともに、その結果を踏まえて、5年ごとに基本方針を検討しなおして、必要がある場合には変更を加えることを求めている（6、7項）。以下、8項では、前項の変更に関し、本条の基本方針に関する閣議決定に関する事項（4項）から、基本方針案作成における消費者教育推進会議、消費者委員会からの意見聴取等（5項）、また閣議決定後の国民への遅滞のない公表（6項）までを準用すると丁寧に定めている。

消費者教育推進の基本方針は、2013年6月28日閣議決定のうえ、公表された。政府・消費者庁は、基本方針に基づき施策を進めるとともに、各地方公共団体も、この基本方針をベースにしてそれぞれの自治体における推進計画を立て、施策の実施に努めている。また、基本方針は前述のように5年ごとの見直しを掲げており、2016年秋現在、第2次消費者教育推進会議において、現行の基本方針による施策の実施状況の検証と見直しの議論が開始されている。

4　消費者教育推進計画と推進地域協議会

地方公共団体における消費者教育の推進に不可欠な前提として、消費者教育推進計画（10条）および、消費者教育推進地域協議会（20条）について定めている。10条1項では、都道府県は区域の消費者教育推進に関する施策を実施する場合、同法9条に定める政府の消費者教育推進の基本方針を踏まえながら、都道府県消費者教育推進計画を策定するように努めなければならないと定めている。2項は、市町村においても、1項の都道府県と同様、区域の消費者教育の推進にあたっては、政府の基本方針および都道府県消費者教育推進計画を踏まえながら、市町村消費者教育推進計画を策定するように

努めなければならないと定めている。同時に、上述の都道府県消費者教育推進計画ならびに市町村消費者教育推進計画を策定するに際しては、3項で規定するように、都道府県、市町村それぞれの区域の消費者および関係者の意見が反映される措置を講ずる必要があること、また、同法20条1項で定める都道府県ならびに市町村の消費者教育推進地域協議会を組織している場合には、同協議会の意見を聞かなければならない。では「消費者教育推進計画」とはどのようなものを指すのであろうか。

　国の消費者教育の推進に関する基本方針は2012年6月に閣議決定ののち公表された。同基本方針は、消費者教育推進の意義を示したうえで、第1に消費者教育推進の基本的方向として、①体系的推進のための取り組みの方向、②各主体の役割と連携・協働、③他の消費生活に関連する教育と消費者教育との連携推進、また第2には消費者教育の推進の内容に関する事項として、①さまざまな場における消費者教育、②消費者教育の人材（担い手）の育成・活用、③消費者教育の資源等、第3に関連する他の消費者施策との連携として、①消費者の安全・安心の確保、②消費者の自主的かつ合理的な選択の機会の確保、③消費者の意見の反映・透明性確保、第4に今後の消費者教育の計画的な推進として、①今後の推進方策について、②基本方針の達成度の検証として構成されている。同法は、都道府県消費者教育推進計画を策定する場合、国の基本方針を踏まえることを求めているので、基本方針に示されたものを各都道府県レベルになぞらえて検証していく手続きが必要となろう。その場合、各都道府県がこれまでに独自に積み重ねてきた消費者教育に関する施策を再検討するプロセスや内容を、消費者庁が2013年1月に公表している「消費者教育の体系イメージマップ」によって、幼児期から高齢期に至る生涯学習である消費者教育内容と照合し、現状を分析するなど、今後の方策を検討することは有益であろう。

　地方消費者行政の重要性は指摘されながらも、予算・人員ともに削減されてきた現実を打開するために、消費者庁設置を契機に、地方消費者行政推進交付金（発足時は「地方消費者行政活性化基金」）が政府予算に組まれ、地方消費者行政の強化を図っている。各自治体における主たる活用としては、被害救済のための消費生活センターの充実や相談体制の充実であるが、消費者

庁が示す予算活用の事業メニューには、消費者教育がその一つとして明記されている。地方消費者行政の創意工夫により先駆的な取り組みにも使用されており、消費者教育の充実にとって大きなバックアップ体制となっている。ある政令市では、消費者行政と教育委員会が協力して、中学校向け教材を開発し、全校に配布するなど予算の後ろ盾を得た新たな取り組みが期待されるところである。

ところで、2016年5月の時点では、全国の都道府県のうち「消費者教育推進計画」を制定している自治体はまだ約7割となっている。すでに、推進法が制定され4年が経過しており、計画の策定が遅れている自治体は、作業を急がねばなるまい。また政令市で見ても、20ある政令市で推進計画を策定しているのは10自治体とまだ半数にとどまっている。地域自治体行政が消費者教育推進の体制を進んで整えない限り、地元における消費者被害の防止は当然のこと、市民への消費者意識の普及には道遠しと言わざるを得ない。

5 消費者教育推進の場と担い手の育成

5—1 学校における消費者教育の推進

推進法では、消費者教育推進の基本施策として、まず学校における消費者教育の推進を掲げ規定している（11条）。学校における消費者教育の推進は、国および地方公共団体の責務であること、また授業およびその他の教育活動において、適切かつ体系的に行われる必要があることを明示している（1項）。また、消費者教育を実施するにあたっては、子どもの成長発達に応じたプログラムが重要であり、学校での学習活動や家庭での生活経験の積み重ねの中に、消費者教育が行われることが求められていることを示した。特に学校においては、体系的な消費者教育を行うことにより、消費者市民社会を構成する一員としての消費者の意識と態度を培う必要がある。これらの学習目標を実現していくためには、特に消費者庁の「消費者教育の体系イメージマップ」は参考になろう。

学校における消費者教育の実施のためには、その指導の主体である教育職員が消費者教育に関する知識や技能、指導方法などを習得する必要があり、

そのための研修の充実を国および地方公共団体に義務付けた（2項）。今後の消費者教育推進にあたり、本項の意義は大きい。教育委員会は研修計画に消費者教育を加えていく必要がある。職務の内容および経験に応じ研修を受けるものとされ、担当教科や学校内の職位により、また教員としての経験年数を指すものであるが、消費者教育を教科として充実を図るのみならず、学校全体として取り組む場合も含めて、校長、副校長、教頭をはじめ教務主任や主幹教諭など中核的立場にある教職員の消費者教育への深い理解が求められる。

また、学校における消費者教育を効果的に実施するための、人材の活用の推奨に関しても規定する（3項）。消費者教育に関する内容が、現実の市場における消費者問題に関連する場合も多く、新たな知識や立法の動向、消費者市民社会の考え方等、前項の研修の機会を通じて身に付けることに加え、専門家の協力を得て、児童・生徒に直接的に指導する場合も想定している。消費者教育の実践では、実際の場面を想定してワークや実践的なものを取り込む必要がある。そのためには教室内でのディスカッションやシミュレーション、ロールプレイング、ワークショップなど、また教室外での活動など実際の社会を想定しやすい環境の中で行うことが望ましく、さらには次項で規定する専門的機関や専門家の協力も得て行うことが期待されている。

大学および高等専門学校、専修学校、各種学校を主体とする消費者教育の推進については12条が定めている。本条では学校教育法1条が規定する学校のうち、大学および高等専門学校を対象とするとともに、学校教育法によらない専修学校（文科省の専修学校設置基準を満たすもの）、各種学校（文科省の各種学校規定を満たすもの）等の教育機関を対象としている。前条の高校以下の学校と区別するのは、教育の対象とする学生が18歳以上の年齢であり、消費者としての活動範囲も広く、消費者トラブルに巻き込まれることも少なくなく、若年層の消費者意識を一層高める必要があるために別建ての扱いとしたものである。また、これらの学校は、文科省の学習指導要領等の全国統一的な教育内容を持つ高校までの段階とは異なり、教育内容も学校や専門により異なるため、体系的な消費者教育の実施の必要は示さず、あくまでも被害防止を重点課題としているが、推進法全体の理念からすれば高校以下の学

校段階と同じく、消費者市民としての意識を涵養する消費者教育にも言及するべきでなかったのかという疑問は残る[10]。

5―2 地域における消費者教育の推進

消費者教育の実質的な推進は、人々の最も身近な地域での活動においてこそ発揮させるべきもので、推進法では、地域における消費者教育の推進の重要性を掲げている（13条）。地域は学校教育と並んで最も重視されるべき消費者教育の場である。同法では、高齢者や障害者等の消費者被害が減少しない傾向を踏まえて、地域住民自身への消費者能力の増進を図るとともに、判断能力が必ずしも十分ではない高齢者や障害者を地域住民の手で消費者被害から守るため、国、地方公共団体、国民生活センターが、地域福祉の向上に従事する福祉関係者に対して、研修を実施し、情報提供を行うことを義務付けた（1項）。高齢者、障害者等に対する消費者教育を特に地域の消費者教育の中でも取り上げているのは、消費者被害の大半が高齢者被害となっている現状や、近年知的障害者等の判断力を十分に備えない消費者を狙った悪質商法もあとを絶たない現状があるからである。OECD等の消費者政策においても、これら脆弱な消費者に対象を絞り込んだ消費者教育の重要性は共通認識となっているところである（OECD 2009）。

そのために、同条項は福祉関係者への研修と情報提供を義務付け、関係者の連携によって消費者被害の防止を図ろうとする趣旨で明記された。その対象となる福祉関係者には、民生委員法の定める民生委員、社会福祉法に定める社会福祉主事、介護福祉士に加えて、訪問介護員（訪問ヘルパー）や地域の高齢者や障害者を支援している人々（食事宅配業者、家事サービス業者、地域巡回をするボランティア等）らが含まれる。今後、消費者行政と福祉行政の緊密な連携のもとに消費者教育の諸施策が行われる必要があることは明白で

---

(10) この点に関しては、2011年に文科省生涯学習政策局が出した「大学等および社会教育における消費者教育の指針」が参考になる。被害防止のための注意喚起は重要であるものの、自己の利益を求めるのみではなく、他者や社会との関わりにおいて意思決定を行うことの重要性を指摘し、持続可能な社会の実現を目指して主体的な行動をとることを消費者教育の目的として掲げている。

ある。

　また、公民館その他社会教育施設等において地域の消費者教育を実施するよう求めており（2項）、その場合「実例を通じた消費者教育」が行われるよう必要な措置を講ずることとしている。つまり、地域での消費者学習の定着を図るためには、何より当該地域での消費者被害等の事実関係を知らせることが、被害防止に有用であると考えられるからである。そのための情報は地域の消費生活センターに相談事例として蓄積があるので、それらを有効に活用すべきであることを示すものである。

　消費者教育推進の鍵は、よい教材とすぐれた人材とされることが多い。15条は、国および地方公共団体に教材の充実と教材の開発、そして効果的な提供を求めている。推進の実質化を図るために、あえて具体的実践に不可欠なツールに関して条項を置いていることにもその意義が認められよう。消費者教育に使用される教材には、冊子やリーフレット形式の印刷教材のみならず、CD・DVDなどの視聴覚教材や、ゲーム・シミュレーションなどのツール、あるいはパソコンなどを通じ活用できるWeb教材がある。消費者教育は現実の消費生活において選択購入などの意思決定を行う中で、その成果が生きるものであるが、学校や消費生活センター、公民館などで消費者教育を実施する場合、現実市場を再現することは困難である。そのため、問題や課題についてより理解を深めるために、体験型の学習教材やワークショップに必要なツールなどが利用される場面は多い。

　消費者庁の消費者教育ポータルサイトには国、地方公共団体、消費者団体、事業者・事業者団体、消費者教育関連団体などの制作した消費者教育教材の情報が集積されている。それらを精査して適切に活用することはもちろんであるが、社会経済情勢の変化とともに新たな問題も発生し、最新の情報や新たな視点が必要になってきている。その意味では、国や地方公共団体が独自に教材を開発し、効果的な提供方法を検討することはきわめて重要であると言える。特に、同法が目指す消費者市民社会の構成員としての態度形成などに関しては、地域の実情を考慮した独自な教材の開発が求められている。

　人材育成は教材開発と並び、消費者教育の推進に不可欠である一方、すでに消費者教育に関する実務経験がある人材もあり、消費者教育推進に従事し

てきた経験を有する専門家や研究者など、その有効活用が求められる。もっぱら消費者教育全般の専門機関たる公益財団法人消費者教育支援センターをはじめ、消費者教育事業に実績のある消費者団体などがそれに該当しよう。

5—3　消費者教育の担い手の育成

　消費者教育の推進に欠かせないのが人材の育成である。推進法では国、地方公共団体および国民生活センターが、消費生活相談員等が専門的知識を修得するための研修等を行うことを義務付けている（16条）。1項の消費生活相談員その他の消費者の利益の擁護または増進を図るための活動を行う者とは、消費者苦情の処理やあっせんに携わる消費生活相談員のほか、消費者団体その他の関係団体にあって消費者活動に従事する人を指す。消費者教育に関する専門的知識とは、消費者教育の意義や目的、その内容・方法などにわたる専門知識を指すと同時に、実施される研修では同法に対する深い理解が求められる。研修には、講義型のもののみならず、ワークショップやディスカッションを中心とした演習型などがあるが、消費者教育そのものが実践的な内容を含むものであるがゆえに、多様な形式を取り入れたものが有効である。人材の育成では、研修だけではなく、消費者教育を推進する事業に直接関わる経験や、インターン制度の導入など、幅広く消費者教育に関連する活動が実施できるような取り組みが考えられよう。

　推進法が意図する人材の育成は、単に消費者問題の現状を学校に出前講座を通じて話すことができるレベルを想定しているものではないはずである。専門家の活用は、基本方針でも指摘されるところであるが、教育の対象は児童・生徒や大学生、成人、高齢者などさまざまであり、それぞれの興味関心に合う話材を精選すると同時に、聞き手の意識を高めるための工夫など一定のトレーニングを受けなければ、簡単につとめられるものではないことは明らかであろう。そのために対象に応じた指導が可能となる研修などが用意されなければならないのである。

6 消費者教育推進会議

　消費者教育推進会議(以下では「推進会議」と略す)は国家行政組織法8条に基づく審議会である。推進法18条は推進会議の詳細を定めている。推進会議は、国の消費者教育推進に関わる施策全般について議論を行うことを目的としている。なお、消費者庁及び消費者委員会設置法5条の2では、「消費者庁に置かれる審議会等」として、消費者安全調査委員会と消費者教育推進会議という2種の会議を定めている。事務局は消費者庁にいずれも置かれる。

　推進会議は「委員相互の情報の交換および調整を行う」とし、同会議の委員が、消費者教育の推進に関わる施策等に関して、それぞれの立場から自由な意見交換を行うとともに、消費者の利益擁護増進に資するための消費者教育推進のあり方に向けた建設的な意見調整を行うことにより、それらが国の消費者教育施策の決定に反映されることをその設置目的とする(推進法18条2項1号)。この点は、従来型の審議会のように、国の施策についての検討に関し諮問を受けて、その実施状況を追認あるいは検証することで課題を提言する形式をとらず、むしろ消費者教育施策という新たな行政事務に関して、専門的知見を有する関係者らが豊かな発想のもとで、あるべき施策や方向性を議論することにより、実効性のある消費者教育推進を図ろうとする同法に固有の考え方の現れと見ることができよう。

　消費者教育の推進に関する基本方針の策定については、同会議の意見聴取が求められている(2項)。また、基本方針の変更に関する準用を定めている(9条8項)ので、基本方針の見直し、変更にあたっては同会議の意見を改めて求めることになる。

　推進会議を構成する委員については、消費者や事業者、教育者らの関係団体の代表者、学識経験者および関係行政機関・独立行政法人の職員から構成し、任命権者は内閣総理大臣となっている(18条3項)。消費者教育の推進にはさまざまな主体から幅広い知見を求める必要があると考えられるための規定である。委員数は20名以内、任期は2年とした。また、専門の事項を調査させるための必要があるときは、専門委員を置くことができるとした。

なお、同会議は2013（平成25）年春に発足したが、議論の迅速な進展を図るべく3つの小委員会、すなわち、消費者市民育成小委員会、地域連携推進小委員会、情報利用促進小委員会を設置し議論を進めた。第1期消費者教育推進会議は2013年3月から2015（平成27）年2月の委員任期で行われ、論点のまとめを3月に公表した。現在、同年7月からスタートした第2次消費者教育推進会議が進行している。

7 消費者教育推進法の効果と今後の課題

前述のように、消費者庁の審議会としての消費者教育推進会議は、3つの小委員会で機動的に議論を重ね、消費者教育推進のあり方を検討してきたが、2015年春に報告書を公表した。

消費者市民育成小委員会では、①消費者市民社会概念の研究ならびに普及、②消費者市民社会実現に向けた事例の収集を、情報利用促進小委員会では、①効果的かつ確実な商法提供の仕組み及び方策、②消費者教育ポータルサイトの掲載基準を、地域連携推進小委員会では、①消費生活センターの消費者教育拠点化の具体的方法、②コーディネーターの仕組み・人材確保・育成等の方策を、それぞれ中心課題として検討してきた。

中でも、消費者市民社会概念の普及は一朝一夕にできるものではなく、消費者教育推進法で明示されたものの、施行から4年を迎える今日においても、消費者行政担当者でも説明が難しいと指摘されることが少なくない。従来、消費者行政における消費者教育は、もっぱら被害救済、被害防止に力点が置かれていたが、悪質商法を一覧にして、契約取引における権利義務を明示し、契約概念の大切さを理解させ、あるいは、問題発生時の対処法として、クーリングオフ葉書の出し方や、消費生活センター相談窓口の活用の仕方を啓発・指導するにとどまっていた。ところが、今般の推進法は消費者市民社会の実現に向けて、社会参加型消費者を育てることの重要性を掲げている。そのため、個人に対して、消費のもたらす社会的影響力や、社会への影響力を考慮した商品選択や企業選択を行うよう、消費者の主体的行動を求めるものとなっている。したがって、フェアトレードやコンフリクト・ミネラル（紛

争鉱物）などの運動への理解や、地場消費の再評価と実践など、消費者行動を具体的に例示するなどして、消費者意識を高めることの重要性が指摘されている。

　少なくとも、被害防止のための契約知識を中心とする講座内容においても、被害に気づいたらすぐに消費生活センターに相談することが、消費者市民としての行動であることを自覚させ、小さな働きかけが社会を動かしうることを考えさせる契機とする必要があろう。

　消費者庁は消費者教育の実践的取り組みの事例集を公表しているが、今後も消費者市民社会を認識できる教材やイベント提案などを全国から収集し、公表していくことが不可欠である。

　また、消費生活センターの地域消費者教育拠点化は、閣議決定した消費者教育推進の基本方針で示されたものだが、これまで消費者相談や消費者啓発の中心的役割を担ってきた地域の消費生活センターが、消費者教育推進においてもまた、地域の中心的な活動を果たすことは至極当然と言えよう。ただ、消費生活相談員の不足など相談体制が十分でない実情を抱えるセンターも多く、教育委員会や消費者団体など関係機関・団体との連携は欠かせない。また、同時に連携に必要な人材として、コーディネーターの役割がより重要視されるべきである[11]。ここでも消費者市民社会概念の普及と同様に、先進的な取り組み事例を収集し、それを公表し共有していくことは、地域での消費者教育推進に大いに役立つものとなろう。

　消費者教育推進は学校における初任者研修や10年目研修、免許更新時講習に消費者教育を取り込むなど先進事例に学びながら、徐々に蓄積を増やしつつ進めていくことが肝要であると言える。

　現在の第2次消費者教育推進会議の検討では、成年年齢引き下げの論議が進む中で、若者の消費者教育推進のための教材開発のワーキングと、消費者市民社会の考え方と従来の消費者被害防止の考え方との融合をどう具体化するかの議論、また、地域における消費者教育の推進の要となるコーディネーターの育成や、先進事例の収集、さらには推進法が定める消費者教育推進の

---

(11)　コーディネーターの必要性や役割については第13章参照。

基本方針の見直しについても、着手しているところである。今後も推進会議は、わが国の消費者教育推進の方向性の鍵を握る機関としての存在意義を果たしていかねばならない。

【参考・引用文献】
内閣府（2008）『国民生活白書　平成20年版―消費者市民社会への展望』
OECD（2009）*Recommendation of Consumer Education*（消費者庁仮訳「消費者教育に関するOECD消費者政策委員会の政策提言」）
Thoresen, V. W. ed.（2005）*Consumer Citizenship Education Guidelines, Vol. 1, Higher Education,* The Consumer Citizenship Network

第4章

地域社会および学校における消費者教育

西村隆男

　消費者教育は教育の一態様だとすると、行政としては教育の専管領域でこそ消費者教育が実行されなければならない。教育の専管領域とは学校教育であり、地域における社会教育である。日本の場合、消費者教育が学校教育のプログラムに垣間見られるようになったのは近年のことであり、社会教育における消費者教育の実施が先行して行われてきた。

　本章では地域社会および学校における消費者教育の実施過程を見ていく。

1　地域社会における消費者教育

1―1　地域における消費者教育の展開

　社会教育としての消費者教育では、文部省が1961年に社会教育テレビ番組「明日へ開く窓」において、3カ月間13回シリーズで消費者教育をテーマとして実施したことが端緒であろう。なお、この企画には氏家寿子（日本女子大学）らと山崎進（日本生産性本部）が協力している。社会教育はよりよい地域を創る学習の場を提供するものであろうが、さまざまな生活課題を取り上げながらも、後藤（2013、9頁）によれば「生産や労働に議論が特化した一方で、消費に関しては焦点があてられてこなかった」という。

　68年、消費者保護基本法が制定され、翌年に地方自治法が改正されると、消費者行政として一行政分野に位置づけられた。その結果、消費生活センターを中核とする消費者教育事業が消費者行政の施策として行われるようになった。地域における消費者教育活動は、各地に設置された消費生活センターが開講する消費生活講座が中心となって、地域の消費者教育の主役とし

ての地位を築いてきたと言えよう。

　中でも、消費生活知識や技術に関する講座は、衣食住、環境、契約、情報と多岐にわたり数多く開催されてきた。また、消費者問題が高齢者などに深刻な消費者被害を生み出すようになると、消費者被害の防止のための啓発講座が中心となり、同時に啓発用のリーフレットや資料が作成され、配布されるようになっていった。それでも、被害はとどまるところを知らず、講座参加者の広がりが望めない中で、集める講座から届ける講座へと、取り組み方に変化も見られるようになり、老人会や地域イベントなどへ出前講座を届けることも一般化した。さらに、学習効果をあげるための努力は、紙芝居やドラマ、人形劇などさまざまな手法へ進化していった。

　社会教育法第3条では、国および地方自治体の社会教育行政の任務として、「自ら実際生活に即する文化的教養を高め得るような環境を醸成するように努め」ることとしている。社会教育の対象はすべての国民であり、実際生活に即して文化的教養を高める仕掛けとして消費者教育は、自ら選択した商品によって生活文化を創造する視点からして社会教育の中核的主題となってよい。しかし、社会教育行政による公民館などを舞台にして行う内容は、文学、芸術、スポーツなど実際生活とは遊離した趣味的な教養講座や健康増進のための運動である場合がほとんどである。

　一方、消費生活センターで行われる消費者講座は消費者行政が実施する消費者教育であるが、学校教育には該当しないので、これは広義の社会教育である。狭義の社会教育は社会教育行政が所管する教育活動であり、消費者教育が展開される機会はきわめてまれである。社会教育行政では専門職として社会教育主事が養成され、地域の公民館、生涯学習センターなどの社会教育施設に配置されている。

　社会教育主事は社会教育法に定められる専門職であり、「社会教育を行う者に専門的技術的な助言と指導を与える」（社会教育法9条の3）とされている。主事資格を取得するための講習（社会教育主事講習）では、1967年以来、消費者教育が社会教育特殊講義の1科目として組み込まれている。しかし選択科目であるため数多いメニューの一つとしてしか認識されえないのが実情であろう。90年に制定された生涯学習振興法では、国民の生涯にわたる学

習の機会を確保するための体制の整備が明記された。同法により設置された生涯学習審議会の92年7月の答申では、当面重点を置いて取り組むべき4つの課題として、①リカレント教育の推進、②ボランティア活動の支援・推進、③青少年の学校外活動の充実、④現代的課題に関する学習機会の充実を掲げた。さらに、④には生命、健康、人権から消費者問題、環境、資源・エネルギーが列挙されており、消費者教育にまさにふさわしい内容の例示になっている。しかし、現実には消費生活に関わる学習活動は、もっぱら地域の消費生活センターでのみ行われてきた経緯がある。

　一方、地域の任意団体である消費者団体（消費者グループ）もまた、積極的な消費者講座など地域での学習を広げる活動を自主的に推進してきた。東京都世田谷区では、1992年に開始した区民講師養成講座の修了生が自主学習グループ「ひとえの会」を結成、今日に至るまで消費者問題や食、環境などの暮らしの役立つ講座を出前講座形式で行ってきた。消費者団体の全国組織である主婦連合会や全国消費生活相談員協会、日本消費生活アドバイザー・コンサルタント・相談員協会なども、それぞれ一般市民向けの消費者講座の開催や出前講師派遣などの取り組みを行っている。また、生活協同組合も各地で組合員向けの消費者講座などを積極的に開催している。こうした消費者団体などの活動は、消費者行政の支援を受けながら実施されているものもあれば、自主財源やボランティアによって行われているものもある。

1—2　近年の文部科学省社会教育行政による取り組み

　文部科学省生涯学習局では、2010年から消費者教育推進委員会を立ち上げて、生涯学習としての消費者教育推進に関する事業に予算措置を行い、業務を稼働し始めた。これは、2009（平成21）年5月の消費者庁関連3法の国会での採決において、附帯決議に消費者教育推進のための法整備の必要性が明記されていたことや、消費者庁の発足による国の消費者行政における消費者教育事業の推進や本格稼働を見越したものと見ることができる。なかでも第1章で述べた2011（平成21）年3月の「大学等及び社会教育における消費者教育の指針」の公表は特筆されよう。

　現在までに文科省が同委員会を通じて行っている事業には、地域の消費者

教育の活性化を図るために行う消費者教育フェスタがある。地方自治体と連携し、デモ授業を通じた学校における消費者教育の先進事例の紹介や消費者団体、事業者団体などと連携した取り組みの紹介、また講演、シンポジウム、参加者全員による分散会での討議やワークショップなどから構成された参加型プログラムとして毎年全国数カ所で実施されてきた。

また、基本調査として、2010年消費者教育における国内の取り組み状況調査があり、全国の大学・短大・高等専門学校（回収1,039校）ならびに、全国の都道府県・政令市および市区町村教育委員会を対象に行った（回収984委員会）。同調査は、その後2013年および2016年に、フォローアップの調査を実施している。

詳細はそれぞれの報告書に委ねるとして、推進法の施行によって取り組みに変化も徐々にではあるが見られるようになってきている。しかし、前章で述べた地方消費者行政推進交付金の活用は本調査からはほとんどうかがわれず、むしろ教育委員会への認知度の確認では20％に満たないという残念な結果が出ている。

文科省の取り組みの中での最大の成果は、指針策定ではないだろうか。文科省の生涯学習政策局が2011年に、「大学等及び社会教育における消費者教育の指針」を前述の消費者教育推進委員会での議論を経て公表したものである。

また、『親子で学ぶ消費者教育教材（マナビィといっしょにおつかいすごろく）』や『地域における消費者教育実践のヒント集』などの学習教材や指導資料を作成するとともに、地域からの自主的な取り組みを発掘するための、連携・協働事業企画への費用支援事業（請負事業）なども実施している。さらに、2015年度の文科省消費者教育事業の成果物として作成された消費者教育の指導手引書『いつでも　どこでも　だれでもできる消費者教育！』は、地域における消費者教育のみならず学校での活用も意図した入門的解説ガイドとして評価されている。

2 学校教育における消費者教育

2—1 学校教育における消費者教育の史的展開

　アメリカ主導によるわが国の戦後教育改革は、アメリカ教育政策委員会のストッダード（G. D. Stoddard）を団長とする1946年3月の教育視察団の来日によって開始された。同視察団は過去の日本の教育制度の問題点を指摘し、それに代えて民主的な教育の理念、方法、制度を提言した[1]。

　アメリカによる戦後の民主化政策の中で、学校教育では社会科が創設され、1947年度版の学習指導要領では「消費者の物資選択に際して社会の力はどういう影響を与えているであろうか」（第9学年、単元5）と「消費者主権」を打ち出し、消費者の選択能力を高めることを学習課題とした。柿沼（1996、3頁）は、これを「学校における消費者教育は、戦後、新教育とともに始まったと考えられる」と指摘するが、48年発行の社会科教科書『民主主義』では、すでに「消費者の保護」の項を見いだすことができる。同書は消費者の利益のためには「消費の自由を与えること」が必要で、そのためには「販売を商店の自由競争」に任せなければならないが、消費者の利益が侵されやすいので、「個人個人ばらばらの消費者としてはどうすることもできないような事柄を、共同の力によって解決し、団結の力によって主張して行くところに、消費者の利益を守る消費組合の重要な意味がある」と消費組合の存在意義を解説している（文部省1995、189頁）。

　つづく1951年度版の学習指導要領では、中学校社会科第3学年に「経済生活を改善するにはどのように協力したらよいか」の単元で、「国民の多数

---

(1)　ストッダードらの委員会はすでにアメリカ民主主義における教育の任務に関し、基本方針となるリポートを出しており、1950年には『アメリカ民主主義教育の基本方針』として日本語訳が出版されている。同書の中で消費者教育も民主主義教育の一環として重要であるとして、次のような指摘がある。「購買者の能率増進を企画する教育計画は、市場の品物でどれが有用であるかを知ることから始められるべきである。購買者はこれらの商品において、どのような品質を探し求め、或は避けなければならないか、換言すれば彼の目的に対し品物を役立つようにし、又は役立たないようにするものは何かを知らなければならない」と消費者教育が一般的に要請されているとしている（アメリカ合衆国教育政策委員会1950、293頁）。

は消費者の立場にある。(中略) われわれの日常消費生活の改善合理化の方法を研究して、それによってりっぱに生産に寄与し、国家経済の発展に貢献しうるものであるという自覚と態度を持たせなければならない」と示した。

新教育の拠りどころとしてのデューイ (J. Dewey, 1859-1952) を軸とするアメリカの経験主義(プラグマティズム)教育は、足下に根づく民主教育の切り札として、「生活による、また生活との関連における学習」を提唱して、わが国の教育界に大きな影響を与えた。デューイはシカゴ大学、コロンビア大学で主任教授にあった哲学者で、教育理論においても多大な影響力を与え、①問題を感じ取る、②問題の根源を究明する、③可能な解決策を考える、④その仮説を種々関連の事柄から発展させる、⑤仮説を検証し結論を出す、間違いがあればこの過程を反復するという5段階の反省的思考を唱え、問題解決学習の基礎を築いた。が、一方で経験の連続的発展と称しながら、学習の方向性を失わさせるものとして、1950年代の後半には系統的学習の主張者らから批判を受ける、いわゆる生活教育論争を引き起こした。

以降、社会科において消費者教育のウェイトは次第に弱められ、経済復興を軌道に乗せ、欧米諸国にキャッチアップしうる経済発展のためには、知識詰め込みによる一定の学力水準のある労働力が必要とされたのである。川端 (1977、56頁) は当時、「受験戦争が拍車をかけると、これまでの生活教育的社会科では学力の低下を来たすという批判も加わり、教育全体が次第に生活から遊離し、詰込み式、主知主義に傾斜して行くことになる」と、消費者教育の後退を指摘する。

こうして軌道に乗るかとも思われた揺籃期の学校消費者教育は、高度経済成長時代の到来ともに消え失せ、1968年の消費者保護基本法制定以降の行政のイニシアティブによる消費者教育の時期を迎えることになる。翌69年および70年に改訂された学習指導要領では中学校社会科に「消費者の保護」が、高校社会科政治・経済に「消費者保護」が単元として示された。しかし、これらの扱いは、決して戦後の民主化教育として取り上げられた生活経験に基づくものではなく、他の経済社会問題と同列の扱いで、消費者問題とその解決を目指した消費者保護という、いわば政治・政策の問題としての学習になった。

生活に根ざした消費者教育的思考はむしろ家庭科に移り、高校家庭科「家庭一般」の経済生活の領域には、「購入と消費」、「消費者の立場」などの項目が見られるようになった。70年代には神戸市が小学校高学年向けに消費者教育副読本『くらしとしょうひ』を発行し、兵庫県が県立高での消費者教育実践の指定校制度を実施したのをはじめ、80年代にかけ各地で学校消費者教育が芽生え出した[2]。

やがて学校消費者教育に一大転換が訪れるのは、15年以上も経過した1986年の国民生活審議会の意見書の提出を待たなければならなかった。この間、73年の第1次オイルショックなど消費生活をめぐる大問題が発生したにもかかわらず、学習指導要領および教科書を見る限りでは学校消費者教育に大きな変化はなかった。この点に関し、植苗（1996、57頁）は、「消費者教育の空白期間」と呼んでいる。しかし、この時期は消費生活センターが全国に開設され、主として一般消費者に向け消費者啓発講座を随時開催するなど、行政の積極策によって消費者教育が幅広く展開されており、学校消費者教育に限って言えば、各自治体の膨大な副読本や資料教材の類が学校向けに編纂され、地域によっては消費者行政の主導による学校消費者教育のモデル校の実践さえ行われていた点を見逃してはならない。

1980年代の日本経済は低成長期に入り、消費者を取り巻く環境もいっそう厳しくなり、若年層をターゲットとしたキャッチセールス、アポイントメントセールスなどの無店舗販売や訪問販売によって一人暮らしの高齢者から高額の金品を騙し取る悪質商法などが頻発するに至る。また、多重債務による個人破産なども多発し、85年には金のペーパー商法で1,000億円もの被害を出した豊田商事事件が起こった。このころから消費者行政の消費者問題へのアプローチにも変化が見られ、消費者責任論が登場する。かつての買い手注意論である。

特に経験の浅い若者の消費者取引における契約教育の重要性が指摘され、学校教育での契約学習が要請されるようになった。経緯については第1章で

---

[2] 1975年に東京都が中学生向けに作成した消費者教育読本はカラーテレビ二重価格や灯油のやみカルテルを扱ったために業界からクレームがつき、結局配布に至らなかった。消費者教育が体制批判の教育として非難されることさえあった時期である。

詳述しているので省略するが、1986年9月に「学校における消費者教育について」として国民生活審議会消費者政策部会が、教育課程審議会あてに提示した意見書の与えた影響力は大きかった。

この意見書が契機となって、1989年の第6次改訂学習指導要領では、契約の重要性についての理解を含む消費者教育が明示されることになったのである。その内容を見れば、中学校社会科公民分野の「消費者保護」の扱いでは、「現代社会における取引の多様化や契約の重要性を取り上げ、消費者として主体的に判断し行動することが大切であることを考えさせるよう留意する」と指摘した。このとき高校社会科は公民科と地歴科に分離されたが、公民科現代社会には新たな単元として「消費者保護と契約」が示された。

同時に、高校で家庭科の男女共修制が導入されたことも手伝って、消費者教育の趣旨が一段と強調され、「家庭経済と消費」の新単元の下に小単元「消費生活と消費者としての自覚」が新設された。こうして、学校消費者教育が日本でもようやく本格化するこの時期を捉え、「消費者教育元年」と評することもしばしば見られた。

各方面からの期待を受け、1990年に発足した（財）消費者教育支援センターは、当初より、アメリカの消費者教育手法の研究成果を取り込み、アメリカより専門家を招いて日本の教師対象に消費者教育セミナーを開催するなど、学校教育への貢献を軸として積極的な活動を展開した。今日に至るまで海外教材を紹介したり、新たな教材を開発し、指導法の普及のためのセミナーを各地で開催するなど、主として学校教育をターゲットとした消費者教育の発信基地として大いに貢献している。

第7次の学習指導要領の改訂に向けた作業は1998年7月の教育課程審議会の最終答申の公表を経て、1999年3月までには幼・小・中・高、すべての新学習指導要領が文部省より告示された。今回の新課程は学校完全週5日制の2002年からの実施を前提とし、教科内容の大幅な厳選が至上命題となった。スリムな教育課程を編成するために教科再編により統合され消滅する教科も囁かれていたが、結局そこまでは踏み込まず、学習内容における同一教科内の学校種による重複や、教科間の重複を徹底整理し、なお学習の困難な単元の見直しなどを積極的に行ったものとなった。特筆すべきは、小学

校3年から高校までに新たに設定される「総合的な学習の時間」であろう。週2時間を標準配当し、特定の週や時期にまとめて行うことも可能とした。新学習指導要領では学習内容の例として、「国際理解、情報、環境、福祉・健康など横断的・総合的な課題」を挙げたが、あくまで学校の独自性に委ね、内容は学校裁量であることが強調された。

　前回の改訂で導入された消費者教育の視点は、反対に、各教科の学習内容の整理統合による厳選の過程で、社会科では深入りしないこと、中心的科目の家庭科への学習内容の移行をにおわせた。家庭科では中学、高校の消費者教育の重複が整理される方向が示された。98年12月に公表された中学校の学習指導要領では教科内容としての消費者教育は、少なくとも社会科においては全面的な後退を余儀なくされた。消費者保護の項は社会科公民分野に残るが、その取り扱いについては、「消費者保護行政を中心に扱うこと」[3]とあえて明示された。つまり、これまでの個人の消費生活に落とし込んだ消費者教育は社会科では扱いにくくなったと言えよう。

　一方、技術・家庭に関しては、家族と家庭生活の領域で販売方法や消費者保護について知ることに加えて、新たに「自分の生活が環境に与える影響について考え、環境に配慮した消費生活を工夫すること」が指導すべき内容として示された。環境への関心が高まりながらも、前時の学習指導要領に欠けていた視点で、一つの前進として評価できよう。

　小・中学校については2008年に、高等学校については2010年に告示された第8次学習指導要領は、教育基本法ならびに学校教育法の全面改正、さらに中央教育審議会答申を踏まえる大がかりなものとなった。その第1は教育基本法改正などで明確となった「生きる力」の育成、第2は、思考力、判断力、表現力のバランス、第3は道徳教育や体育の充実による豊かな心や健やかな体の育成とされた。いじめ問題が社会的にクローズアップされたため、道徳の教本作りや教師の指導力向上が期待され、一方、OECDが実施するPISA（国際学習到達度調査）の成績結果から、日本の教育における思考力や問題解決能力の弱さが指摘され、各教科の指導要領作成にあたり、それらの

---

(3)　文部省「中学校学習指導要領」1998年12月14日告示。

事項を組み込むことが緊急提案される経緯もあった。

　改正教育基本法は前文と 18 条で構成される。「公共の精神の尊重」や「伝統の継承」の理念が前文に新たに盛り込まれ、教育の目的に「伝統と文化の尊重」や「わが国と郷土を愛する態度を養う」「豊かな情操と道徳心と培う」ことなど 5 項目が明記されることとなった。さらに、2007 年に教育職員免許法の改正により、免許更新制がはじめて導入され、2009 年から実施され今日に至っている。

　消費者教育関連では、2006 年に多重債務者対策本部が内閣に置かれ、翌 07 年に「多重債務問題改善プログラム」が公表された。同プログラムでは、4 本柱の一つに、多重債務者発生予防のための金融経済教育の強化が挙げられ、具体的には高等学校学習指導要領「家庭」で多重債務問題を扱うことを要請した。また、同時に教員研修による教員の理解を求めた。

　高校現代社会を例にとると、指導要領の内容の取り扱いにおいて、「消費者に関する問題などについても触れること」とし、その解説ではより具体的に、新たに制定された「消費者基本法や消費者契約法などを踏まえ、消費者の権利の尊重と消費者の自立支援の観点から指導する」と同時に、「高金利問題、多重債務問題などを扱い、消費者としての権利と責任について考察させることが大切である」とした。一方、高校家庭「家庭基礎」においても、学習指導要領では「契約、消費者信用及びそれらを巡る問題などを取り上げて具体的に扱うこと」とし、解説では、「消費者基本法を基に消費者の権利とその実現のあり方、消費者保護に関する施策について理解させる」「契約や消費者信用、多重債務問題など、現代社会における課題を中心に取り上げ消費者問題が生じる背景や守られるべき消費者の権利について理解させる」とした。

　この両教科における公式な記述のみを見れば、扱う内容の重複は否めない。これまで、社会科や公民科では消費者保護に関する諸制度を中心に扱い、家庭科では実際の個人の生活に即して生活設計や金銭管理をベースに取引問題などを考えてきた。しかし、社会科・公民科においても思考力、判断力を重視する授業展開が求められ、制度理解の学習のみではなくそうした傾向が見られるようになってきたと考えられる。

そして今般の第9次学習指導要領改訂は、2014年11月の諮問に始まり、2016（平成28）年末に、中教審答申が公表された。2020年の東京オリンピックを見据えた改訂第9次の学習指導要領は、小学校への英語教育の導入、道徳の教科化、さらに高校地歴・公民科の改革による新科目「公共」の実施という大きな改編を組み込んだものとなった。いわゆる「ゆとり教育」による国際的に見劣りする日本の児童・生徒の学力向上を目指すとともに、いじめによる自殺防止など学校の抱える緊急課題に対処すべく、道徳教育の強化を、「特別の教科」として位置づけることとしたのである。同時に、思考力や表現力を高めるため、全教科目へのアクティブ・ラーニングの導入を組み込んでいる。

　「公共」について中教審答申では「自立した主体として、他者と協働しつつ国家・社会の形成に参画し、持続可能な社会づくりに向けて必要な力を育む共通の履修科目」として設置するとした。また、「現実社会の諸課題を政治的主体、経済的主体、法的主体、様々な情報の発信・受信主体として自らを見いだすとともに、話合いを行い考察、構想する学習を行うことが適当である」としている（中央教育審議会2016、136頁）。具体的に扱うべき内容には、「財政と税、消費者の権利や責任、多様な契約」が示された。

　実際にどれだけの授業時間の配分が予想されるのか、内容的にも学習指導要領としての告示がなされていない今の段階で論評するには情報不足が否めないが、飛躍的に消費者教育が重視されていくことは、これまでの社会科、公民科教育における消費者教育の位置づけからして期待できない。しかし、むしろ選挙年齢引き下げによる主権者教育の重視や、予定される成年年齢の引き下げの実施の動きからは、ここで、消費者の権利・義務意識の必要とその根拠や背景を確実に習得することは不可欠であろう。

　以上、戦後の学校消費者教育を概観すれば、紆余曲折の感を拭えない。景気循環ではないが山と谷を行きつ戻りつしているようである。「生きる力」の学習が強調され、子どもたちの「主体的学習」が求められてきた教育改革の中で、なぜか学校教育における消費者教育の位置づけは、いまだに定まっていないということであろうか。2012年に成立した消費者教育推進法の効力は、日本の学校教育にはそれほどのものを与えきれていないのであろうか。

わが国の場合、学校消費者教育は消費者行政のリードで推進されてきたことは前述のとおりである。既存の学校教育のシステムの中に、新たなものを取り込むことの困難さは、かつての学校聖域論を持ち出すまでもなく、なおも事実として存在する。「社会の変化に対応する教育」と一方で提唱されながらも、とりわけ学習内容に関して外部からの影響力の行使によって変化を与えることには抵抗が強い。消費者行政の期待する消費者教育が消費者被害防止に傾斜することは当然ではあるが、同じ期待をもってそのまま学校教育に持ち込むことに対して学校関係者の当惑が大きくなるのも至極当然で、交通安全教育と同様の生活指導的教育にならざるをえない。学校教育では、今日の消費生活の変化や消費者問題の構造を知り、消費者としての生き方を学ぶところまで止揚しなければ、教科の学習内容としては定着しない。

学校消費者教育推進のための教員研修が自治体で行われる場合、教育委員会や教育センターが独自企画で進める場合より、消費者行政担当課や消費生活センターが費用負担し、教育委員会に働きかけて開催するケースが圧倒的に多い事実を見ても、消費者教育は学校教育における明確な位置を確保していないことがなおも認められる[4]。

一方で、推進法の効果が表れているのであろうと判断のできる地方自治体の取り組みが散見される事実もあるので、若干見ておきたい。

徳島県では推進法制定の以前より、県立高校教員1名を消費者行政に1年間派遣する制度が実施されてきた。教科は国語、家庭、社会などさまざまだが、学校現場と消費生活センターの交流の場が広がる契機となり、学校教員が消費者行政の実務を担うことにより、消費者問題を体得し、また自治体の教育活動を広く理解し、同時に教員自ら校種を超えた出前授業を積極的に行うという注目すべき取り組みもある。

姫路市は幼稚園から高校までのすべての校種での消費者教育の定着を目指し、市教育委員会主導で校長職を筆頭に検討会議、ワーキング、授業実践を

---

(4) この点に関し、消費者行政が独自に消費者問題教員講座を1973年から今日まで消費者センター（現東京都消費生活総合センター）で継続し実施してきた東京都の取り組みは高く評価されよう。東京都はこのほかにも、教材ビデオや消費者教育読本の作成を毎年行っており意欲的である。

重ねて、市独自の「学校園消費者教育指導指針」の策定に取り組んでいる。自治体教育委員会が全市をあげて消費者教育に取り組み、管理職を筆頭に協議を繰り返し、試行的授業実践を通じて指針を編み出す作業を進めるという稀有の事業展開となっている。指針は2016年度中には公表される見込みである。

2―2　学校教育における消費者教育の論理

　消費者教育は一般的意義として、個々の消費者が、市場における合理的な意思決定に基づく選択ができるような能力・態度の育成を図るものである。

　教育の場で敷衍して考察するならば、消費者の市場における選択という技術的側面の能力開発にとどまらず、基本的に人間が人間として尊重され、生存権をおびやかされることなく、より豊かに生きることのできる生活環境を創造していく教育が消費者教育の究極目標となるだろう。また、よりよく生きることのできる社会の形成者を育てるところに教育の目標が置かれなければならない。こうした観点から、今日、消費者教育と呼ばれる営為が想定する教育内容を列挙すれば次のようになると考えられる。

　①生き方教育（人間形成、人間開発の教育）
　②権利義務意識を身につける主権者教育
　③市民意識形成の教育（シティズンシップ）
　④経済教育（市場における意思決定、バイマンシップ）
　⑤消費者意識形成の教育（消費者問題認識の高揚）

　若干のコメントをつけるとすれば、①は教育の目的である人格の陶冶に連なる消費者教育の人間教育としての側面である。自由に生き方を選択し、発達段階に即した生活課題を自ら見つけだし、その解決に向けて考え、判断し、行動できる能力を育てるものである。②は消費者の権利に目覚め、被害にあったときに救済を求めるなどの行動がとれる力を養い、自らの行動によって社会が前進すると考える主権者意識を喚起させる側面である。③は独立した個人としての社会との関係である。長く行政依存、他人依存で自立した市民になりえていなかった日本人の自己責任意識を育てる側面である。④は市

場への影響力である。購入者としての消費者は商品および企業を評価する経済的投票者である。賢い選択をする合理的行動は経済社会のありようを決定するという意識を育てる側面である。⑤は消費者問題を現代社会の構造的問題と捉え、経済的不正義に対して正当な主張のできる消費者を育てる側面である。

　以上の教育内容は決して明確に分化されたものではなく、実際の教育場面においてはむしろそれぞれの側面は融合され実践されるものである。人間の一生は消費者であり続けるのであり、生涯において独立した市民・消費者の意識形成が行われる必要があろう。こうした意識形成が発達段階にある学校教育の時期に行われることは、効果的であり意味のあるものであることは言うまでもない。

　佐古井（1987、17頁）は、学校における消費者教育は発達の教育原理に位置づけて考えるべきであるとする。つまり、知的行動、社会的欲求や態度に関わる発達課題として、商品やサービスの購入、契約に関わる問題などを社会構造、生活構造の中に児童・生徒が見つけだすことのできる教育に消費者教育が止揚されたとき、学校教育の教育課題として定着するのではないかと言う。

　教育が人間の全面発達を目標とするものである限り、学校消費者教育もその延長線上になければその存在意味をなさない。学校教育では、まず自らが消費者であることに気づき、国内のみならず世界レベル、地球レベルの消費者問題への理解・関心を深めたうえで、消費行動を実践することを学び取っていく必要がある。推進法が第2条第2項で、自らの消費行動が「内外の社会経済情勢及び地球環境に影響を及ぼし得るものである」ことの「自覚」を促しているのも、消費を巡る世界の人権侵害的行為や地球環境への負荷拡大行為にほとんど無自覚な消費者への気づきを求めているのである。

　単なる契約被害の理解を進め、被害防止のための教育を行うことは、学校消費者教育としての本来の姿とは言えないのである。自らは救えたとしても、他者への理解や共感には全く結びつかないものと言わざるをえないものであり、生活指導上の留意事項としての、注意の呼びかけの域を出るものではない。なぜ被害がなくならないのか、被害をなくすためにはどうしたらよいの

か、もしそれが消費者の権利意識の未成熟に依るものとしたならば、消費者の権利確立のために自身ができることは何かを考えさせる教育への転換が求められるのである。自らと他者のために何ができるか考え行動できる力を身につけることこそ、消費者市民教育にほかならない。

【参考・引用文献】
アメリカ合衆国教育政策委員会著、宗像誠也訳（1950）『アメリカ民主主義教育の基本方針』新教育事業協会
後藤誠一（2013）「社会教育における消費者教育論に関する考察――室俊司と山口富三を中心に」『中部消費者教育論集』9号、2013年9月、日本消費者教育学会中部支部
柿沼利昭（1996）「学校における消費者教育の新展開」消費者教育支援センター
川端良子1977）「学校における消費者教育」『国民生活研究』17巻1号
文部省（1995）『民主主義』復刻版、径書房
佐古井貞行（1987）「消費者教育の性格をめぐって」『国民生活研究』27巻1号
中央教育審議会（2016）「幼稚園、小学校、中学校、高等学校及び特別支援学校の学習指導要領の改善及び必要な方策等について（答申）」平成28年12月21日
植苗竹司（1996）「消費者教育（五）消費者市民学の形成を目指して」『自治研究』72巻8号

第5章

欧米の消費者教育と日本への影響

西村隆男

　日本の消費者教育を論じる場合、その影響力の大きさからしてアメリカやヨーロッパの消費者教育の発展過程を辿ることは欠かせない。アメリカやヨーロッパにおける消費者教育が社会の必要から生まれ、コンシューマリズムという運動の展開にその内容・方法は大きく関わっている。

1　アメリカ消費者教育の原点

1—1　生成期のアメリカ消費者教育

　序章で若干触れたところだが、向井編 (1952) によれば、アメリカ消費者教育の嚆矢は1924年のハラップ (H. Harap) の『消費者の教育——カリキュラム教材における研究』(原題 *The Education of the Consumer: A Study in Curriculum Material*) とされる。ハラップはコロンビア大学教員養成学部所属の教育学者であり、その著書の前文で、進歩主義教育学者として有名なコロンビア大学教授キルパトリック (W. H. Kilpatrick) に全面的に指導を頂いたと感謝の意を記している。キルパトリックはデューイ (J. Dewy) らの思想を継承し、プロジェクトメソッドの心理学的・教育学的理論づけを行い、生活に根ざした学習活動を重視して、生活教育および経験主義教育の理論的根拠を明らかにしたことで知られる。

　Harap (1924) では、その研究の目的を、食料、住居、燃料、衣料の消費に関連するアメリカ人の経済生活のために必要な教育の内容を確立することとした。たとえば食料消費については、消費実態に関するデータを収集・分析し、諸外国に比べアメリカ人家庭は肉の消費率が高く、牛肉、豚肉に偏っ

ているので、他の肉類や魚の消費を増やす必要があるとか、肉の代わりに牛乳や卵、大豆、ナッツなどの消費を高めること、豚肉は肥満を進めるものであることを知ることなどを挙げている。

　このように紹介すると、現代の消費者教育が目指すものとは異なり、栄養教育にも近い内容とも考えられるが、これにとどまらず、ハラップはさらに、食品包装にかかる容器のコストを調べ、消費者としては牛乳はできるだけ大きな容器で買うべきであることや、容器にコストがかかること、さらには配達でツケによって買い物をする家庭は、店で現金で買うよりも約17％余分なコストを払っていることを知るべきであるなどと数字を挙げ述べている。つまり、この著書は1920年前後のアメリカ人の食習慣への処方箋を次々に提示した具体的・実践的な消費者教育書であるところに特徴が見られる[1]。

　また、家政学系の講座のある大学では、すでに1920年代に、Consumer-Buying（消費者購買学）、Consumer Economics（消費者経済学）、Economics of Consumption（消費経済学）などの講座が開かれていた（長屋1949、167頁）。アイオワ州立大学を例にとれば、1929年にはHousehold Equipment 講座から、社会科学に重点を置いたHome Management 講座を独立させている。*Consumption of Wealth*（1928）, *Consumption in Our Society*（1938）を著した同大教授のホイト（E. Hoyt）は、30年代の終わりまでにはConsumer Marketing, Standard of Living, Method of Social Study, Food Economics, Family Finance などの講義を他のスタッフとともに開講している[2]。

　学校教育に消費者教育の独立課程が置かれ始めるようになるのは、大恐慌を経て1930年代から40年代にかけてであった。教育学者のトーン（H. A. Tonne）は、Tonne（1941）で学校消費者教育の重要性を説き、教科ではハイスクールの社会科、家庭科、ビジネス科を中心に行い、指導は講義法によらず、Q&A方式、ディスカッション形式、プロジェクト学習など生徒を中心

---

[1] やがてハラップは、1953年春には、コルストン・ウォーンらとともにのちにアメリカ消費者利益協議会（ACCI）となる消費者情報協議会（CCI）をコンシューマーズ・ユニオンの助成を受け設立する（当時ミネソタ大学在職）。ACCI は消費者教育活動の組織化を目指した唯一の全米機関で、年次総会を開催し、海外会員を含む5,000人以上の会員を擁する専門家集団のアカデミックな情報交流組織となっている。

とする方法によるべきであると、すでにこの時期に提唱していた。このことは注目されてよい。しかし、消費者教育の内容、方法に統一的、体系的な整理や共通認識があったとは言えず、カリキュラム、学習資料、実践の本格的検討が待たれていた。

　一方、家政学者のリード（M. G. Reid）は、Reid（1942）で学校での消費者教育が次第に活発になるにつれて[3]、バイアスのかかった教育も行われていると、企業の提供するパンフレットなどが教室に持ち込まれていることを示し批判している。

　のちに世界的消費者組織コンシューマーズ・ユニオン（CU）の会長となるウォーン（C. E. Warne）によれば、そのCUを生み出す原動力となるベストセラー『あなたのお金の価値――消費者のドル消費の浪費に関する研究』（原題 *Your Money's Worth: A Study in the Waste of the Consumer's Dollar*）は、連邦取引委員会に勤務する流行作家チェイスがアメリカ規格協会勤務の工学者シュリンクと出会ったことが執筆の動機となり、1927年にニューヨークで出版されるが、前述のハラップの著作、考え方に大きく影響を受けたという（Morse 1993）。

　チェイス（S. Chase）とシュリンク（F. J. Schlink）は、Chase and Schlink（1927）で、われわれは高圧的セールス活動と詐欺的な商売の氾濫する市場に巻き込まれたアリスであり、不思議な国に迷い込んでいる、その迷い道から抜け出る方法はただ一つ、品質や性能の公平な商品テストによって真実を

---

(2)　The College of Home Economics, Iowa State University (1971) *A Century of Home Economics at Iowa State University*, pp. 206-207 による。アイオワ州立大学は全米で最も早く1871年にカレッジレベルでの家庭経済学のコースを開講している。同大学の1930年代の講義科目 "Methods of Teaching Consumer Buying" で行った教材開発で *Suggestive Material for Teaching Consumer Buying in Secondary School* (1935) が作成されている。それによれば、セールの価格と通常の価格を比較しなさい、販売員と消費者のやりとりをドラマ化しなさいなどの指導法が描かれており、消費者教育の語こそは見いだせないが、内容は今日の消費者教育にほかならない。

(3)　プライス（Ray G. Price）は、1926年から40年の間に行われた消費者教育に関する調査・研究を分析し、当初の3年間は8件にすぎなかったものが、1938年からの3年間には120件と急激に増えたと報告している（Mendenhall and Harap, 1943, pp. 328-329）。

知ること、商品の規格を標準化することであるとする。たとえば健康の女神からの贈り物と称するサナトーゲンという薬があり、その広告に小麦粉の7倍のカロリーとあるが、科学テストの結果は小麦粉1ドルのカロリーは、サナトーゲン197ドルのカロリーと同じであった、こんな薬品が売られているのだという例を挙げている。そして、同書13章の応急手当ての中で、「消費者は自らを守るために、大学、研究所などを利用することによって品質の保証されたものを買うための方法を考え出す必要がある。消費者組織を作って、商品テストをするのも一つの方法である。著者たちは、近いうちに消費者が自ら組織を持ち、次第に真実を求めるために立ち上がるであろうことを確信する」と、のちの消費者組織コンシューマーズ・リサーチ（CR）の結成を予告していたのである。

　消費者教育の原点として、同書の意義は大きいだろう。なぜなら、市場における消費者の置かれた状況をまず第1に認識しつつ、消費者問題の構造の十分な理解なくして消費者教育はあり得ないという観点から、問題解決の鍵を求めようとする姿勢を取っているからである。これは消費者教育の前提に消費者問題ありという基本認識であり、きわめて重要な指摘であろう。

　やがて同書はベストセラーとなり、読者からの手紙が殺到し、それに応えきれなくなると翌1928年にはついに自前の組織コンシューマーズ・リサーチ（CR：消費者研究所）を設立するに至る。CRは独自の商品テストによって商品の評価リストを作り、1ドルで販売した。やがてリストは *Consumer's Research Bulletin* へと発展する。これらの活動を実践したのはシュリンクで、チェイスはCRの初代代表となったが、執筆活動に専念するため、活動から遠ざかった。リストに対して企業からの批判も相次いだが、そのことは逆に学者、弁護士など支援する多数の専門家を巻き込むことにもなった。関わる人々が広がるほど、大衆からのニーズが高まるほどに、CRは組織として迷走を始め、シュリンクは1933年にはニューヨークからの脱出を図った。そしてCR内部の雇用問題をめぐるストライキをきっかけに、シュリンクとの共著『一億人のモルモット』（原題 *100,000,000 Guinea Pigs*、1933年刊）で知られ、CRの役員でもあったカレット（A. Kallet）を所長、ウォーン（C. F. Warne）を会長とする新組織コンシューマーズ・ユニオンを36年に分離独

立させるに至った[(4)]。

1936年5月に消費者雑誌『コンシューマーズ・リポート』第1号を発刊した（当時の名称は「コンシューマーズ・ユニオン・リポート」）。購読者は次第に増え、コンシューマーズ・リサーチを追い抜く勢いになった。戦後のわが国の国立国会図書館調査立法考査局の調査報告（1960）によれば、消費者自らの手によって試験・認定事業が消費者保護を行っている団体として、コンシューマーズ・ユニオン（調査報告の訳は「消費者連合」）とコンシューマーズ・リサーチ（同訳「消費者研究所」）を挙げ、前者は雑誌購読会員8万人、後者は6万人と紹介している。

1—2　学校教育とアメリカ消費者教育

1960年代の消費者教育においては学校消費者教育の関与がことのほか大きい。

この時期を紹介したものとして、CU（消費者連盟）が協力したリンカーンハイスクール（Lincoln High School, ニューヨーク州ヨンカーズ市）での消費者教育の実践がしばしば引き合いに出される。CUは、リンカーンハイスクールを舞台に行われた消費者教育実践のケーススタディ報告を1965年に発行している。

ナテラ校長のもと、社会科担当教師のシェーンフェルト（D. Schoenfeld）を軸に、家庭科、商業科、理科、国語、数学、美術の7教科の担当教師らが消費者教育委員会を発足させ、プログラム開発を行ってきた。作業を進めるにあたっては、消費者連盟の教育コーディネーターであるメンデンホール（James E. Mendenhall）の助言を受けてきた。

以下はリンカーンハイスクールでの実践報告（*Consumer Education in Lincoln Highschool*）の概要である。

第1章　消費者教育：若者のニーズと学校の役割　J. E. メンデンホール
第2章　消費者教育が進行中　A. A. ナテラ校長／M. P. バーンハード副校長

---
(4)　この間の記述はモース編（1996）に負うところが大きい。

第3章 学校と専門家の協力による消費者教育　D. シェーンフェルト
第4章 商業科における消費者教育　A. ピルマー
第5章 国語科における消費者教育　M. エルボブ／P. L. ディアフェリア
第6章 家庭科における消費者教育　G. レイザー
第7章 美術科における消費者教育　R. アッシュ
第8章 数学科における消費者教育　R. レイジオ
第9章 理科における消費者教育　T. アラン
第10章 社会科における消費者教育　D. シェーンフェルト
第11章 消費者教育：プログラムの評価と将来計画　校内消費者教育委員会

　ナテラ校長自身が語るところでは、すでにハイスクールの生徒は従来に比べ豊かになり、親以上に消費支出する生徒もいる。また、卒業後早くも結婚し家庭を築く生徒もいる。したがって消費者教育の必要性は高いとしている。当時、卒業生の3分の2が大学やカレッジに進学するものの、3分の1は就職し、中には早くも家庭に入る者もいて、リンカーンハイスクールの初期消費者教育は、これらの層に対するニーズとして、社会人準備教育あるいは結婚準備教育として進められた。シェーンフェルトは1962年から63年にかけ、上級学年に向けて消費者教育を取り込んだ選択科目「消費者経済」（Consumer Economics）を開講し、やがて1964年から65年にかけ、進学者を対象にした消費者教育を、より高い経済認識を養うための選択科目「応用経済」（Applied Economics）として開講していった。

　シェーンフェルトは消費者教育を学校全体の取り組みとして提案し、校長も同意し消費者教育委員会を組織した。つづいて「若者と自動車」というプログラムを考案し、校内の消費者教育委員会も生徒の最大の関心事であると承認した。地元のカーディーラー、自動車保険代理店、ヨンカーズ市商工会議所、消費者連盟のそれぞれからゲストを招き、4人の男女生徒とともに、パネルディスカッションを試みた。話し合われた内容は、車の維持コスト、自動車ローンやクレジット契約、車の所有者および運転者の法的責任、中古車の購入などであった。

さらにプログラムはニューヨーク州の司法長官事務所の係官や、市保健局の食品衛生官、FDA（連邦食品医薬品局）地方事務所の消費者コンサルタント、FTC（連邦取引委員会）ニューヨーク事務所の弁護士らを次々と学校へ招いて、専門家の立場から生徒に直接話しかける方法を採用した。

こうした実践的な手法は、広い視野でしかも本格的に学習できたと生徒から好評を得、生徒の親からは、子どもたちを通じ、頻繁に家庭で消費生活に関する話題がのぼり、親も消費者としての学習を積むことができたと感謝されたという。メンデンホールは、学校が消費者教育を実施する責任があるのは、10代の若者を、豊かさや流行を熟慮して行動する消費者に育てるのみならず、価格や取引についての苦情や主張を果敢に表明できる力を備える消費者にしなければならないからであるとした[5]。

全米教育連合の公立学校教育プログラムリーダーのミラー（R. I. Miller）は、学校は幼稚園から第12学年までの系統だった経済学習を行う義務があるとし、生徒には経済社会を良く理解するニーズがあるとした。そして生徒は自らが消費者、労働者であることを認識したうえで、経済との関係や、国の経済成長を彼ら自身が作り上げることに貢献する方法について理解することが求められると主張した（Miller 1963）。

つまり、1960年代のアメリカの学校教育では、端緒的には、卒業して社会に出るための必要な知識・技術として消費者教育が実践的に行われてきたが、さらにより一般化して、経済社会のよき理解者としての生徒像があり、求められる消費者像を実現するための消費者教育を教育界も進んで取り込んできたものと考えられよう。

1―3　行動型消費者教育の形成

1960年代のアメリカ・コンシューマリズムの騎手と言えば、ネーダー（R. Nader）をおいてほかにはないだろう。33歳のネーダー弁護士の活躍は、消費者十字軍の戦士ネーダーとして、『ニューズウィーク』1968年1月22日の表紙を飾るほどの注目を集め、同誌は彼の活躍を1906年のシンクレアの

---

[5] *New York Times*, 1965.8.15 の記事。

『ジャングル』[6]がアメリカ国民の血を沸き立たせて以来の消費者運動の守り神と手放しで称えた[7]。

彼は1965年、『どんなスピードも危険だ』（原題 *Any Speed is not Safe*）を出版し、GM社のコルベアを欠陥車として告発した。GM社によるネーダー個人への攻撃も凄まじく、彼はプライバシー侵害で同社を提訴した。こうした中で同書はベストセラーとなり、また訴訟でも勝訴し、GM社は42万5,000ドルの賠償金をネーダーに支払うことになり、69年にはコルベアの生産も中止された。また、連邦政府においても66年には全米道路交通自動車安全法が制定されるに至った。

GM社からの賠償金で、ネーダーはワシントンに「市民のための法律研究センター」（The Center for the Study of Responsive Law）を1969年に開設し、企業の悪質な行動を監視する市民による専門家集団を立ち上げた。彼の活動に賛同して集まった若者たちはネーダーズ・レイダース（Nader's Raiders：ネーダー突撃隊）と呼ばれた。彼の活動はまさに破竹の勢いで全米に影響を与え、また、講演のために各地の大学を精力的に回り、やがてパーグ（PIRG: Public Interest Research Group）と呼ばれる大学生の市民運動を組織していった。

さらに、1970年代には、彼は本格的な消費者保護を徹底するために消費者保護庁を設置するよう提言し続けた。80年代には自動車業界にエアバッグ装備を訴えてきたが、90年代には実際に標準装備されるようになった。30年以上にわたりネーダーと親交の深い、消費者運動家の野村かつ子は、ジョンソンからブッシュへと「6代にわたる大統領の期間中に、たった一人の人間がこれほど大きな影響力をアメリカ社会に与えた人物は少ないでしょう」と彼の行動力を絶賛している（野村 1989、38頁）。

---

(6) アメリカの小説家、シンクレア（U. Sinclair）によるシカゴの食肉加工工場における腐敗・汚染の状況を暴きアメリカ資本主義発展の裏側を描いた作品。プロレタリア小説の傑作と評される。
(7) 『朝日新聞』1968年1月21日付けに、ネーダーの活躍を紹介する記事がある。

2 アメリカ消費者教育の思潮

アメリカの消費者教育が1930年代からすでに学校消費者教育を中心に行われてきたことはすでに述べたが、消費者教育によって目指す消費者観には、今日に至るまで少なからぬ変容が見られる。

2―1 消費者としての市民

土屋（1952、55頁）によれば、1920年代よりアメリカで勃興しつつあった消費者教育は、賢明な買い物という一消費者の個人的利益を主眼に置いていたが、戦後の消費者教育では「消費者の社会的使命を自覚せしめ、一消費者の買物が、他の消費者や社会全般にどんな影響を与えるか、ということまでも考えさせるようになってきた」とし、「消費者としての市民」を育てることを重視する傾向になったと述べている。その変化の理由として、戦後になって人権尊重の精神が普及し、実業家つまり企業側に意識変化が見られるようになったからではないかと分析している。企業が利益本意でなく、消費者の立場を尊重するようになってきたから、消費者の買い物教育もおのずから変化してきたとするものである。

2―2 バニスターとモンスマの消費者教育概念

バニスター（R. Bannister）とモンスマ（C. Monsma）は1982年に消費者教育の概念の分類を整理し、東ミシガン大学内のミシガン消費者教育センターから『消費者教育の諸概念の分類』（原題 *Classification of Concepts in Consumer Education*）として刊行した。同書によれば、消費者教育とは次のように定義される。

消費者教育の定義
（1）個人の価値、資源の有効利用、代替資源の活用、生態学的な考慮、経済状況の変化といった観点から、商品・サービスの購入において見識のある決定を行う技能を開発すること。
（2）市場において積極的に参加し、自信を持って実行できるように、法

律、権利、さまざまな資源の有効活用に関する知識を持つようになるとともに、消費者被害を受けた場合には適切な行動をとって救済を受けることができるようにすること。

(3) 経済的、社会的、政治的なシステムにおける消費者市民の役割を理解し、いかにしてこれらのシステムを消費者ニーズに適応させるかを考慮できること。

以上を総合して、「消費者教育とは、個人および集団が消費者の意思決定を左右する諸要素に影響を及ぼす目的で、消費者資源を管理し市民として行動するために必要な知識と技術を学ぶことである」とする[8]。

2―3 経済的投票（市場参加者）、消費者の経済的影響力

ウィルヘルムズ（F. T. Wilhelms）は、1966年の『消費者経済学』（原題 *Consumer Economics*）において、最終章で消費者の責任として、第1に政治的投票、第2に経済的投票を挙げている。民主主義の成否は市民が賢明であるかどうかにかかっており、政治的決定に参加することの重要性を示すとともに、財やサービスを購入することは経済的投票であるとしている。しかも、政治的投票は投票日に行われるが、経済的投票は毎日行われると強調する。悪質な商人から商品を買えば、その商人の生き残りに力を貸したことになり、市場や経済全体に消費者の購買行動が大きく影響を与えることを示した。

2―4 デイリー・デモクラシー

ネーダーは、日々の生活の場でデモクラシーを実践することが重要であるとする市民哲学を提唱した。つまり私的市民から公的市民（パブリックシティズン）へと、個人の私的な利益追求から、一般の人々の利益を常に考える人間になることが肝心であるとした。そして社会を、縦糸と横糸からなる織物にたとえ、それは自ら編んでいかなければならない、他人は編んでくれないため、一人ひとりが行動し立ち上がらなければならない、と鼓舞したのである。

---

[8] 日本消費者教育学会関東支部編（1996）5頁による。

彼の影響力の大きさからして、ネーダーによって消費者運動、市民運動に目覚めていった人々は数知れない。彼は数度来日し、日本の消費者運動の質を高めるよう、特に情報公開の必要などを強く訴えてきた。今日、生協関係者をはじめ彼を信奉する日本人も少なくない。消費者意識をかき立てるアドボケーター（先導者）として、これほどの人物はほかに見あたらない。むしろなぜ日本のネーダーが出現できないのか、不思議にさえ思われる。

3　ヨーロッパ消費者教育の原点

3—1　消費組合運動と社会民主主義

　ヨーロッパの消費者教育の源流を辿ることは文献もほとんどない中で困難を極める。しかし、生協運動の原点となるロッチデール公正先駆者組合（Rochdale Pioneers Co-operative）[9]が、1844年イギリス、ランカシャーのロッチデールで事業を始めたことは、よく知られた事実である。労働者の生活の悪化を直接の原因とするも、生活必需品の質の向上や取引の公正を求めて店舗事業を始めた。公正先駆者組合では、やがて新聞閲覧室が設けられ、成人向けの公開講座なども行われていたようである。

　国民生活センターの前身である国民生活研究所が、「ヨーロッパにおける消費者保護と消費者教育」と題する論稿の中で、イギリスをはじめとして、ヨーロッパ大陸、スカンジナビア諸国の消費者運動は、協同組合運動を抜きにして考えることができないとし、大量生産と商品の高度化に伴い拡大する商品市場の中で、選択技術を磨く商品テストを軸として消費者運動を展開していったアメリカとの根本的な違いを述べていることは興味深い（国民生活研究所 1967、2頁）。

　イギリスと言えば、「ゆりかごから墓場まで」（From the cradle to the grave）の表現も有名だが、第二次世界大戦後、社会福祉政策の指針として労働党が掲げたスローガンと紹介されることの多い社会福祉政策である。協同組合の欧州全体への広がりとともに、社会保障重視の国家政策をとるヨーロッパの

---

[9]　ロッチデール原則については、第1章の脚注（1）（19頁）参照。

共生社会的思想の源流にあるのではないだろうか。また、イギリスでは市民相談所としての CA（シティズン・アドバイス）も早くも 1939 年には設立されている。今日では、消費者相談に負債相談、雇用相談などを含めて年間 660 万件（2012 年）の相談をこなしているという。Web により教育教材の提供も行っている機関である。

　デンマークでは 1915 年に女性に参政権が認められ、1924 年には社会民主党が政権をとるなど、社会民主主義の基盤はすでにこの時代に築かれ、スカンジナビア諸国にも影響を与えた。デンマークは一般にスカンジナビア諸国に属するが、地理上の位置からしても、西ヨーロッパ諸国と北海やバルト海を通して北欧諸国との接点にある。古くから、スウェーデン、ノルウェー、フィンランド、アイスランドとともに北欧閣僚評議会を設け、交流を深めてきた経緯もある。これらの諸国では、自由主義経済を尊重しつつも、自由競争市場がもたらす弊害を避け、社会全体の公正・公平を求めて、政府が市場経済への監視・規制・介入を強化する政策をとってきた。特に、高所得者層から低所得者層への所得移転、すなわち所得の再分配により社会保障を充実させ、労働者層の支持を受ける社会民主主義政党が政治上の大きな役割を果たしてきた。

　こうした動きの中で、北欧諸国では人々の間に社会基盤としての共生の思想が早くから根付いてきたものと考えられる。

3—2　市民社会における主体形成を目指す教育

　教育の現場でどのような教育活動が実践されているのかを素描するために、翻訳され刊行されている 2 種の教科書から、北欧の学校教育に若干触れてみたい。いずれも 7 年生から 9 年生（日本の中学生相当）の社会科の教科書である。1 冊は、スウェーデンの『あなた自身の社会』（原題 *Ditt eget samhälle*SAMS2, 1991)[10]、もう 1 冊はフィンランドの『15 歳　市民社会へのたびだち』（*Yhteiskunnantuulet 9*, 2006)[11] である。前者の原題の意味は、訳書のと

---

(10)　川上訳（1997）。
(11)　高橋監訳（2011）。

おりの「あなた自身の社会」であり、後者の原題は、「社会の風」の意である。順風も逆風もある中で市民として生きる基本的スキルを学ばせ、民主主義と市民社会の担い手を育てるものであると、訳者のひとり高橋睦子氏は解説している。

スウェーデンの教科書では、自分が周りからどう見られているかと他者との関係に気づかせたり、自分が思っている以上の能力をそなえていることを信じさせ、自信を持つことの大切さを学び、次第に社会への関心を高めさせて、自分に何ができるかを考えさせ、自分の手で変革さえできるという組み立てで多くの議論の時間を割くように質問が多く用意されている。

一方のフィンランドの教科書は、先住民であるサーメ人の問題を扱いつつ、「フィンランド人はみな同じではない」と多くの外国人とも共に暮らしている現実に目を向けさせ、差別の撤廃、平等の大切さを学ぶ。また、市民の自由は市民活動から生まれるとして、生徒会活動を手がかりに、民主主義社会の基盤としての市民活動・市民運動を理解させる。政治生活、経済生活、犯罪と刑罰なども学習の要素となっているが、貫いているものは、民主的市民社会の構成員としての市民、個人を育てるという姿勢であろう。

これらの教科書に共通して、社会制度、政治制度の解説に終始する日本の社会科教科書とは異なり、これからの社会の担い手である生徒たちに、意欲的に将来社会のありようを考えさせ、次世代に託すことができるようなスキルを積んでいるように見える。北欧福祉社会の基礎にこうした学校教育が存在していることは、注目してよいのではないだろうか。

4　ヨーロッパの消費者教育の発展

ヨーロッパの消費者教育は、先行するアメリカの消費者教育の影響を受けてきたことは異論のないところであろう。その中でも、北欧諸国が消費者教育を熱心に進めてきたことはよく知られている。しかし、アメリカの消費者教育が経済生活に重点を置くのに対して、北欧型の消費者教育はヒトとココロ、ヒトと自然の関わりに重点を置き、持続的な消費を目指すものとなっている（北欧閣僚評議会編集、大原訳 2003、5 頁）。

4—1　北欧の消費者教育の思潮

　かつてマルメプロジェクトという教育プログラムが紹介されたことがある。今井（1981、68-69頁）によれば、1972年にデンマーク、ノルウェー、スウェーデン、フィンランドの北欧4カ国の政府によって設置された北欧消費者問題委員会のもとで、このマルメプロジェクトが発足した。スウェーデンのマルメ教育大学を拠点として活動が進められたので、その名前がある。3,000人の教師への調査を基礎として、消費者教育をアメリカのように独立教科とするのではなく、従来のさまざまな教科の中に統合して行う、いわゆる統合方式を採用した。国語で広告や宣伝の表現を検討し、数学で度量衡の単位や利率計算を行い、図画でポスター作りやマーク・シンボルを考案するなど、児童生徒が各教科を通じて意識的に消費生活に関わりを持てるような工夫が盛り込まれたものであった。

　こうした理念は北欧諸国の生協活動など消費者団体、労働組合など経済的なニーズを民主的に計画し、社会福祉としての国民の共通目標の実現を図ろうとする政策が背景にあったと言えよう。この点は、アメリカが個人の権利を尊重し、自らの生活を守る自衛的な消費者教育のスタンスをとるのに対して、北欧は経済政策においても国民福祉の増大を図るという、平等で共生的な意識が強く感じられる。イギリス政府が早い時期に社会政策を重視し、貧困対策や社会福祉政策をつき進め、ヨーロッパ諸国に影響を与え、北欧諸国もイギリスを範としつつ、北欧型福祉国家の建設を着実に進めていった経緯がある。

4—2　消費者市民の考え方

　前述の大原は、2000年に北欧閣僚評議会（Nordic Council of Ministers）が発行した *Promoting Consumer Education in School*（『学校における消費者教育の促進』）を訳出した。同書の中で、「北欧諸国の消費者教育では、環境問題と消費の側面との間に関連があるという見方が根強くなってきている。たとえ、消費者教育と環境教育の両方がフィンランドの義務教育諸学校では分離されたテーマであっても、消費者教育の目標や内容はやはり増大する環境問題の側面を含み、おまけに環境教育の方においても消費者問題により大きな

重点を置いている」と記述されている。歴史的にも、1984年に設立された国連のブルントラント委員会（正式名称は「環境と開発に関する世界委員会（WCED）」）の名称は、ノルウェーの女性首相、ブルントラント氏から名付けられている。3年後に公表された同委員会の報告書は、途上国の貧困の解消や包括的な社会的正義の実現に重点が置かれており、バランスの取れた持続可能性の追求を課題とした。

93年9月には学校消費者教育に関する欧州会議が開催され、消費者教育を巡る学校の対応や、教員養成について話し合われた。翌94年には、ヨーロッパ消費者教育者ネットワークが設立され、年2回 *Nice-Mail* という機関誌が発行されるようになった。

その後の動きでは、ノルウェーのオスロで開催された2002年の消費者市民性の開発（"Developing Consumer Citizenship"）に関する会議については、マクレガーが、消費者市民について明確な意見を開陳している。社会教育学者の永井（2013）はマクレガーの言う消費者市民性について氏の98年から2010年にかけての諸論文に、ていねいな分析を加えている。永井によれば、マクレガーは、持続可能な生産と消費の重要性を指摘し、市民教育と消費者教育を融合した消費者市民教育を提起したとする。そしてその教育は「自らの行為の結果が他の市民、コミュニティ、社会に及ぼす影響を理解すると同時に、個々の消費者としての役割と責任について理解するのを促す」ことを目指すものとキーノートで講演した。さらに、人々には社会への参画が求められることを示し、人々が消費者市民としての役割を担うことを通じて実現すべき社会の構成原理として「参画型消費者主義」（永井訳、原文は"participatory consumerism"）という概念をもって説明している。マクレガーの見解によれば、消費者市民として消費の意味を理解し、社会への影響を考えて行動することで、次第に消費文化そのものや社会システムを変革できると考えられるであろう。

この会議の翌年、2003年には、ノルウェーのヘドマーク大学准教授、トーレセン（V. W. Thoresen）が中心になって、コンシューマー・シティズンシップ・ネットワーク（CCN）が生まれ、やがて大きなうねりを作っていくことになる。2008年10月24日には、OECDのイニシアチブにより、

UNEP（国連環境計画）、国連マラケシュ・タスクフォースの共同で、OECD 消費者教育合同会議が OECD 本部のあるパリで開催され、筆者も参加する機会を得た（西村2013、15頁）。会議のテーマは2つ、一つが「持続可能な消費」（原題は "Sustainable Consumption"）、今一つは「デジタル能力」（同 "Digital Competence"）であった。会議では、先進国を中心とした増大する消費の一方で、同時に世界的に進行する深刻な地球環境問題、途上国の人権問題などをどう解決していくかが共通の問題意識にあった。EC の消費者問題部長である G. ナバビ氏は、消費者教育は必ずしも各国に共通のコンセンサスがあるものではないが、消費者選択が地球環境へ与える影響を含む市民教育であるとし、27 の EU 諸国において 22 の公用語で作成した生徒向け教材「ヨーロッパダイアリー」(Europa Diary)[12]を紹介した。ほかにも、イギリスの消費者組織の発言者は、消費者教育では市民としての社会への参加と批判的能力を高めることが基本であるとし、すでに始まっている授業科目「シティズンシップ」などで、①市場取引に関するスキル、②権利に加えて責任、③社会の一員としての自覚、④環境や発展途上国の労働者市民への配慮、⑤メディアリテラシーなどを学校カリキュラムに加えることが重要であると発言した[13]。

CCN は、2009 年には、PERL (Partnership for Education and Research about Responsible Living：責任ある生き方についての教育・研究のためのパートナーシップ）と改称され現在に至っている。

4―3　CCN および PERL の取り組み

前述の CCN は PERL として新たな展開を模索しているが、ヨーロッパのみならず、わが国に大きな影響を与えたことは事実であろう。2010 年 10 月の日本消費者教育学会は 30 周年記念大会のキーノートに、トーレセンを招聘した。

氏は、消費者教育の概念は、消費の権利からスタートして、やがて責任概

---

(12)　「ヨーロッパダイアリー」については、鎌田（2011、199-201 頁）を参照されたい。
(13)　会議の模様は、西村隆男「OECD 消費者教育合同会議に出席して」『消費者教育研究』、N0.131、8-9 頁、消費者教育支援センターに詳しい。

念が加わり、そこから消費行動における環境配慮が求められ、消費者市民という思想に結実したとする。講演の中で、消費者市民とは、「倫理、社会、経済及び生態系に配慮した選択を行う個人」のことを指すと説明した（トーレセン 2011、20–23 頁）。

　筆者らは 2016 年 9 月スウェーデン、ノルウェーの学校視察を中心に訪問調査を行った。スウェーデンの今年度版中学向け（第 7 学年から 9 学年）の家庭・消費者科の教科書を見ると、タイトルが「健康・経済・環境と消費者知識」となっており、その内容は、1．食と健康、2．環境とライフスタイル、3．消費と経済、4．調理の実際となっていた。4．は全体の 4 割がレシピとなっており、オムレツからパン、クッキーまでさまざまな調理法が 100 頁以上にわたり掲載されていた。食と健康、環境、消費を考えるという、食に基礎を置きながらさまざまなことを学ぶ総合的な実践科目との印象を得た。

【参考・引用文献】

Bannister, R. and C. Monsma（1982）*Classification concrpts in Custumer Education*, South-Western Publishing

Chase, C. and F. J. Schlink（1927）*Your Money's Worth: A Study in the Waste of the Consumer's Dollars*, Macmillan

Consumers Union（1965）*Consumer Education in Lincoln Highschool*, Consumer Union

Harap, H.（1924）*The Education of the Consumer: A Study in Curriculum Material,* Macmillan

北欧閣僚評議会編集、大原明美翻訳（2003）『北欧の消費者教育―「共生」の思想を育む学校でのアプローチ』新評論

ホンカネン，タルヤ他著、高橋睦子監訳（2011）『フィンランド中学校現代社会教科書――15 歳　市民社会へのたびだち』明石書店（Honkanen, Tarja et al. 2006, *Yhteiskunnantuulet 9*）

Hoyt, E.（1928）*Consumption of Wealth,* Macmillan

Hoyt, E.（1938）*Consumption in our Society,* McGraw-Hill

今井光映（1981）「消費者教育の意義と必要性」『新しい消費者教育を求めて』生命保険文化センター

Kallet, A.（1933）*100,000,000 Guinea Pigs: Dunger in Everyday Foods Drugs and Cosmetics,* Vanguard Press

鎌田浩子（2011）「消費者市民育成のための消費者教育―「ヨーロッパダイアリー」の検討から」『消費者教育』第 31 冊

国民生活研究所（1967）「ヨーロッパにおける消費者保護と消費者教育」

国立国会図書館調査立法考査局（1960）『アメリカの消費者保護運動』
リンドクウィスト，アーネ&ヤン・ウェステル著、川上邦夫訳（1997）『あなた自身の社会―スウェーデンの中学教科書』新評論（Lindquist, A. and J. Wester,1991, *Ditt eget samh-leSAMS2*）
Mendenhall, J. E. and H. Harap (1943) *Consumer Education,* D. Appleton-Century Company
Miller, R. J. (1963) *Education in a Changing Society*, National Education Association
モース，リチャード編、小野信夸監訳（1996）『アメリカの消費者運動の50年』批評社
Morse, R. L. D (1993) *The Consumer Movement*, Family Economics Trust Press（小野信夸訳1996『アメリカ消費者運動―コルストーン・ウォーン博士の講義』批評社）
向井鹿松編（1952）『消費者の経済学』東洋書館
Nader, R. (1965) *Unsafe at Any Speed,* Pocket
永井健夫（2013）「日本の消費者教育政策における「消費者シティズンシップ」概念に関する考察――McGregorの議論を手掛かりとして」『生涯学習・社会教育ジャーナル』7、103-114頁
長屋有二（1949）『消費経済論』同文舘出版
日本家政学会編『消費者問題と家政学』光生館
日本消費者教育学会関東支部編（1996）『消費者教育の概念と分類』
西村隆男（2013）「消費者教育推進法の意義と消費者市民社会」『生活協同組合研究』454号
野村かつ子（1989）『たたかうネーダー―もう一つのアメリカを創る』生活クラブ生活協同組合
Nordic Council of Minsters (2000) *Promoting Consumer Education in School*
Reid, M. G. (1942) *Consumers and the Market*, F. S. Crofts & Co.
The College of Home Economics, Iowa State University (1971) *A Century of Home Economics at Iowa State University*
トーレセン，V.（2011）「ヨーロッパにおける消費者市民教育」『日本消費者教育学会三十年の歩み』（「30年の歩み」に日本での講演記録を掲載）
Tone, H. R. (1941) *Consumer Education in the Schools,* Prentice Hall
土屋好重（1952）「消費者と理知的な買物」『消費者の経済学』東洋書館
Warne, C. E. (1927) *Your Money's Worth: A Study in the Waste of the Consumer's Dollar,* Macmillan
Wilhelms, F. T. (1966) *Consumer Economics,* Gregg Division, McGraw-Hill

第Ⅱ部
消費者教育へのパースペクティブ

第6章

教育実践学
―― 消費者教育の指導と評価

神山久美

1 消費者教育の実践に関する理論

1—1 消費者教育の実践と理論の融合

　消費者教育を消費者教育学という学問として定立させるならば、消費者教育の実践を科学化する必要がある。教育は意図的、計画的な人づくりであり、消費者教育を通して学習者にどのような力を獲得させ、人格形成につなげるかが重要となる。消費者教育では、さまざまな担い手（学校教員、消費生活相談員・行政職員、消費者団体、事業者団体など）がさまざまな「思い」を持って実践をしている。その実践を消費者教育に関わる理論と融合させながら、より効果のある実践へと改善していくことが望ましい。

　佐藤（1997）は、「実践は単なる理論の適用領域ではなく、そこから、実践的な理論が形成される領域でもある」と述べ、「省察」・「熟考」する「反省的実践家」モデルの教師育成を掲げている。教育に関する理論や消費者教育固有の理論は多く存在する。消費者教育の基礎となる理論を担い手が理解し、その知見を実践の文脈に活かし、実践過程では省察をして次の実践に活かす。このアクション・リサーチを繰り返して実践を改善していくのである。消費者教育の担い手が理解しておきたいことは、例えば、「消費者教育ではどのような力をつけるか」、「人はどのようにして学ぶか」、「よりよく学べる環境をどのようにつくりだすか」、「教育効果をどのように確かめるか」などで、これらは消費者教育を行うときの原則となる考え方となり、どのように実践したらよいか、また改善への道筋も見えてくる。消費者教育に関する理論を背景として、学習対象者や実践の場に適した内容・方法を選択しながら、

達成したい目標までつなぐ学びをデザインしていくのである。

1—2　消費者教育を通して育む学習者の力
(1) 意思決定力

　日本消費者教育学会編（2016）『消費者教育 Q&A──消費者市民へのガイダンス』の「Q1 消費者教育とは何か」のキーワードには、意思決定、批判的思考が取り上げられている。消費者教育で育むべき力として、従来から、意思決定力、批判的思考力が重視されてきたことがわかる。

　バニスターとモンスマ（Bannister and Monsma 1982）は、消費者教育の概念枠組みとして「意思決定」、「資源管理」、「市民参加」の主要3概念を挙げ、さらに意思決定のプロセスには、「①目標を定め、問題を明確にする」、「②情報を集める」、「③選択肢を考える」、「④結論を検討する」、「⑤意思決定し、行動する」、「⑥意思決定を評価する」の6段階があるとした。このような段階を経ての行動後に、自分の意思決定を評価した結果を、次の意思決定のプロセスへ向けてフィードバックすると説明している（Bonnice and Bannister 1990）。今井（1994）は、このバニスターとモンスマの分類について、「意思決定は1つの柱になっているが、1つの柱としてより、そこに他の要素がすべて収斂される構図が必要である」と述べ、消費者教育の「中核（crux）が意思決定」であると主張した。花城（1994）は、「意思決定は、ある欲求を満足させるために、いくつかの方法から、最適と考えられるものを選択し、行動にうつし、責任をとるまでのプロセスである」と定義している。

　さらに今井（1994）は、「消費者の意思決定は、個人的・私的意思決定能力の開発である『生活環境適応』の面と、社会的・公的意思決定能力の開発である『生活環境醸成』の面がある」と提示した。特に後者の「社会的・公的意思決定能力」は、消費者教育推進法に明示された消費者市民社会に参画し、社会をよりよいものに変革していく消費者市民の能力に重なるものである。

(2) 批判的思考力

　今井（1992）は、「消費者教育は批判思考的に意思決定をする能力を開発

するもの」とし、特に学校における批判思考的な意思決定プロセスの能力開発を中心とする消費者教育の必要性を説いた。花城（1994）は、「意思決定能力の活性化には批判的思考能力が不可欠」であり、「情報社会で暮らす消費者にとって、判断の基準となる情報が信頼できるものであるかを査定する批判的思考の力は重要である」と述べている。

批判的思考は、クリティカル・シンキング（critical thinking）を邦訳したもので、心理学をはじめとした多くの分野で使われている概念である。批判というのは、「誤っている点やよくない点を指摘し、あげつらうこと」[1]という意味で一般的に使われているが、ゼックミスタとジョンソン（Zechmeister and Johnson 1992）は、「『クリティカル』ということばは、分ける、決めるといった意味を表すギリシャ語を語源とし、本来の意味は、『ものごとを基準に照らして厳密に判断する』こと」を前提とし、批判的思考とは「適切な規準や根拠に基づく、論理的で偏りのない思考」と定義し、批判的思考が「良質の思考」であると主張した。これらを踏まえると、消費者教育で使われる批判的思考は、一般的な批判という意味はなく、意思決定プロセスに組み込まれ、さまざまな情報を吟味して判断し、より良い意思決定としていくための「良質」で「論理的」な思考と捉えることができる。

意思決定の判断では、消費者の消費生活に関する価値判断が関わってくる。近年、倫理的消費（エシカル消費）への関心が高まっている。経済合理性のみの視点から考えるのではなく、社会にとってどのような消費生活が望ましいのか、その価値判断が意思決定を左右することになる。消費者市民としての価値判断は、学校教育を基に生涯にわたって培われていくものである。

道田（2001）は、国内外の批判的思考に関する主要な研究者の定義を概観して新たな定義をしており、批判的思考とは、「批判的な態度（懐疑）によって解発（リリース）され、創造的思考や領域固有の知識によってサポートされる論理的・合理的な思考」であると述べた。この道田の挙げる領域固有の知識が消費者教育では、消費生活に関する知識、消費者問題に関する知識、安全に関する知識、法律に関する知識、持続可能な消費に関する知識な

---

[1] 松村明編（1988）『大辞林』三省堂、1110頁。

どが該当すると考えられる。これらの領域固有の知識を習得しながら、批判的思考力を伸ばしていくことが、特に学校教育において求められているのである。

ただし、消費者行政などが出す啓発情報は、そのままでは学習者の批判的思考につながる領域固有の知識にはならないと考えられる。学習者にその啓発情報に興味関心や問題意識を持たせて情報の本質を理解させ、批判的思考につながる領域固有の知識になるように、消費者教育の担い手は工夫をする必要がある。

近年では批判的思考が、市民として必要な能力であるという認識が高まっている。市川（2004）は、「『市民生活』を営むためには、他者の言っていることを鵜呑みにしてしまうのではなく、それを自分なりに批判的にじっくり検討して意見を持つという『批判的思考』が重要」と述べている。楠見（1996）は、「学校教育では、領域知識を教えることが中心であった。それにたいして、批判的思考を教えることは、学習者を良き思考者（good thinker）や市民に育てることを目標とする」と述べている。消費者教育において、従来から批判的思考は重要であるとされてきたが、消費者市民に必要な能力としても、批判的思考は重要であると再認識できる。消費者市民社会を構成する一員として、権利と責任を自覚しながら意思決定をする消費者市民を育てるために、批判的思考力を幼少期から育んでいきたい。

2　消費者教育の指導と評価

2—1　消費者教育の指導

消費者教育の指導法は、教師による知識や技能を一方的に教授する方法ではなく、学習者の体験を重視した指導法が有効であるとされてきた。アメリカで実践されている「体験方式」の消費者教育の指導法の技法が、批判的思考力や意思決定力を養うために有効であると、1970年代から日本に紹介され（今井 1974）、公益財団法人消費者教育支援センターなどが普及してきた。

しかし近年でも、学校における消費者教育の指導法として講義型が多く見受けられ、知識を伝達することに重きを置く授業が行われており、これは消

費者行政が行ってきた消費者啓発を目的とする情報提供中心の指導法と同じである。

認知心理学などの知見から考察すると、学習者に知識を構成させ、批判的思考力をつけていくためには、教師などが消費者情報を与えるだけでは不十分であり、問題解決的な参加・体験型学習を通して、学習者自身に知識を構成させていく必要がある。

また消費者教育では、自分の消費行動を見直し、意識や行動を変容していくことが求められる。参加・体験型学習は、人権教育、開発教育など、情意・行動の変容が必要な領域で用いられている。この参加・体験型の学習形態であるワークショップについて、中野（2001）は、「講義など一方的な知識伝達のスタイルではなく、参加者が自ら参加・体験して共同で何かを学びあったり創り出したりする学びと創造のスタイル」と定義づけ、「参加」、「体験」、「グループ」という3つがキーワードとなる学習法と述べた。

消費者教育の実践において、ワークショップ的な手法を取り入れることが、より有効な指導法となると考えられる。そのため、消費者教育の担い手には、ファシリテーター（促進者）としての役割やスキルも必要となってくる。消費者市民として社会変革を目指す消費者教育では、特に「参加」の概念が欠かせず、学習者が主体的に知識を活用しながら問題解決に向けて考える、協同して学び合い消費者市民社会に参画する意識を高めることが重要となる。

近年では、「アクティブ・ラーニング（active learning）」という用語が頻繁に使われるようになった。能動的な学びを指し、説明概念としては新しいものであるが、用いられる学習方法は、参加・体験型学習と重なる。松下・京都大学高等教育研究開発推進センター編（2015）は、これを学習方法の工夫にとどまらない、学習の質や内容にも着目した「ディープ・アクティブラーニング」にするべきと提唱している。消費者教育においても、学習者の学びの質が問われることとなる。

2―2　消費者教育の評価

消費者教育では、学習者の情意・行動領域が学習によりどのように変容したか、批判的思考力がどの程度ついたかなどを判断することができる評価が

必要となってくる。これらは、知識などを問う客観テストでは評価しにくい、見えにくい学力である。消費者教育に適した評価法の開発が課題である。

　消費者教育によって形成された力は、学習者の消費生活におけるさまざまな場面で表れる。消費者教育の評価として、その学習内容に関わる学習者の実際の消費生活で起こりそうな課題を学習者に遂行させることによって、学習者にどの程度、実際の消費生活で活用することができる力が身についたか判断できると考えられる。このような消費者教育の特質に合う評価について、真正の評価（authentic assessment）の知見から示唆を得ることができる。熊野（2006）は、真正の評価とは、「現実生活で役に立つ学力を評価しようとするものであり、そのため何を知っているかだけでなく、実際に現実生活に近い場面で何ができるかを評価しようとするものである」と定義している。真正の評価について、シャクリー他（Shaklee et al. 1997）は、教育に関連したリアルな課題に取り組ませる中で子どもを評価するとし、田中（2008）は、「『真正』と命名されているのは、教育評価を行う状況や課題が実生活を反映しているということを意味している」とし、「『真正の評価』論では子どもたちが実生活で体験する場面の中で評価が実施される」と述べている。

　消費者教育における真正の評価では、学習者の日常の消費生活を反映したリアルな課題を教師が設定して、消費者教育を受けた学習者が、日常生活に近い場面において何ができるようになったかを評価していくこととなる。真正の評価で利用する真正な課題とは、学習者にとってリアルな課題、学習者の実際の現実生活に近い場面で起こるような課題を指す。消費者教育の評価として、学習者の実際の消費生活で起こるような真正な課題を、学習者に遂行させることによって、学習者にどの程度、実際の消費生活で活用することができる力が身についたか判断できると考えられる。例えば、学習者に身近な商品購入の意思決定に関わる課題を与え、学習者がどのように考えて行動しようとするか、教師が判断することによって、消費者教育の評価を行うことができる。学習者の真正な課題の遂行から、情意・行動領域に関する評価が可能となり、消費者教育に適した評価となる可能性がある。さらに真正性の高い課題に取り組むことは、学習者自身が消費生活に関する知識を構成する有意義な学習活動になると考えられる。学習者に消費生活に関わる真正な

課題を遂行させることは、消費者教育の評価として、また学習活動としても導入する意義があると考えられる。

田中（2008）は、真正の評価を代表する評価法として、パフォーマンス評価やポートフォリオ評価が挙げられると述べており、松下（2007）は、パフォーマンス評価は、「ある特定の文脈のもとで、様々な知識や技能などを用いて行われる人のふるまいや作品を、直接的に評価する方法」と定義し、パフォーマンス評価とは、「パフォーマンス課題」によって、学力をパフォーマンスへと可視化し、ルーブリック（評価基準表）などを使うことによって、パフォーマンスから学力を解釈する評価法と説明している。田中（2008）は、パフォーマンス評価とは、とりわけ高次の学力の様相としての「思考力、判断力、表現力」を捉えようとするものであると述べている。パフォーマンス評価を消費者教育の評価に導入することによって、消費者教育で重要な批判的思考力を評価することが可能になると考えられる。

3　消費者教育の指導法と評価法の試行とモデル開発

3—1　授業試行

前節で述べた消費者教育の指導と評価について、授業実践を通して検証し、消費者教育の指導・評価モデルを作成した[2]。本節では図6-1のように、理論から仮説を生成し、授業実践とその検証、新たな仮説生成及びその試行と、アクション・リサーチのサイクルを繰り返した。

（1）通信販売広告を利用した授業実践（指導法と評価法の試行）

神山（2006a）は、中学生の消費生活において身近なアクセサリーの通信販売広告を使用し、グループで、悪質業者の立場で考え通信販売で儲ける方法とそれに対する消費者の対策法を記述させる活動を行った。通信販売の利用法に関する教材として、教科書や通信販売事業者団体発行の啓発冊子を利

---

[2]　神山（2010）の一部を抜粋し加筆した。各研究の詳細については、初出論文を参照のこと。

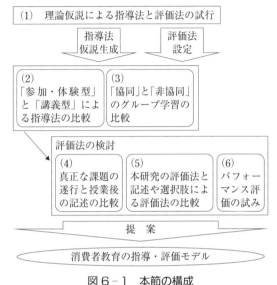

図6-1 本節の構成

用した。

　評価法は、通信販売広告実物のコピーを真正な課題として利用し、「通信販売広告の重要と思う部分に下線を引く」、「その下線に対して、重要と思った理由を書く」とした。学習者グループが授業前と授業後に行った課題を、熟達者（消費生活相談員）の行った同課題と比較した[3]。

　分析方法は、広告を句点や内容などで41項目に分類して、学習者グループと熟達者との下線の一致箇所について、学習者の授業前と授業後の個数を比較し、下線を引いた理由を比較した。

　学習者グループの真正な課題の遂行を熟達者と比較した結果、授業後には熟達者の選択した項目と同様の項目を学習者グループは多く選択し、項目を選ぶ理由も熟達者と類似したため、学習効果があったと考えられた。学習者は身近な購入方法である通信販売について、少し考えると儲けられそうな方法をいくつも思いつく面白さで積極的に活動を行い、次に消費者としての対

---

[3]　この熟達研究を援用した評価法は、放送大学大学院で筆者を指導した波多野誼余夫教授（学習科学）からご助言を頂き、考案したものである。

策法について自分たちの経験と重ねながら考えた。悪質業者と消費者の立場から視点を変えて考える学習活動は、メタ認知活動になったと考えられた。通信販売広告を日常生活で見るときにどこに着目するか、それはなぜかという学習者グループにおける授業後の情意・行動変容を、この評価課題によって確認することができた。

(2)「参加・体験型」と「講義型」による指導法の比較

神山（2009a）は、「参加・体験型」と「講義型」の指導法について、学習効果を比較した。グループ活動を行い、通信販売の悪質業者の立場で儲ける手口を多く考えさせ、次に、考えた悪質業者の手口に対して、消費者としての対策法を考えさせるという「参加・体験型」と、通信販売トラブル事例などから、悪質業者の手口や消費者としての対策法を情報提供するという「講義型」を行った。その授業内容が表6-1である。

「参加・体験型」では、真正な課題、つまり学習者が日常生活において通信販売を見るときにどこに着目するかの情意・行動領域に関わる課題による評価では、学習効果が高い傾向があった。しかし、体験を通して学んだ知識を学習者個人が構成していくためには、教師の支援が必要であった。「講義型」では、通信販売の上手な利用法などの情報は伝えやすいが、学習者が日常生活において活用する力にはなりにくく、学んだ知識を日常生活での活用に転移できるように教師が支援をしていく必要があった。これらの結果より、指導法のモデルとして、講義で基礎知識を与えた後に参加体験型学習を行い、最後に参加体験型授業の体験と講義の知識を結びつけるようにしてふりかえりを実施するという消費者教育の指導例が提案できると考えられた。

また、下線の理由の記述結果では、「参加・体験型」では、肯定形（「……を確認する」、「……を見る」など）の記述より、否定形（「……しない」など。例えば「信用しない」「利用しない」「だまされない」など）の学習者の記述が多くなり、批判的思考の表出が示唆された。

(3)「協同」と「非協同」のグループの学習効果の比較

神山（2008）は、「協同」と「非協同」のグループの学習効果の比較を

表6-1 「参加・体験型」と「講義型」の授業内容

	事前調査 1週間前	「参加・体験型」と「講義型」の授業内容		事後調査 6週間後
活動内容など	・課題1 （通信販売広告を用いた真正な課題） ・通信販売利用調査	参加・体験型クラス（100分） ※各グループ5～6名で活動 ①導入（通信販売についての説明など）。 ②通信販売広告を見本とし、悪質業者の立場で儲ける手口を考え、付せんに書く。 ③模造紙上で付せんに書かれた手口を分類。 ④消費者としての対策法を模造紙に書く。 ⑤グループごとに発表。 ⑥ふりかえり。	講義型クラス（100分） ※一斉授業 ①導入（通信販売についての説明など）。 ②さまざまな通信販売トラブル事例を紹介し、悪質業者の手口と消費者としての対策法について情報提供。 ③まとめ。	・課題1 （通信販売広告を用いた真正な課題） ・課題2の事後調査 ・課題3の調査
		・授業中の記録方法：VTR、ICレコーダー		
		授業直後 ・課題2の授業直後の調査 ・授業の感想など		

注：課題1：通信販売の実物広告を用いて、重要と思う部分に下線を引きその理由を書く課題。
　　課題2：通信販売の広告を見るときの注意点を3つ記述する課題。
　　課題3：通信販売の悪質業者の手口を書き、それに対する消費者としての対策法を書く課題。

行った。中学生で通信販売広告を題材としてワークショップを行い、VTRとICレコーダーの記録から、協同的な学習を行っていたグループAと非協同的な学習を行っていたグループBを抽出し、学習効果を比較した。通信販売の啓発資料を参考にして、広告の重要部分を9カ所設定し、これをいくつ選ぶか、事前（学習の1週間前）と事後（学習の6週間後）で比較をした。表6-2がその結果であり、協同的なグループAの方が重要箇所を選んだ平均個数が有意に多く、学習効果が高かった。また理由の記述内容を2つのレベルに分けて分析したところ、協同的なグループの方が、批判的思考力を促進した可能性があることが示唆された。

表 6-2　学習効果の比較

	グループ A（協同的）		グループ B（非協同的）	
	事前課題	事後課題	事前課題	事後課題
N：調査人数（人）	10	10	11	11
M：平均個数（個）	1.4	5.9	1.1	3.0
SD：標準偏差	0.8	1.4	1.8	2.4

注：クラス全体では、事前課題は M = 1.52、事後課題は M = 4.38 であった。

(4) 真正な課題の遂行と授業後の記述の比較

　神山・堀内（2010）は、学習者の学習前と学習後の意思決定プロセスの変容を、真正な課題を与えて見取ろうとした。学習者にとって身近な商品を買おうと思ったときから購入までを、具体的に思い浮かべて書かせるという課題は、日常の消費生活の意思決定の場面に近い課題となり、真正な課題になると考えられた。この学習者の真正な課題の遂行と、従来から行われてきた授業後の記述による評価が、どのように異なるのか比較をした。

　中学生にとって身近な商品であるシャンプーを題材とした。「今度、新しくシャンプーを買うときに、自分がこうするだろうと思うことを下記に入れて下さい」という設問に対して、プロセス図を学習者に書いてもらった。授業前に学習者が書いたプロセス図の一例が図 6-2 である。学習者は、自分がすると思う順に矢印などをつけ「CM」や「メーカー」、「価格」などの項目を書いていた。

　講義及び参加体験型学習後に、学習後記述として「シャンプーを選択する際に考えて、実践したいと思うことを書きましょう」と、学習前と同じ「プロセス図」を書いてもらった。

　学習前プロセス図 (a)、学習後記述 (b)、学習後プロセス図 (c) の 3 点について、シャンプー選択に関する項目を「価格」、「量」など 11 項目に分けて、115 人の学習者の書いた個数を比較したレーダーチャートが図 6-3 である。11 項目のうち、「使用感・効果」、「友人等の意見」、「表示・成分」、「ネット等で調べる」、「環境への配慮」の 5 項目は、筆者が教師として、商品を購入・活用するときに学習者に重視させたいと考えた項目であった。こ

124　第Ⅱ部　消費者教育へのパースペクティブ

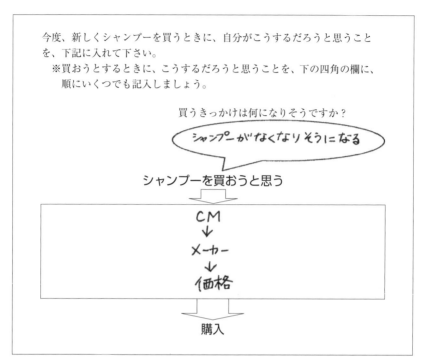

図6-2　学習者が書いた学習前プロセス図の例

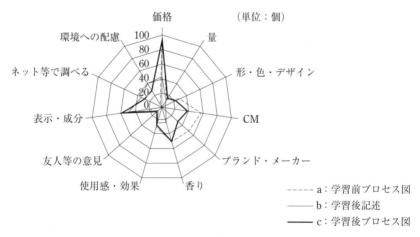

図6-3　レーダーチャート

第6章 教育実践学

表6-3 学習前プロセス図（a）と学習後プロセス図（c）の比較

	価格	量	形・色・デザイン	CM	ブランド・メーカー	香り	使用感・効果	友人等の意見	表示・成分	ネット等で調べる	環境への配慮
学習前プロセス図	0.878	0.113	0.234	0.478	0.435	0.435	0.252	0.087	0.130	0	0.043
学習後プロセス図	0.817	0.122	0.183	0.313	0.261	0.426	0.226	0.087	0.496	0.243	0.235
t値	1.71^{ns}	0.28^{ns}	1.35^{ns}	3.46**	3.87**	0.18^{ns}	0.65^{ns}	0ns	6.91**	6.06**	5.19**

注：N=115、単位：個／N。

れらを今回の評価の基準とした。

　レーダーチャートの11項目について、学習前プロセス図（a）と学習後プロセス図（c）に関して、生徒の書いた個数の平均値を出してt検定を行ったのが、表6-3である。学習前には「ブランド・メーカー」や「CM」でシャンプーを選ぶことが多かったが、学習後にはこれらを選ぶ学習者が有意に減り、また、「表示・成分」、「ネット等で調べる」、「環境への配慮」が学習前より学習後が有意に多くなった。これらの3項目は、筆者が学習者に重視させたいと考えた項目であり、有意に増加したため、学習効果があったと考えられた。

　図6-3のレーダーチャートでは、学習後記述（b）において「環境への配慮」が多くなる傾向があった。しかし、学習後プロセス図（c）では、「環境への配慮」が少なくなり、「価格」や「CM」などが多くなる傾向があった。そこで、11項目について、学習後記述（b）と、学習後プロセス図（c）に関して、t検定を行ったのが表6-4である。t検定の結果、学習後記述よりも学習後プロセス図の方が「価格」、「形・色・デザイン」、「CM」、「ブランド・メーカー」、「香り」が、有意に多くなった。また、「環境への配慮」が有意に少なくなった。このように、学習後に書いたシャンプー選択に関する項目は、学習後記述（b）と学習後プロセス図（c）において、差が見られたのである。

　商品購入までのプロセス図を書くということは、学習者にとって自分の実際の購買行動を思い浮かべながら書くことになり、真正な課題となる。それ

表6-4 学習後記述(b)と学習後プロセス図(c)の比較

	価格	量	形・色・デザイン	CM	ブランド・メーカー	香り	使用感・効果	友人等の意見	表示・成分	ネット等で調べる	環境への配慮
学習後記述	0.391	0.086	0.060	0.026	0.052	0.191	0.2	0.060	0.417	0.278	0.339
学習後プロセス図	0.817	0.122	0.183	0.313	0.261	0.426	0.226	0.087	0.496	0.243	0.235
t値	7.90**	1^{ns}	3.68**	6.04**	4.77**	4.44**	0.53^{ns}	1.13^{ns}	1.53^{ns}	0.81^{ns}	2.15*

注：N=115、単位：個／N。

に対して、学習後に書いた記述は、学習中に出てきたキーワードなどを、自分の実際の購買行動とは結びつけずに書くことも多いのではと考えられた。学習後の記述でシャンプーの選択に関して「環境への配慮」をしたいと書いていても、プロセス図では抜け落ちる学習者も多くおり、このような学習者は、実際のシャンプー購買時に「環境への配慮」を重視しようとする意識が薄いのではないかと考えられた。学習後でも、「価格」、「CM」、「ブランド」などを学習前と同じく重視し続け、購入しようとしている学習者の意識も、プロセス図における評価から判断できた。

　学習者の学習効果を判断するものとして、学習後に書かせる自由記述内容を利用することが多いが、以上の結果から、その問題性が明らかになった。特に、学習者の意識・行動変容を重視する消費者教育の評価法は、授業後の記述内容のみで学習効果を判断するのではなく、今回のプロセス図のような実際の行動に近い課題からの評価、つまり真正な課題の取り組みによる評価も合わせて行う必要がある。

(5) 真正な課題の遂行と記述や選択肢による評価の比較

　神山（2009b）では、真正な課題の遂行と、記述や選択肢による評価を比較した。参加体験型学習を行い、学習後に、通信販売に関する学習をはじめる以前と現在との自分の変化について思うことを記述するという、自己変容の記述の評価課題と、選択肢から回答を選び、その選択肢を選んだ理由を記述するという評価課題、本項（2）と同様の真正の課題を実施した。そのう

えで、この3つの評価を比較した。

　記述のみの評価法では授業効果が正確に捉えられない学習者がいた。これは学習者の文章力の差によるのではないかと考えられた。学習者に文章力があると、授業内容の理解があいまいであっても高い評価となることがある。逆に、日常において活用できる力はついているのに、考えていることを適確に文章に表現できないために、低い評価となる学習者もいる。真正な課題による評価の必要性が明らかになった。

　また、真正な課題と、選択肢を選ぶ評価課題とを比較した。授業後に学習者に、「今後、通信販売で商品を買う機会があったらどのように思いますか」について「1. 上手に買えそう　2. 少し上手に買えそう　3. あまり上手に買えそうにない　4. 全く上手に買えそうにない」から選び、さらに、「今後、通信販売で商品を購入するときに、広告に書いてある文字は、どのように読もうと思いますか」について「1. 全部何度も読む　2. 全部一度読む　3. 読まない部分がある　4. ほとんど読まない」から選んで回答してもらった。結果は、前者の設問については「少し上手に買えそう」が最も多く、真正な課題の遂行によって授業効果が高かった上位群では53.3％、下位群では77.8％が選んだ。「あまり上手に買えそうもない」は上位群の1人しか選ばず、「全く上手に買えそうにない」は両群の誰も選択しなかった。また、後者の設問については、上位群では「全部何度も読む」が最も多く60％、下位群では「全部一度読む」が77.8％と多かった。両方の設問とも、4つの選択肢のうち、ほとんどの生徒が選択肢1と2を選んでいた。

　このような選択肢を選ぶ評価課題は、一般的によく利用されているが、しかし、今回の選択肢による評価法では、学習効果を捉えるのは難しい。その選択肢を選んだ理由を学習者に記述させたものは、学習者の情意・行動領域に関する評価としてある程度は役立ったが、生徒の記述からの評価は、学習者の文章力などが影響する可能性があることを考えに入れておくべきである。

(6) パフォーマンス評価の試み

　神山（2011）は、参加体験型学習におけるパフォーマンス評価を試みた。高校生を対象とした「家庭基礎」の消費生活と保育内容を関連させた授業で

試行した。

　西岡（2008）が提唱する「本質的な問い」を設定し、それを「子どもにとって望ましい消費生活のあり方は何か」とした。子ども番組に挿入されたCMを視聴し、そのCMの商品を1つ選び、子どもの消費生活の問題点を考えるという参加体験型学習を行った。パフォーマンス課題を、「あなたは、子どもの消費生活について視聴者の意見を募集しているテレビ番組に、自分の意見を送ることになりました。幼児向きの商品例をあげ、それを多様な視点から客観的に分析しながら、子どもにとって望ましい消費生活について、あなたの考えを書きなさい」とした。今回の授業目標に対応させた4つの観点を「問題の理解」、「批判的思考力」、「意思決定力」、「表現力」として、4段階で評価するルーブリック（評価基準表）を作成し（表6-5）、これを使って評価した。

　事例1と事例2は、学習者Aのパフォーマンス課題の記述例の評価である（図6-4）。事例1で「問題の理解」として評価したのが下線部で、学習者Aは「子どもの消費生活の問題点を踏まえた商品例をあげることができ」ていると評価して、この観点の評価を3とした。「批判的思考力」は、「商品に対して、多様な視点から、客観的に分析することができる」と設定し、多様な視点からの分析ということに対して、学習者Aは子どもと親の2つの視点（点線部）のみだったために、評価を2とした。今回は、3視点以上、例えば子ども、親、企業、消費者などの視点からの分析を挙げて分析していた学習者を評価3とした。「意思決定力」は波線部で、学習者Aは、「家庭科で学んだことを踏まえ、子どもにとって望ましい消費生活について判断することができている」として、評価は3とした。

　事例2は、学習者Aが自分で書いたパフォーマンス課題から、子どもの消費生活について提案したいことをまとめた文章である。自分の提案を、理由をつけてわかりやすく表現することができていることから、学習者Aの表現力は3と評価した。

　パフォーマンス評価の意義として、次のことがらが見出せた。パフォーマンス評価は、学習を通してつけた力を評価することができ、実際の消費生活における情意・行動の変容を把握できる消費者教育に適した評価と考えられ

表6-5 ルーブリック（評価基準表）

〈パフォーマンス課題〉
あなたは、子どもの消費生活について視聴者の意見を募集しているテレビ番組に、自分の意見を送ることになりました。幼児向きの商品例をあげ、それを多様な視点から客観的に分析しながら、子どもにとって望ましい消費生活について、あなたの考えを書きなさい。

ルーブリック（評価基準表）

観点	問題の理解	思考力 批判的思考力	判断力 意思決定力	表現力 考えをまとめ伝える力
評価基準	子どもの消費生活の問題点を踏まえた商品例をあげることができる	商品に対して、多様な視点から、客観的に分析することができる	学んだことを踏まえ、子どもにとって望ましい消費生活について判断することができる	自分の提案を、理由をつけてわかりやすく表現することができる
段階	3　よくできる 2　できる 1　不十分 0　できない	3　よくできる 2　できる 1　不十分 0　できない	3　よくできる 2　できる 1　不十分 0　できない	3　よくできる 2　できる 1　不十分 0　できない

た。評価の妥当性に関して、今回のパフォーマンス評価によって、批判的思考力や意思決定力、表現力などを深く捉えることができる妥当性が高い評価と考えられた。特に、批判的思考力や意思決定力を評価できることは、消費者市民の育成を目指す消費者教育にとって、意義ある評価である。さらに、パフォーマンス課題では、学習者に考えるプロセスをあらかじめ「評価基準」として示すため、学習者が習得した知識を構成し、活用につなげていく手だてとなったと考えられた。

〈事例1〉

　○○のハッピーセットには、期間限定で様々なおもちゃがついています。それらを欲しがるのは、小さな子どもたちです。1〜2週間位でおもちゃがかわってしまうので先週買ったけれどまた欲しがるというようなことがとても多いと思います。味覚形成の時期に、○○のハンバーガーのようなファーストフードを食べることが日常化することはよいことだとは思いません。ハッピーセットの栄養バランスはとてもかたよっているからです。今後の成長のためにも、ファーストフードは控えるべきだと思います。
　そしてまだ物の価値がわからないうちから、欲しい物をすぐ買ってもらえるという環境は、子どもたちの将来にとってもよくないことです。ねだって買ってもらったハッピーセットのおまけはどんどんたまる一方で、いつかはいらなくなります。ものの大切さを子どもたちに教えるためにも、欲しがったら買ってあげるということはやめるべきだと思います。親たちは子どもたちに欲しい物を買ってとねだられたとしても、正しい判断をして説明をしてあげるべきだと思います。

〈事例2〉

　〈1番目〉　親たちはねだってくる子どもに安易に買い与えてはいけない
　　理由：欲しい物はすぐ買ってもらえるという環境は、子どもの将来にとってとってもよくないし、お金や物の価値や貴重さが分からなくなるから
　〈2番目〉　企業は子どもに与える影響を考えて商品開発をすべき
　　理由：一度しか使えないものはすぐに無駄になってしまうから
　〈3番目〉　ファーストフードを食べることを日常化するべきではない
　　理由：栄養バランスが偏っていて、今後の成長のためにも控えたほうがよいから
　　　　それよりも家庭の味を大事にしたほうがよいと思う

図6-4　学習者Aのパフォーマンス課題の記述の評価
注：「○○」には企業名が入っていたが、筆者が「○○」とした。

3―2　消費者教育の指導・評価モデルおよび試行
(1) 消費者教育の指導・評価モデル
　次が、以上の研究から提案する消費者教育の指導・評価モデルである。
① 消費者教育は、消費者市民として必要な批判的思考力の育成を目指す。
② 教師は消費者問題の現状を踏まえて、学習者の消費生活に関わり、学習が実生活に役立つような題材を設定する。
③ 教師は学習内容に関する基本的な消費者情報を学習者に示す。参加体験型学習を通して、学習者に興味関心や問題意識を持たせ、情報の本質を理解させる。
④ 参加体験型学習では、教師は、学習者の批判的思考力が高まるようにメタ認知的な活動を取り入れ、学習者同士が協同的な学習ができるよう支援する。
⑤ 学習者の情意・行動領域がどのように変容したか、学習者が遂行した真正な課題から評価する。また真正な課題の遂行は、学習者自身が知識を構成していく学習活動にもなる。

(2) 指導・評価モデルの試行
　筆者は、2009年に高等学校の家庭基礎において、消費生活と食生活に関連する「野菜飲料」を題材とした授業を行った[4]。参加体験型学習として、野菜飲料の広告などから企業の販売戦略をグループで分析した。次に、野菜飲料の商品テスト結果の消費者情報を読み、広告や商品に対する疑問点・問題点を出し合いクラスで共有した。学習前・後には、野菜飲料の箱を開いてコピーしたものを学習者に渡し、「注目するところに線を引き、線を引いたところに対して、注目した理由や自分の考えを書きなさい」という真正な課題を行った。さらに学習後に、「あなたが伝えたいと思う、野菜飲料を飲もうとしている人を想定して、手紙を書いてください」というパフォーマンス課題を行った。遂行結果から、学習者の批判的思考が可視化され、また手紙

---

[4]　日本家庭科教育学会第54回大会で「学習者の質的な変容をとらえる評価の試み――高等学校家庭科の授業実践」での口頭発表後、神山（2012）としてまとめた。

を書くパフォーマンス課題では、それぞれの学習者の生活の文脈の中で、学びの内容が生き生きとした学習者自身の言葉で綴られた。学習者が書いた手紙は、その人（家族などが多かった）への思いがある中に学習者の問題認識が現れており、学びの成果が可視化され、また学習者自身が知識を構成していく様子もうかがえた。

4 おわりに

本章では、消費者教育の実践について論じた。3—1 授業試行で題材としたのは紙媒体の通信販売広告であり、消費者トラブル事例や悪質業者対策について情報の集積があったものである。そのため、指導者の予測がつく範囲内で、学習者は悪質業者の立場で儲ける方法を思いついた。しかしネット取引などを題材として同様の実践を行うと、学習者が新しい詐欺行為を考え出す危険性もあり、倫理上の観点から問題が生まれる。扱う題材について、指導者の配慮が必要と考えられる。

筆者は学会などで一連の研究を発表し、横浜市経済局教員向け消費者教育情報誌『NICE』第50号では通信販売広告を題材とした実践事例を紹介した（神山 2006b）。家庭科の実践で、広告や食品パッケージなどを利用し、重要と思う部分に下線を引きその理由を書く学習について、時々見かけるようになった。しかし、パフォーマンス評価については、ルーブリック作成の困難さや評価に時間がかかるため、消費者教育の評価として導入することの難しさがある。評価法の改善が課題である。

本章は、西村隆男教授を主指導教官とし、2009年度東京学芸大学大学院連合学校教育学研究科に提出した筆者の博士論文「家庭科における消費者教育の指導と評価に関する研究」の一部を抜粋し、加筆をしたものである。

【参考・引用文献】
Bannister, R. and C. Monsma (1982) *Classification of Consepts in Consumer Education*（日本消費者教育学会関東支部訳（1996）「消費者教育における諸概念の分類」）

Bonnice, J. G. and R. Bannister (1990) *Consumers Make Economic Decisions*（小木紀之・宮原佑弘訳 (1998)『賢い消費者―アメリカの消費者教育の教科書』家政教育社）
花城梨枝子 (1994)「消費者教育における意思決定―批判的思考能力の開発」今井光映・中原秀樹編『消費者教育論』有斐閣、299-318 頁
市川伸一 (2004)『学ぶ意欲とスキルを育てる―いま求められる学力向上策』小学館
今井光映 (1974)「学校における消費者教育を考える―その基本的理念と方法」国民生活センター『国民生活』第 4 巻 12 号、2-10 頁
今井光映 (1992)「総論」日本消費者教育学会編『学校消費者教育推進のマニュアル』光生館、3-26 頁
今井光映 (1994)「消費者教育の基本概念―消費者教育の本質理念を理解するために」今井光映・中原秀樹 (1994)『消費者教育論』有斐閣、55-89 頁
神山久美 (2006a)「消費者教育の教授法と教育効果測定の研究―通信販売を題材とした授業実践を通して」日本消費者教育学会『消費者教育』第 26 冊、33-42 頁
神山久美 (2006b)「通信販売広告を利用した消費者教育授業実践」横浜市経済局教員向け消費者教育情報『NICE』第 50 号、2006 年 10 月
神山久美 (2008)「消費者教育における体験型学習―協同の視点から」日本消費者教育学会『消費者教育』第 28 冊、1-9 頁
神山久美 (2009a)「家庭科における消費者教育の指導法に関する検討―『参加型』と『講義型』による授業実践の比較」日本家庭科教育学会『日本家庭科教育学会誌』第 51 巻第 4 号、302-309 頁
神山久美 (2009b)「消費者教育における真正の評価―中学校技術・家庭科家庭分野での検討」東京学芸大学大学院連合学校教育学研究科『学校教育学研究論集』第 20 号、107-118 頁
神山久美 (2010)「家庭科における消費者教育の指導と評価に関する研究」博士論文
神山久美 (2011)「消費者教育の評価のあり方に関する一考察―パフォーマンス評価の試み」日本消費者教育学会『消費者教育』第 31 冊、169-177 頁
神山久美 (2012)「消費者教育における批判的思考の育成と評価の試み」日本消費者教育学会『中部消費者教育論集』第 8 号、13-26 頁
神山久美・堀内かおる (2010)「家庭科における消費者教育の実践と評価」日本家庭科教育学会『日本家庭科教育学会誌』第 53 巻第 1 号、32-39 頁
熊野善介 (2006)「オーセンティック評価」辰野千壽他監修『教育評価事典』図書文化社、111-112 頁
楠見孝 (1996)「帰納的推論と批判的思考」市川伸一編『認知心理学 4』東京大学出版会、37-60 頁
松下佳代 (2007)『パフォーマンス評価』日本標準
松下佳代・京都大学高等教育研究開発推進センター編 (2015)『ディープ・アクティブラーニング―大学授業を深化させるために』勁草書房
道田泰司 (2001)「批判的思考の諸概念―人はそれを何だと考えているか？」『琉球大学教育学部紀要』59、109-127 頁
中野民夫 (2001)『ワークショップ―新しい学びと創造の場』岩波新書
日本消費者教育学会編 (2016)『消費者教育 Q&A―消費者市民へのガイダンス』中部日本

教育文化会
西岡加名恵（2008）『「逆向き設計」で確かな学力を保障する』明治図書出版
佐藤学（1997）『教師というアポリア―反省的実践へ』世織書房
Shaklee, B. D., N. E. Barbour, R. Ambrose and S. Hansford (1997) *Designing and Using Portfolios*, Boston: Allyn & Bacon（田中耕治訳（2001）『ポートフォリオをデザインする―教育評価への新しい挑戦』ミネルヴァ書房）
田中耕治（2008）『教育評価』岩波書店
Zechmeister, E. B. and J. E. Johnson (1992) *Critical Thinking: A Functional Approach*, CA: Brooks/Cole Publishing（宮元博章・道田泰司・谷口高士・菊池聡訳（1996）『クリティカル・シンキング入門篇』北大路書房）

第7章

教科教育学
―― 子どもの生活実態から見る学校消費者教育の役割

奥谷めぐみ

1 教科と消費者教育の関係性

　持続可能性を視野に入れた消費者市民社会を拓く市民を育成するために、学校消費者教育が果たすべき役割は大きい。学校での教育活動を通して、子ども[1]は多様な価値観と出会い、自他の存在を認め、自らの意思で社会に参画し、新たな価値を創造することができる思考力や判断力を学ぶ。その学校の教育活動は、教科学習を中心として構成されている。消費者教育は、単独の教科を持たず、家庭科、社会科を中心として複数の教科学習に位置づけられている。また、他者と協働する態度、物の生産と流通、マーケティングや収益の計算方法を体育祭や文化祭といった学内行事で学んだり、自らの生徒指導や進路指導の中で生涯設計の計画を立てたりする場面もある。消費者としての態度形成は学校全体を通して行われるものであるからこそ、各教科が果たす役割や、適した手法を検討する必要がある。そこで、本章では教科および教科教育学と消費者教育との関わりについて、以下の2点について述べていく。
　第1に、教育を受ける主体である「子ども」の社会、市場での位置づけを確認する。子ども向けの消費財と言えば駄菓子や文房具といった、安価なものであった。しかし、1980年代以降、家庭における必需に次いで現れたのは、子どもへの投資や消費、自分の価値や主義を表現するための消費である。

---

(1) 本章では、生を受けてから高校生という自立可能な年齢の者を想定し、「18歳未満のすべての者」とした。

2000年代にはインターネットがほぼすべての家庭に普及し、生活様式は大きく変化した。消費者としての子どもと大人の線引きはつけられないことを踏まえ、現代の子どもに求められる教科指導の内容とは何かを検討する。

第2に、各教科における消費者教育の位置づけを示す。1947年の試案以降の家庭科、社会科を中心に学習指導要領の内容を整理する。また中央教育審議会教育課程部会が公開している「次期学習指導要領に向けたこれまでの審議のまとめ（案）」においてもAI（人工知能）の進化を鑑み、「人間が学ぶことの本質的な意義や強みを問い直す」ことが求められている。学校教育そのものの社会的な役割が変化する中で消費者教育が果たすべき役割を検討したい。

2　市場経済における消費者としての子ども

2—1　子どもの消費生活の特性

学校教育における教科の目標や学習内容は学習指導要領の改訂に伴い10年ごとに変化している。しかし、急速に普及したスマートフォンは、5年もたたず、私たちの生活様式を変化させた。その観点からも、子どもが現在、高度情報社会においてどのような消費行動をとっているのか、実態を把握することは喫緊の課題である。

我々消費者を取り巻く環境は、南北問題や紛争をめぐる国際的な課題、国内における貧困などの経済格差、急速な高齢化を要因とする労働人口の減少、年金をはじめとする社会保障への不安、バーチャルリアリティシステムの開発やICT技術からIoT[2]技術への革新など、目まぐるしく変化している。子どもたちもまた、その変化の影響を受けている。時代の変化に対応し生活の価値を見出す能力の育成を、学校消費者教育が担うところは大きい。闇雲に

---

[2] Internet of Things の略称。日常生活で使用する「モノ」をインターネットでつなげることで生活をより良くする仕組み。例として挙げられるのが、時計型のスマートデバイスによって体温やバイタルデータを収集し、年代別、性別、環境別に適した健康管理を提案してくれる仕組みなどが挙げられる。「モノ」から収集されたデータは「人工知能」が分析する時代が来るかもしれない。

技術に頼り、日和見的対応をするのではなく、人間生活における技術革新の必要性と影響を多角的な目線で捉えることができる力、デジタルデバイドなどの技術に取り残される人々に配慮できる力を身につけるための消費者教育が求められる。

岩本（2015）は、「子供の消費者性」と消費者問題に対する法制度について研究を進める中で、日本において広告表記の規制などの受け手に配慮した規制が確認できていないことを示している。子どもは不完全な判断能力を持つ消費弱者であるにもかかわらず、保護されていない存在となっていることを指摘している。このような子どもをターゲットとして発展した音楽、ファッション、ゲーム、漫画、アニメーションに関する情報はインターネットを介して瞬時に提供されている。子どもは、自らの生活を主体的に運営する能力を身につける前に、経済活動に参加する消費者となる。彼らは生きるための消費よりも先に、娯楽としての消費に直面する。その傾向をより加速させたのはインターネットである。

内閣府によると、2014〜2015年にかけての青少年のインターネット接続機器の状況は次のとおりである（図7-1）。なお、本調査における対象者は、満10歳から満17歳の青少年である。スマートフォンに次いで、携帯ゲーム機からのインターネットアクセスも4割を超えている。また、同調査ではインターネット利用の目的も尋ねている。最も回答が集まったのは、ゲーム（73.0%）であり、次いで動画視聴（71.3%）、コミュニケーション（65.1%）である。ゲームはゲーム機からのアクセスだけではなく、スマートフォンのアプリケーションや、パソコンのブラウザゲームなども含まれる。インターネットやメディアを娯楽そのもの、あるいは娯楽のための情報収集ツールとして活用していることがうかがえる。この現状が子どもにもたらす影響について、次項にて検討する。

2—2 子どもの消費生活の経年的変化と影響

馬居（2000、8頁）は、消費社会を「消費という行為が、消費対象の商品が持つ直接的な機能の必要性ではなく、社会的位置とセットになった自己自身を象徴する記号を獲得するためのものに変わること」と述べている。親か

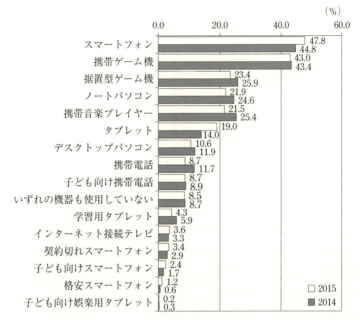

図7-1 青少年のインターネット接続機器の利用状況（2014～2015年）
出所：内閣府『平成27年度 青少年のインターネット利用環境実態調査』より作成。

ら生きるために与えられるものを享受していた子どもは、消費社会において、消費することで自分の価値を見出す消費者として位置づけられるようになってきた。そこには、自分自身で新たなものを創り出そうとも、すでにあるものの必要性について吟味をしようともせずに受け身の姿勢が形成されてしまうことが懸念される。ここで、インターネットが子どもにとって身近なものになった経緯を示すため、普及したインターネットサービス、メディアにまつわる社会的事象と子どもの消費行動との関わりについての年表を作成した（表7-1）。

2000年代には、無形のデジタルコンテンツが、パソコン、携帯電話、家庭用ゲーム機など、多様なメディアを介して消費しやすくなった。その中でも、消費文化と密接に関わったサービスとして、オンラインゲーム、アバターの発展が挙げられる。2003～2005年にかけて、インターネット回線はブロードバンドが主流になり、携帯電話のグラフィックや音声技術が進化し

表7-1　若年者に身近なインターネットに関するサービスの普及

年	出来事	解説
2006	任天堂「Wii」販売開始	家庭用ゲーム機がインターネット接続機能を持ち始める
	SONY「Play station3」販売開始	
	SONY「Play station Network」サービス開始	
	「ニコニコ動画」サービス開始	Youtubeとは異なるコメント機能、双方向性が、インターネットを利用しやすい環境にある高校生～大学生に普及した
	DeNA「モバゲータウン（現：Mobage）」サービス開始	ソーシャルゲームが10代～20代を中心に普及した。携帯電話の利用目的にゲームが含まれるようになった
2007	「Ustream」サービス開始	リアルタイムでの動画配信により、ビデオ会議システムなどに援用された
	携帯小説「恋空」配信	後に書籍、映画化。インターネットを介して生まれた、見えない流行。若年者にとって創作と公開の場が身近になった
2008	Twitter日本語版サービス開始	mixiに続く、SNSの普及、より気軽なサービスとして親しまれた
	Facebook日本語版サービス開始	
	Apple「iPhone」販売開始	スマートフォン（電話機能＋インターネット機能を有するメディア）及びデジタルコンテンツが一般層に普及し始める
	Apple「App Store」サービス開始	
	Google「Android market（現：Google Play）」サービス開始	
2009	国民生活センター「無料のはずが高額請求、子どもに多いオンラインゲームトラブル」一般公開	テレビCMにおける「無料」広告が問題に
2011	「LINE」サービス開始	20代以下は6割の若年者が利用しているサービスとして普及（内閣府2015）
2013	スマートフォン普及率6割超え	子どものオンラインゲームサービストラブルのピーク、クレジットカードによる親の同意のない決済が急増し、国民生活センターによる注意喚起が促された
2016	ナイアンティック「ポケモンGO」サービス開始	ヴァーチャルリアリティ、位置情報システム等の最新技術を駆使したサービスの普及が進む
	SONY「Play station VR」販売開始	

出所：奥谷・鈴木（2011）を基に修正・追記。年表の作成にあたり、一般社団法人日本ネットワークインフォメーションセンター（2016）、中西（1997；2008）、西本（2008）、久保（2008）の資料などを参照した。

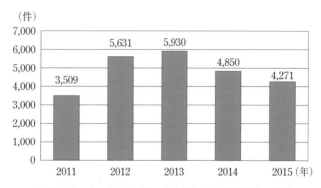

図7-2　オンラインゲームに関する相談件数の推移

2006年頃から、ソーシャルゲームが普及した。

2016年には「ポケモンGO」が社会問題にもなったが、子どもを取り巻く消費文化を皮切りに「現実とバーチャルの境界とは何か」という問題に直面したとも言える。

以上を踏まえ、子どもの消費生活の現状と課題を整理する。

まず、消費文化とインターネットとの親和性が高く、幼少期から新しい情報技術と出会える現状が挙げられる。インターネットが普及したことで、実物のないサービスであるデジタルコンテンツが子どもの生活に、ゲームや携帯電話、スマートフォンを通じて入り込んでいる。このサービスは契約の仕組みが煩雑であり、利用規約の確認も幼児や児童には困難である。法整備も追いついていないため、消費者を守る方法も明確ではない。決済方法の簡便化は子どもによる無断のクレジットカード利用などの消費者問題を引き起こした（図7-2）。

次に、子どもの実態を家族や教師といった大人が把握していない、という点である。篠原（2013）は、大人のネット利用と、子どものネット利用は質的に異なるものであることを指摘している。また、津田他（2015）は親子への実態調査を基に、インターネット使用に関する認識が異なることを指摘している。家庭の中ですべてを把握しきることは困難であり、同時に親から専門的な知識を学ぶ機会も期待できないことが予測される。すなわち家庭内で完結する問題ではなく、対応方法や問題の理解を含めた教育・支援を要する

表 7-2 消費行動と金銭価値意識・倫理的意識との関連性

		ゲーム経験数	家庭内ルール個数	購買行動	幼少期からのゲーム経験数	オンラインゲーム遊びはじめた年齢	テレビゲーム遊びはじめた年齢	TCG遊びはじめた年齢
金銭価値意識項目合計	相関係数	−0.232	−0.243	−0.290	−0.265	0.171	0.253	0.180
	有意確率	0.000	0.000	0.000	0.000	0.125	0.000	0.021
倫理意識項目合計	相関係数	−0.100	−0.082	−0.176	−0.050	0.238	0.041	0.084
	有意確率	0.108	0.191	0.004	0.425	0.025	0.546	0.271

注:網掛けは有意差が検出されたセル。
出所:奥谷他(2016)より引用。

課題である。

3点目は、金額によって勝敗が決まる、結果や見た目がすぐに反映され相手に伝わるといったサービスとの接触が、お金を過剰に重視する拝金主義的な価値観の形成につながっていることが懸念される。舟橋(1995、35頁)は、児童の消費欲求の特徴について、「大人の消費嗜好と大差ない」、「男女の嗜好が逆転して、男女に差があまり見られない」ことを指摘している。またそれを支える環境としてシックスポケッツ等を例に挙げ、「カネ至上主義」が幼児の段階から浸透していることを指摘している。

奥谷他(2016)は、これらの問題意識を基に、日本の小学生・中学生・高校生の消費行動および実態と、金銭価値および倫理観との関連について検討した。その結果、積極的な消費行動と、拝金主義的な価値観、倫理意識得点との有意な相関が検出された。情報社会において消費者情報が、多様な方面から大量に提供され、それらの情報に日々さらされる子どもたちは、主体的に選択するための吟味の時間や意欲を削がれ、流されるままの消費に至っていることが懸念される(表7-2)。

拝金主義的で、自分自身の生活や意思決定を顧みる余裕がない子どもたちに、消費者としてこれらのサービスにどのように関わるのか、自分たちがどれだけ影響を受けているのかを考える機会を、消費者教育を通して提供することができる。家族との関わり、時間との関わり、お金との関わり、社会との関わり、多様な視点から自分自身の消費行動を顧み、課題を見つけ出す時間の確保が肝要である。インターネットに関する教育的指導は「いじめ」や

「安全」に終始しがちであるが、消費者教育の観点を取り入れることで、現代の子どもの課題に対応することができる。発達段階や子どもの環境、視点に応じて、「生活科」「家庭科」「社会科（公民科）」「情報科」といった教科学習および「道徳」「総合的な学習の時間」などの教育活動で取り扱うことができる。学校教育は子どもを消費者として認識し、守る仕組みであるとともに、主体的な消費者を社会に送り出す役割があることを再確認することが必要である。

3　学校教育における消費者教育の位置づけ

3―1　学校における消費者教育の必要性

　なぜ、学校で消費者教育を学ぶ必要があるのかという問いに答えることは、教科学習を通して教える内容および指導のねらいと関連している。先に挙げたとおり、子どもたちは日々、消費者情報に振り回され、消費者として主体性を発揮できていない。よって、消費者として個人の経済的利益を追求するための知識や技能を身につける「狭義の消費者教育」ではなく、市民としての自覚を持って、多様な価値観を受容しつつ、自らの生活の価値基準を作り主体的に意思決定することができる消費者を育成する「広義の消費者教育」が必要である。2015年に次期学習指導要領に向けて作成された中教審の「教育課程企画特別部会論点整理」では、「人間一人一人の活動が身近な地域や社会生活に影響を与えるという認識につながり、これを積み重ねることにより、地球規模の問題に関わり、持続可能な社会づくりを担っていこうとする意欲を持つようになること」がこれからの子どもたちに必要であると述べられている。自分自身の行動が社会に影響を及ぼしているという自覚と共に、自分の意見や考えを周囲に伝えてもいい、考えを発信してもいいという自己肯定観の醸成を図る必要性がある。

　また、宮坂（1989）は、学校で消費者教育を取り入れる意義を「こんにちの、そしてこんごの社会において、人間として充実した、豊かで幸福な生活を全うしようと思ったら、聡明な消費者になることは不可欠な要件」（117頁）であり、「子どもたち・青年の多くは、現在決して聡明な消費者である

とはいいがたい。(中略) このまま放置しておいても自然に聡明な消費者になるという保証はない」(118頁) と述べている。消費者として自立するための能力は、個人の家庭生活で発生する経験でのみ身につくことは期待できない。学校教育における学習活動を通して自らの消費行動や市場原理を科学的に理解し、生活に適応したときの成果を評価し、再試行する一連の活動が必要であることがわかる。多様な教科学習を通して学ぶ知的体系と生活との関わりを理解し、意思決定の背景を為す価値観を形成していくことができることに、学校教育で消費者教育を取り入れる意義があると考える。

3—2 消費者教育と教科教育学との関わり

　学校教育における教科とは、学問領域で明らかにされた理論や体系的知識を学ぶための領域として位置づけられている。そこで、教科教育学を児童・生徒の発達段階に応じた教科の目標および扱われる学習内容・題材・カリキュラム、効果的な教材や手法について、教育現場での実践を通して科学的に検証した成果の知的体系であると捉える。教科学習に消費者教育を取り入れ目標 (評価方法)・内容・方法を検討するということは、教科教育学の手法を取り入れていることになる。種々の先行研究において、授業実践の事例や教科における消費者教育の位置づけに関する研究が見られる。しかし、消費者教育そのものは現在の学習指導要領において「教科」を持っていない。既存の教科との関わりの中で、効果を検証しており、消費者教育独自の目標や内容の体系、指導手法の確立は、今後議論をさらに重ねていく必要があるだろう。

　消費者教育を実践する主たる教科として挙げられるのは「家庭科」、「社会科」である。これらの教科の目標や内容、方法を中心に、現在も授業実践の開発や検討に関する研究は報告されている。1980年代〜90年代初頭にかけて、経済企画庁国民生活局消費者行政第一課編 (1989,1991) が学校における消費者教育の理念や実践について検討する際も、家庭科・社会科がその担当教科として挙げられ、消費者教育が発展してきたプロセスにおいてこの2教科が果たしてきた役割は大きいだろう。これらの教科の目標、学習内容、指導方法に絞り、消費者教育との接点を整理する。加えて、1989年に「生活

科」が設立されたことにより、低学年での消費者教育も可能となった。教科としての成り立ちも間もなく、消費者教育と関連づけた授業実践の開発・研究は発展途上であるため、本章では、今後の展望を述べるにとどめる。

(1) 家庭科教育と消費者教育

　武藤他（1992）は、消費者教育と家庭科教育の接点について理論化している。消費者教育と家庭科教育は相互の領域や人間教育を目指す目標など、重複する部分も多いが、同一に捉えるということはしていない。社会における消費者としての役割を認識するという消費者教育の特性、家庭生活を中心として生活実態から生ずる課題の解決を図る力を育てるという家庭科教育の特性にそれぞれの独自性があることに着目している。家庭科教育は、消費者教育の目標および学習内容に取り入れることで家事裁縫の教育であるというイメージの脱却につながり、一方、消費者教育は、家庭科教育の生活における実践を重視した実験・実習の伴う指導の手法が、消費者として求められる知識や態度の形成に役割を持つことができたと述べていた。これ以降、家庭科教育と消費者教育を関連づけた授業実践も多々散見される。現在においては、家庭科と消費者教育はどのように位置づけられるのであろうか。

　2008年、2009年度に改訂された小学校・中学校・高等学校、学習指導要領家庭科の目標は次のとおりである（表7-3）。

　家庭科では、小学校から家庭生活の基礎を学び、高等学校を卒業するまでに、生活の主体として、生活課題に気づき、それらの知識・技能を用いて改善しようとする実践的な態度の育成が求められている。学んだ知識や態度を基に、家庭生活における課題を主体的に解決する生活者育成を目指す。

　家庭生活の運営に必要な知識や技能の習得を目指すと同時に、家庭生活における事象や行動を自分自身の成長や、家族や社会とのつながりの中で捉えることが求められている。高等学校学習指導要領解説では、「小学校では家族の一員としての視点、中学校では自己の生活の自立を測る視点が重視されているが、高等学校では、社会との関わりの中で営まれる家庭生活や地域生活への関心を高め、生涯を見通して生活を創造する主体としての視点が重要になる」としている。よって、家庭科が目指すより良い生活は個人だけでは

表7-3　2008、2009年度改訂　学習指導要領における家庭科の目標

小学校学習指導要領	衣食住などに関する実践的・体験的な活動を通して、日常生活に必要な基礎的・基本的な知識及び技術を身につけるとともに、家庭生活を大切にする心情をはぐくみ、家族の一員として生活をより良くしようとする実践的な態度を育てる。
中学校学習指導要領	衣食住などに関する実践的・体験的な学習活動を通して、生活の自立に必要な基礎的・基本的な知識および技術を習得するとともに、家庭の機能について理解を深め、これからの生活を展望して、課題を持って生活をより良くしようとする能力と態度を育てる。
高等学校学習指導要領	人の一生と家族・家庭および福祉、衣食住、消費生活などに関する基礎的・基本的な知識と技術を習得させ、家庭や地域の生活課題を主体的に解決するとともに、生活の充実向上を図る能力と実践的な態度を育てる。

なく、地域・社会との共生、国際社会との共生を含む。個々人の家庭生活と、地域や生産地や廃棄に配慮した消費行動がもたらす影響との総合的な視点から、最良の意思決定を導くために必要な、多角的な目線や考え方の育成が求められる点に消費者教育との接点がうかがえる。

　また、私たちは消費者として市場に回る財・サービスを活用し、家庭生活を経営している。家庭科の学習内容として扱われる衣食住生活について、商品・サービスとしての生活財を扱う以上、消費者教育とは切り離せない。2008年度の改訂では、「D消費生活と環境」という領域が設けられているが、ほかに「A家族・家庭経営」、「B食生活」「C衣生活・住生活」との関連性を持って指導に当たるように明記されている。各学習内容の中で、消費者としての意思決定を扱うことができる。

　最後に指導方法に着目する。アクティブ・ラーニングの導入が現代の教育課題として扱われているが、家庭科では学習の成果が家庭生活へ発現することが最終の目的であることから体験的な活動とは切り離せない関係にある。1947年の学習指導要領試案の時点から、「問題の発見」「調査」「話し合い」「観察」「記録」「実習」が挙げられており、実験・実習を含む体験的活動を取り入れていることが前提であった。消費者教育においても、開発される教材としてロールプレイ、ボードゲーム、シミュレーションなどの模擬的な活動を取り入れたものも多く見られるようになった。映像教材においても「イ

ンターバル」や「クイズ」など、子どもの考えを促す場面が見られる。

(2) 社会科教育と消費者教育

続いて、社会科教育との関連性について示す。以降、小学校「社会科」、中学校「社会科」、高等学校「地理歴史科」「公民科」をまとめて「社会科」とする。

まず、2008年、2009年度に改訂された学習指導要領における各学年の教科の目標は次のとおりである（表7-4）。

社会科では、国家の成り立ちや歴史、国家あるいは国際社会に起こる事象の構造や仕組みなどを学び、社会認識を通して「公民的資質の基礎」を育成することを目標としている。この「公民」について、柿沼（1992、13頁）は、「戦後想定されたように民主主義において有効な一票を投ずることのできる民主国家形成の一員といった公民イメージよりも、一層広い意味を持つ公民が今日求められている」としている。国際社会において非政府組織（NGO）や個人といった「国家」とは異なる主体が機能する社会的事象が増えてきたことを挙げている。社会科によって育てることを目的とする資質は、その時代を鑑みて解釈される必要がある。そこで「公民的資質」とは何かを見てみると、「国際社会に生きる平和で民主的な国家・社会の形成者、すなわち市民・国民として行動する上で必要とされる資質」とされている。阿部（2012、15頁）は消費者市民への転換において、社会科・公民科に求められる対応を明らかにしている。その論の中で「公民」の概念が「国民生活における国民を形成すること（ナショナル・アイデンティティの確立）と市民社会における自立した個人である市民を形成するという異質とも言える意味を両方併せ持」っており、社会科の教科としての目標そのものがわかりづらくなっていることを指摘している。現在および将来の世代にわたって社会経済情勢や地球環境に及ぼしうることを自覚する消費者市民の資質は、民主的な国家・社会の形成者である自立した個人である市民としても必要な資質である。授業設計において個人の自己実現と共に、国民として、望ましい態度、行動を探究する能力の育成が目指される。

次いで、社会科が扱う教科の内容は種々の社会的事象やその仕組みである。

第7章 教科教育学　147

表7-4　2008、2009年度改訂　学習指導要領における社会科の目標

小学校学習指導要領	社会生活についての理解を図り、我が国の国土と歴史に対する理解と愛情を育て、国際社会に生きる平和で民主的な国家・社会の形成者として必要な公民的資質の基礎を養う。
中学校学習指導要領	広い視野に立って、社会に対する関心を高め、諸資料に基づいて多面的・多角的に考察し、我が国の国土と歴史に対する理解と愛情を深め、公民としての基礎的教養を培い、国際社会に生きる平和で民主的な国家・社会の形成者として必要な公民的資質の基礎を養う。
高等学校学習指導要領地理歴史科	我が国および世界の形成の歴史的過程と生活・文化の地域的特色についての理解と認識を深め、国際社会に主体的に生き平和で民主的な国・社会を形成する日本国民として必要な自覚と資質を養う。
高等学校学習指導要領公民科	広い視野に立って、現代の社会について主体的に考察させ、理解を深めさせるとともに、人間としてのあり方生き方についての自覚を育て、平和で民主的な国家・社会の有為な形成者として必要な公民としての資質を養う。

　具体的には産業の発展や人口問題、地理的環境や自然環境、政治や経済の動きや働き、国家の役割、法律や制度、社会保障の仕組み、世界平和などが挙げられる。家庭科では、これらの学習内容が、2008年の改訂で領域としてひとくくりにされたのに対し、地理・歴史・公民の分野に分散している。多角的な視点から消費生活、消費者問題を取り上げることができるため、消費者を取り巻いている社会全体の構造を、空間的、歴史的に把握しやすくなることも期待できる。また、主体的な消費者の態度形成や持続可能な社会の形成を目指す消費者としての社会参加の必要性と消費者の保護に関する内容が追加されている。国家や枠組みではなく、消費者個人の動きや役割に着目した学習内容が含まれた。柿沼（1992）は、当時の社会科の課題として「消費者の立場からの学習は弱かった」（18頁）とし、「学習指導の実際を見ると、消費者の意思決定には個人の価値やライフスタイルなどが絡むことから、唯一の正解が存在しないケースにしばしば直面することになる。一般にこの種の学習指導を苦手とする傾向が強い」（19頁）としている。この点、個人の価値やライフスタイルは家庭科が担う部分として捉えるならば、社会科では、消費者の権利が守られよりよく生きることができる国家基盤を整えるために、消費者個々人が担う役割は何かを問うことの方が有意義であると考える。そ

れがときには選挙であり、不買運動であり、ボイコットであるかもしれないが、その行動の意味を個人の生活からではなく、社会的に問い、最終的にはそこで導き出された行動が自分自身の生活に反映されることが望ましい。

最後に、指導方法に着目する。社会科は広い視野に立つこと、諸資料の分析、フィールドワークなど、問題解決型の学習を重視している。消費者教育においても、消費者行政や消費者問題の構造的仕組みと生活の関わりを学ぶうえで、ケースの分析や資料の整理・分析は効果的である。しかし、言語活動の重視も求められるようになり、指導方法も多様な手法が取り入れられはじめ、山本・田村（2010）は、中学校社会科の授業において、ケースストーリーやロールプレイングなどを取り入れた契約と法に関する指導を実践している。授業の成果として、生活と法との関わりを意識化させ、契約と社会の仕組みについての学びを深めることができていた。社会科の中で、社会の仕組みを学ぶ手立てとして、生活場面を活用した多様な指導手法の工夫と、その効果検証が求められている。

(3) 生活科と消費者教育

消費者教育と関連づけられる教科として「生活科」を取り上げる。「生活科」は1989年の改訂で設立された教科である。小学校1、2年生の発達の特性を鑑み、社会科・理科を廃止し、3年生における学習の素地を作るための教科として位置づけられた。身の回りの地域や自分自身の生活などの直接体験を重視した学習活動を重視している。これは低学年の理論や抽象概念から事象を理解するのではなく、体験があって初めて理解が進むという特性に基づいている。

教科の目標は以下のとおりである。

「具体的な活動や体験を通して、自分と身近な人々、社会及び自然との関わりに関心をもち、自分自身や自分の生活について考えさせるとともに、その過程において生活上必要な習慣や技能を身に付けさせ、自立への基礎を養う。」

まず、「自分自身や自分の生活について考える」ことは、自分自身の生活を主体的に営むための素地であり、消費者としての基本的な態度であると捉えられる。「自立への基礎」には「生活上必要な技能」を身につけることが必要であると示されているが、ここでの必要な技能とは、社会的なルールや公共施設の使い方、家庭生活における自分のこと、自分でできることを進んですること、安全に登下校ができることなどが挙げられている。人として社会化する最初の一歩を学ぶ場としても機能している。

学習内容には、地元の商店や商店街、公園や郵便局などの公共施設、地域の行事、計画的な買い物などが挙げられる。消費者教育で取り扱う内容とも関連している。地域探検や実際の買い物といった体験的活動、実践を伴う点も特徴的である。指導の方法としては実習や実践を重視する家庭科に近いが、知的体系を整理することが目的ではない。谷坂（1999）は、生活科開設当初から授業の「まとめ」の必要性と方法について議論が進められ、自分自身の感想や、活動で今後取り組みたいことなどを発表する程度にとどまっている点を指摘している。その要因として、「まとめ」を通して、児童が得られた知見を抽象的、客観的に整理することは発達段階的に難しいことが挙げられる。消費者としての社会的・客観的な位置づけよりも、社会的な仕組みや他者との関わり方を体験的に学び、自分自身の生活に興味を持たせるための教科として消費者教育に関連づけていきたい。

3—3 学校教育の見直しと消費者教育

2016年2月に公表された「教育課程企画特別部会論点整理」において、学校教育の根本を見直す方針が打ち出された。道徳の教科化、教科「公共」の設置など、教科学習の形態も大きな転換を迎えることが予想される。消費者教育と教科との関連について、消費者教育の教科化を取り上げてまとめとしたい。

宮坂（1989）は「消費者教育科」を設立する、すなわち消費者教育を教科化するうえで発生するであろう問題点として次の3点を挙げている。

第1に、教科は専門科学より導き出された理論や知識を教授するという性格を持っている。その理論、知識を示す「学問」という知的体系の不在とい

う問題がある。この点の解決には、まさに本書こそが知識体系を導く資料になるだろう。

　第2に、消費者教育を指導できる教師の不在である。現在においても指導者の育成は急務の課題である。教材の開発、研修の開発、教員支援の仕組みに関する研究が、学会誌や研究指定校の取り組みによって積み重ねられつつある。これらのデータを集約し、現状と課題を整理する必要がある。

　第3に、教科の安定性、先行諸教科の価値や存在意義に対して、割り込んでいくことが容易ではない点が挙げられる。先に述べたとおり、「生活科」「総合的な学習の時間」や教科の位置づけそのものも学習指導要領改訂と共に変化している。既存の教科を通しても消費者教育の重要性についても触れられており、消費者教育が生涯を通じて展開される人間教育であるという認識が広まれば、これからますます教育の需要が高まると予想される。

　上記の論からおよそ30年が経過し、学として、教科としての設立が難しいと言われた世の中から、知識体系の整備、実践環境の整備、学校教育に対する社会的な要請の変化を踏まえて、実現可能性も見えてきている。物理的な授業時間の捻出など、解決困難な課題も山積しているが、実際に教科としては設立されなくても、上記3つの問題点は学校消費者教育を普及させるためにも優先的に解決すべき課題である。消費者教育推進委員会が示した「学校における消費者教育の充実に向けて」では「学校全体として取り組み、各学年、各科目の取り組みを集約して校内で情報共有することができれば一層効果的で効率的な消費者教育が可能になる」と示されている。この情報共有が実現すれば、各教科が果たす役割や、教科の学習内容と家庭生活との関係性などが、学校の子どもや地域の特性に基づいて整理されることにもなる。石川（2014）は「消費者教育体系イメージマップ」を用い、小学校学習指導要領の教科あるいは教育活動の内容の関連性を整理している。マップ上に教科横断的な内容が示されている。今後はその内容の妥当性、実際に年間計画に援用していく際に要する工夫など、教育の現場に沿った調査と検証が求められる。

4 まとめ——学校教育から生涯教育へ

　本章では、研究領域としての消費者教育と教育実践としての消費者教育の接合部分として、教科学習に着目し、教科教育学との関わりについて述べてきた。学校教育での消費者教育の実践の場として教科学習があり、その学習指導要領の変遷や社会との関わりについて整理してきた。以上の論を踏まえて、2点を今後の消費者教育推進の課題として挙げ、本章のまとめとしたい。

　学習指導要領に示される教科学習の内容は、現代の生活環境や社会情勢から見える将来予測のもと、未来を生きる子どもたちのために検討、設定されてきたものである。ときには、子どもたちに求められる知識や素養は社会情勢に伴って変容するものであり、学習指導要領そのものが「時代遅れ」になることも懸念される。教科教育学の研究者は専門的知見から将来の課題を予測し、教科の役割、教科内容の妥当性、効果的な指導方法、効果的なカリキュラムの検討を進め、ときには専門的知見から、現代の子どもたちに必要なことは何かをその内容に対して意見を発信してきた。消費者教育においても、これからの消費者市民社会を担う子どもたちを育てるために、消費者教育の視点から現代における自立した消費者とはどのようなものか、これからの子どもたちに必要な素養を育成するために求められる効果的な手法、適切な内容を、広く社会に発信・提言していく必要がある。今後教科教育学の研究者や現場の教師と共に、学際的な視点から学校での授業実践の開発と検討を重ねることが必要であると考える。

　また、消費者教育は、「生涯教育」である。学校教育における教科学習がきっかけとなり、生涯学び続ける消費者の育成につながる仕組み作りが必要である。各種自治体や企業でも、その学びの場づくりが進められている。消費者教育ポータルサイトにおいても、教材と共に取り組みの事例も集約されている。企業や業界団体も体験活動の出前講座や工場見学など、大人になってから楽しめるプログラムを種々用意している。生涯教育に当たっては、これらの外部リソースを企業の研修に取り入れたり、地域の交流会で活用したりするような仕組み作りが求められる。消費者教育コーディネーターを中心に学校、地域の消費生活センター、地元の企業や、観光や福祉に関連する行

政担当などが連携し合い、地域全体、社会全体で消費者を涵養する仕組みが形成されていくことが望ましい。

　生涯にわたって学び続けた消費者が、いずれ消費者のリーダーとして行動を起こす、コーディネーターとして学校教育の現場と連携し、消費者教育を広めるという社会的機運につながることを期待したい。

【参考・引用文献】
阿部信太郎（2012）「社会科・公民科における消費者教育と市民性の形成」『消費者教育』第 32 冊、11-20 頁
舟橋斉（1995）「児童文化の今日的課題と問題点」星村平和監修・三上利秋編著『児童文化』保育出版社、4 章、33-36 頁
今井光映・中原秀樹（1994）『消費者教育論』有斐閣
石川芳恵（2014）「小学校における消費者教育推進のための方向性―小学校教員への実態調査の結果から」『消費者教育』第 34 冊、195-204 頁
岩本諭（2015）「脆弱な消費者―子どもと法的視座」日本消費者教育学会九州支部「30 年史」編集委員会編『九州における消費者教育 30 年の歩み』花書院、5-5、187-196 頁
神力甚一郎（1970）「教科教育学の課題と方法」『教科教育研究』3、1-11 頁
柿沼利昭（1992）「社会科と消費者教育」『埼玉大学紀要教育学部（人文・社会科学Ⅱ）』第 41 巻第 1 号、13-28 頁
経済企画庁国民生活局消費者行政第一課編（1989）『新しい消費者教育の推進をめざして』大蔵省印刷局
経済企画庁国民生活局消費者行政第一課編（1991）『消費者教育の実践に向けて』大蔵省印刷局
久保千恵子（2008）「情報産業社会の中で生きている子どもたちについての一考察―インターネット接続端末機を扱う子どもたち」『東北大学大学院教育学研究科研究年報』第 57 集第 1 号、25-48 頁
宮坂広作（1989）『消費者教育の創造』ウイ書房
文部省（1947）「学習指導要領家庭科編（試案）　第 4 章家庭科の学習指導方法」（https://www.nier.go.jp/guideline/s22ejh/chap4.htm）
文部科学省（2008）「小学校学習指導要領解説　家庭科」
文部科学省（2008）「中学校学習指導要領解説　技術・家庭科」
文部科学省（2008）「小学校学習指導要領解説　生活科」
文部科学省（2010）「高等学校学習指導要領解説　家庭編」
文部科学省（2010）「高等学校学習指導要領解説　地理歴史編」
文部科学省（2010）「小学校学習指導要領解説　社会編」
文部科学省（2014）「高等学校学習指導要領解説　公民編」
文部科学省（2014）「中学校学習指導要領解説　社会編」

武藤八恵子・松岡博厚・鶴田敦子（1992）『消費者教育を導入した家庭科の授業』家政教育社
内閣府（2015）「平成27年度　青少年のインターネット利用環境実態調査」（http://www8.cao.go.jp/youth/youth-harm/chousa/h27/net-jittai/pdf/2-1-1-1.pdf）
中西新太郎（1997）『子どもたちのサブカルチャー大研究』労働旬報社
中西新太郎（2008）『1995年―未了の問題』大月書店
一般社団法人日本ネットワークインフォメーションセンター（2016）「インターネット歴史年表」（https://www.nic.ad.jp/timeline/）
西本裕輝（2008）「子どもの生活とゲームの現状―いくつかのゲーム関連調査報告書を中心に」『児童心理』62（2）、88-94頁
西村隆男（2010）「新学習指導要領ハヤヨミ解説　消費生活をどう読みとるか」『高校家庭科情報誌ACCESS』Vol. 13-2、2-5頁
奥谷めぐみ（2014）「家庭科教師の学校消費者教育実践の現状と充実に向けた課題に関する研究」（http://ir.u-gakugei.ac.jp/bitstream/2309/137230/1/DK_2014_239_fulltext.pdf）
奥谷めぐみ・鈴木真由子（2011）「子どもをとりまく消費文化の変遷にみる生活課題」『大阪教育大学紀要第Ⅱ部門』第60巻第1号、23-34頁
奥谷めぐみ・鈴木真由子・大本久美子・吉井美奈子（2016）「日韓における小中高校生の消費文化接触状況および金銭・倫理意識との関連性」『福岡教育大学紀要第5分冊　芸術・保健体育・家政科編』65、129-140頁
篠原嘉一（2013）「特集1　大人が知らない子どものネット利用」『国民生活』12、1-4頁
消費者教育推進会議（2016）「学校における消費者教育の充実に向けて」（http://www.caa.go.jp/policies/council/cepc/other/pdf/school_education_text.pdf）
谷坂明代（1999）「小学校の生活科の現状と課題」『物理教育』47（5）、274-277頁
津田朗子・木村留美子・水野真希・喜多亜希子（2015）「小中学生のインターネット使用に関する実態調査―親の把握状況と親子間の認識の違い」『金沢大学つるま保健学会誌』39（1）、73-79頁
中央教育審議会教育課程部会（2016）「次期学習指導要領に向けたこれまでの審議のまとめ（案）」（http://www.mext.go.jp/b_menu/shingi/chukyo/chukyo3/kaisai/1375743.htm）
馬居政幸（2000）「生きる場への知的謙虚さを―変化流動する消費社会に育たざるを得ない子どもたち」『現代教育科学』43（5）、8-10頁
山本友和・田村徳至（2010）「中学校社会科における消費者教育の単元開発に関する実証的研究―「自立した消費者」を育成するための「契約」についての授業を中心に」『教育実践研究』第20集、1-10頁

第 8 章

環境教育／ESD

松葉口玲子

1　消費者教育と環境教育／ESD の相互補完性

1—1　消費者教育と環境教育／ESD の関係
（1）消費者教育における環境教育／ESD の位置づけ
　消費者教育はこれまで常に環境教育を意識してきたと言えるだろう。ESD（Education for Sustainable Development：持続可能な開発のための教育）概念が登場してからは、ESD についても同様である。2012 年に消費者教育推進法が消費者市民社会を打ち出したことによって、ますますその関係性は強まった。最新の『消費者教育 Q & A』（日本消費者教育学会編 2016）においても、環境教育（Q19）や ESD（Q20）との関わりについて、独立した項目が立てられている。
　消費者教育研究の古典とされるバニスターとモンスマによる『消費者教育における諸概念の分類』（Bannister and Monsma 1982）の中でも、すでに環境教育との接点を見出すことができる。「意思決定」「資源管理」「市民参加」という 3 つの柱のうち、「意思決定に影響を及ぼす影響」の外的影響として、経済システム・政治システム・社会システムと並んで、「生態学的影響」と技術的影響があげられ、「資源管理」の中の「資源保全」として、「限りある資源」「有効利用」「代替資源」があげられていた。それだけでなく、単なる「資源管理」のみに終始するのではなく、「市民参加」が 3 大概念に含まれていることの意味は大きく、消費者の意思決定が自然環境・生態学的環境にいかに影響を及ぼすかについての認識とともに、環境政策における市民としての消費者としての役割といった、環境教育の視点も包含されていたのである

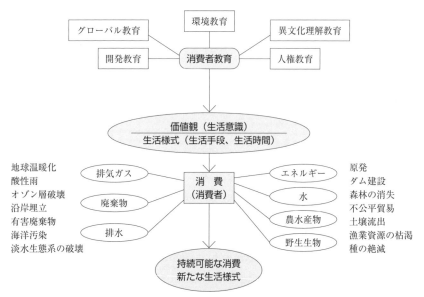

図8-1 「持続可能な消費」のための消費者教育の位置づけ
出所：松葉口（2000）226頁を一部修正。

（松葉口 2000; 2001）。また、松葉口（2000）は、消費者教育と環境問題との関係について図8-1のように示したほか、「諸概念の分類」についても、試案を提示した（松葉口 2003）。

（2）環境教育における消費者教育の位置づけ

環境教育における消費者教育の位置づけは、消費者教育における環境教育ほどではないものの、やはり意識されてきた。たとえば、1992年に文部省から初めて発行された『環境教育指導資料』においても、「環境教育は消費者教育の視点も併せもつものである」（文部省1992、8頁）と明記されていた。また、日本環境教育学会元会長による『環境教育学原論』（鈴木 2014）においても、環境教育を核とした関連教育の体系化（図8-2）の中で消費者教育が（下の方ではあるが）位置づけられ、その説明において、消費者教育推進法が環境教育との関わりの一端を示していることについて西村（2012）を紹介するとともに、消費者教育と環境教育の関係の深さについて論じた松葉口

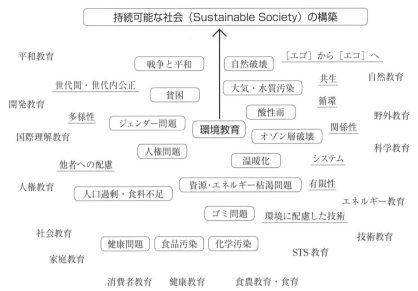

図 8-2 環境教育を核とした関連教育の体系化
注：☐で囲んだ言葉は環境問題、アンダーラインはキー・コンセプト。
出所：鈴木（2014）121頁。

(2002) と筆者の考えが結びつくと明言している。

このように、消費者教育も環境教育も互いに意識しながら、特に消費者教育推進法における消費者市民概念によって、ESD を含めた両者の結びつきは強まったと言える。

1―2 環境教育／ESD への接近の意義
(1) 国際的な枠組みを持つ環境教育／ESD

環境教育は、単なる自然環境の保護だけでなく、街並み保全などの社会的・文化的環境をも取り込みつつ、開発・人権・平和といった諸問題を包含する「持続可能な社会のための教育」としての性格を有してきた。2005年から開始した国連 ESD の10年を2002年のヨハネスブルグ・サミットにおいて当時の小泉首相が国連総会で提言した際から、その後の展開に至る今日まで、大きな役割を果たしている。

環境教育の歴史を概略すれば、1972年の国連人間環境会議（於：ストックホルム）で採択された人間環境宣言において、環境に関する教育の重要性が指摘されたところから始まる。その後1975年に、ユネスコと国連環境計画（UNEP）の合同チームである「国際環境教育計画」（IEEP）が環境教育の基準作りを行い、同年の国際環境教育ワークショップ（ベオグラード会議）、1977年の環境教育政府間会議（トビリシ会議）の開催など、国際会議の舞台を通じて、その枠組み作りや合意形成がはかられた。その成果は、「ベオグラード憲章」、「トビリシ宣言」、「トビリシ勧告」として公表されている。日本では、1980年代末から1990年代はじめにかけて環境庁や文部省が環境教育の定義や目的などを作成しているが、主としてベオグラード憲章に準じたものとなっている。

さらに、1997年のテサロニキ宣言では、「環境教育は、環境と持続可能性のための教育といってかまわない」と明記され、環境のみならず、貧困、人口、健康、民主主義、人権（ジェンダーを含む）、平和などを包含する「持続可能性」の概念と明確に結びついた。つまり、ある意味、国政的に制度化された教育と言えるのである。

(2) 日本における環境教育／ESD

日本における環境教育は1960年代の公害教育と自然保護教育に端を発し、1970年代中頃から環境教育の取り組みが活発化した。この公害教育の歴史を有することは日本の独自性とも言われている。その後、1992年に既述の『環境教育指導資料』が発行され、1993年には、環境教育基本法に環境教育の推進が明記され、1999年には中央環境審議会が主要な環境政策の1つとして位置づけた。2003年に環境教育推進法（環境の保全のための意欲の増進及び環境教育の推進に関する法律）が制定されたのち、2012年にそれを改正した環境教育促進法（環境教育等による環境保全の取組の促進に関する法律）が施行されるなど、国策の一部としての基盤が構築されてきた。

国連ESDの10年は、2002年のヨハネスブルグ・サミットに向けて環境教育や開発教育の関係者らが結成した提言フォーラムが日本政府との共同提言によってスタートした点で画期的なものである。

消費者教育と環境教育の共通点は多く、特に、日本における環境教育の前史としての公害教育も含めて、高度経済成長期に発生した問題への対応としてその必要性が認識されたことや、「教科」ではないもののここ数年、教育推進のための法律が制定されたことは注目に値する。それゆえ両者への目配りが重要なのである。

2 「持続可能な消費」に向けた教育

2―1 「持続可能な消費」への機運の高まり
(1) 国際的動向

　消費者教育と環境教育／ESD が重なるキーワードとして最も重要となるのは、「持続可能な消費」である。この「持続可能な消費」の必要性については、国際社会ではすでに 20 年以上も前から（1980 年代に「持続可能な開発」という用語が登場した頃から）認識されていた。決定的なのは、1992 年の国連環境開発会議（通称：地球サミット）で採択された行動綱領「アジェンダ 21」の第 4 章が「消費形態の変更」だったことである。そこで最も強調された点は、第一に、先進国における持続不可能な形の消費と生産が、貧困と環境破壊を悪化させていること、第二に、この現状の変革には、消費の役割を認識するとともに、持続可能な消費形態を創出する必要があること、であった。その翌年には、CI（国際消費者機構）が「持続可能な消費形態への転換」という政策文書を発表している。その後 2002 年のヨハネスブルグ・サミットにおいて日本政府が NGO と共同提言を行って 2005 年から開始した「国連 ESD（持続可能な開発のための教育：持続発展教育）の 10 年」でも、「持続可能な消費」は重要なテーマの 1 つであった。ESD の項目として、生物多様性、気候変動、先住民の智慧、ジェンダー平等など、12 項目あるうちの 1 つが「持続可能なライフスタイル」であり、その中で消費者教育の重要性も明記されていたのである。さらに、2015 年に採択された「持続可能な開発目標」(SDGs) では、17 ある目標のうち 12 に「持続可能な生産と消費」が位置づけられ、ますますその重要性が増している。

　こうした「持続可能な消費」に関する国際的動向を概観したものが表 8‐1

表8-1 主要会議・出版物の流れ

1992 年	国連環境開発会議（地球サミット）で「アジェンダ21」採択（第4章「消費形態の変更」）
1993 年	国際消費者機構（IOCU：現在はCI）が政策文書「持続可能な消費への転換」を発表
1994 年	ANPEDが「持続可能な消費と生産形態」を発表（日本の生活クラブ生協の事例紹介あり）
1995 年	持続可能な生産と消費に関するオスロ円卓会議開催
1997 年	OECDが『持続可能な消費と生産』出版 CI第15回世界会議「21世紀にむけての消費者のエンパワーリング：市民社会における消費者」で持続可能な消費や消費者教育についてのセッション
1998 年	OECD「持続可能な消費のための教育と学習に関するワークショップ」開催 UNDP（国連開発計画）『人間開発報告書――消費パターンと人間開発』出版 TOES会議のテーマが「持続可能な消費」
1999 年	国連消費者保護ガイドラインに新項目「持続可能な消費生活の促進」を追加 UNESCOとUNEP（国連環境計画）が「青年と持続可能な消費」プロジェクトを開始
2000 年	UNESCOとUNEPがエキスパート・ワークショップ開催後、"Youth X Change"を作成
2001 年	UNESCO *Teaching and Learning for a Sustainable Future*（阿部治・野田研一・鳥越玖美子監訳（2005）『持続可能な未来のための学習』立教大学出版会）発表（25あるモジュールのうちの1つが消費者教育） OECD「持続可能な消費のための情報と消費者意思決定」エキスパート・ワークショップ開催
2002 年	持続可能な開発に関する世界首脳会議（WSSD：ヨハネスブルグ・サミット）で日本政府がESDをNGOと共同提言し、国連総会で可決
2003 年	マラケシュプロセス「持続可能な消費と生産に関する10年枠組み」
2005 年	国連ESDの10年スタート
2006 年	持続可能な消費のための教育に関するマラケシュ・タスクフォースが第14回国連持続可能な開発委員会（CSD14）から発足
2008 年	OECD消費者政策委員会合同消費者教育会議　持続可能な消費とデジタル能力がテーマ OECD「持続可能な消費の促進――OECD諸国における優良実践」発表 UNEPのマラケシュ・タスクフォースが持続可能な消費のための教育ガイドライン "Here and Now!" 作成
2009 年	OECD *Promoting Consumer Education: TRENDS, POLICES AND GOOD PRACTICES* 出版 ESD中間年世界会議（於：ボン）　ワークショップの1つがCCNのトーレセン氏とUNEP主催の「持続可能なライフスタイルと責任ある消費の促進」 IGES（公益財団法人地球環境戦略研究機関）が、中国、日本、韓国における持続可能な消費のための教育政策に関するワークショップを北京師範大学で開催
2012 年	国連持続可能な開発会議（リオ+20）において「持続可能な消費と生産の10年枠組み」を確認
2015 年	国連持続可能な開発サミットにおいて「アジェンダ2030」採択 SDGs（持続可能な開発目標）の17ある目標のうち12が「持続可能な消費生産形態の確保」

である。

　筆者は、2000年のUNESCOエキスパート・ワークショップへの参加者間のメーリング・リストにメンバーとして加えていただいたが、*Youth X Change* が出来上がるまでに非常に熱いやりとりがあったことを記憶している。また、2009年3月末〜4月初旬にボンで開催されたESD中間年世界会議では、当時はCCN[1]（現在はPERL）の代表であったトーレセン氏とUNEPが共同で実施した「持続可能なライフスタイルと責任ある消費の促進」ワークショップにも参加したが、後述の *Here and Now!* やマラケシュ・タスクフォースをかなり意識したものであった。

(2) 環境教育と北欧によるリード

　「持続可能な消費」に関する機運の高まりを見ていくと、注目すべき点が2点ある。第一に、環境問題や環境教育に関わる議論の中でその必要性が認識された点である。国連環境開発会議をはじめとする国連や、北欧を中心とするNGOなどによってその必要性が認識されるとともに用語も定着していく過程において、OECDも環境教育について議論する中でその必要性を認識していった。つまり、当初は環境教育に関する議論の中で取り上げられながら、その必要性が認識されはじめ、国連、OECD、CCN（現在はPERL）などが協力しあって、着実に形にしてきたのである。

　第二に、国際社会の中での議論をリードしてきたのが北欧であった点である。今日重要な位置を占めるオスロ円卓会議、それが開催される以前にすでに積極的に関わっていたANPEDのようなNGO、さらに今日では国連やOECDへも大きな影響力を与えているPERL（前史であるCCN）は、いずれも北欧が中心となっている点で興味深い。もともと *Our Common Future*（邦題『地球の未来を守るために』、通称：ブルントラント報告書）で「持続可能な開発」の理念を広めたブルントラント委員会のブルントラント氏やPERL代

---

[1] CCN（Consumer Citizenship Network）は2003〜2009年まで、32カ国、137の大学、研究機関、国際機関をメンバーとして活動を展開し、消費者市民教育に関するさまざまな文献やガイドライン、教室で使える教材を開発してきたが、その後、PERL（Partnership for Education and Research about Responsible Living）へと引き継がれた。

表トーレセン氏がノルウェーの女性である点でも共通している。これらの関連性については今後解明する余地があるだろう。

2―2 「持続可能な消費」に向けた「教育」へ
(1)「持続可能な消費」のための教育ガイドラインと ESD

「持続可能な消費」のための教育ガイドラインとしては、UNEP が 2008 年に作成した *Here and Now!* がある。そこでは、「持続可能な消費のための教育は、環境教育と消費者教育にその起源を持つ」と明記され、以下のような具体的な提言をしている。

① 教育機関の日常の組織運営に、持続可能な開発の優先事項を反映させる
② 既定のカリキュラムに、持続可能な消費のための教育に関するテーマ、トピック、学習時間、授業、単位を加える
③ 持続可能な消費のための教育に関連する研究を推奨する
④ 研究者、講師、教師育成の指導者、その他のステークホルダーの相互的なつながりを強化する
⑤ 持続可能な消費のための教育に向けた総合的アプローチを構築するため、多様な学問分野の専門家間の協力を促進する
⑥ 将来を見据えたグローバルで建設的な視点を強化するような授業や教師の養成を促す
⑦ 持続可能な消費のための教育に関する創造的・批判的・革新的な考え方を表彰する
⑧ 持続可能な消費のための教育を行う際、各土地固有の知識を尊重し、オルタナティブなライフスタイルも認めることができるようにする
⑨ 持続可能な消費のための教育の一環として、世代間学習を促進する
⑩ 社会活動やコミュニティーサービスを通して、理論的な学習を実際社会に応用する機会を提供する

また、2009 年に開催された ESD 中間年世界会議でのボン宣言では、「持

続可能な消費に向けた教育こそが持続可能な開発のための教育のテーマであり、責任ある行動をとれる市民と消費者を育成するために欠かせないものである。経済的社会的正義に基づいたライフスタイル、食品の安全性、生態系統合、持続可能な生活、すべての命への敬意、社会統合と民主主義そして集団行動を育成する価値観、がその教育内容である」と明言された。

(2) ESD 以前の環境教育における「持続可能な消費」のための教育

ESD の登場以前からも、「持続可能な消費」のための教育については、環境教育の文脈の中で注目されてきた。たとえばOECDでは、1998年9月に「持続可能な消費のための教育と学習に関するワークショップ」が開催されているが、1995年の「持続可能な生産と消費に関するオスロ円卓会議」、1997年に OECD が発行した『持続可能な消費と生産』、環境教育の重要会議であるテサロニキ会議などを踏まえたうえで、学校教育における教材として、ユネスコの教材開発にも関わっている環境教育研究者であるフィエン (John Fien) の *Eco Consumer* やハックル (John Huckle) の *What We Consume* などを紹介しているほか、地域学習プログラムの事例として、日本の生活クラブ生協やグリーン購入ネットワークを紹介している (OECD 1998; 松葉口 2001)。上記フィエンが作成した UNESCO の『持続可能な未来のための学習』(UNESCO 2002) にも「消費者教育」が1章分扱われている。しかもそこでは、世界の富の不平等さを示すことで有名なシャンパン・グラスの図が援用されている。UNESCO-UNEP が開発した *Youth X Change* や、人間開発と消費の課題を関わらせた 1995 年の UNDP『人間開発報告書』などでも、消費者教育の重要性が示唆されている。

このように、「持続可能な社会」に向けて、ESD や消費者市民という用語が広がる以前から、消費者教育は大きな役割を果たすことが国際的な環境教育の文脈の中で期待されてきたのである。

3 国際的な教育改革の動向との関係

3—1 教育のグローバル・スタンダード化
(1) OECD のキー・コンピテンシーと PISA リテラシー

　「教育」について語る際、グローバル化、知識基盤社会と呼ばれる近年、大きな影響力を持つ OECD の PISA 調査について言及せねばなるまい。日本の教育界では 2004 年 12 月に公表された PISA2003 の結果が大きな波紋を広げることとなった。数学的リテラシー、科学的リテラシーは最上位の国々と統計上有意差がなかったが、読解リテラシーの平均点は OECD 平均程度で、順位も 2000 年調査の 8 位から 14 位に下がった。その後、「PISA 型学力」といった形で初等・中等教育の現場に浸透し、2007 年から文部科学省の「全国学力・学習状況調査」が実施され、その結果が出るたびにマスコミに注目されてきたのである。

　しかし、もともとこの PISA (Programme for International Student Assesment: 学習到達度調査) リテラシーは、OECD (Organization for Economic Co-operation and Development：経済協力開発機構) が 1997 年から実施してきた DeSeCo (Definition and Selection of Competencies) プロジェクトで提唱されたキー・コンピテンシーの中の「道具を相互作用的に用いる」能力の一部を測定可能にしたものである。この「道具」には、言語・シンボル・テクスト、知識・情報、テクノロジーなどが含まれており、これらを使って対象世界と対話する能力が PISA の読解リテラシー、数学的リテラシー、科学的リテラシーである。本来ならば他のキー・コンピテンシーと相互関連性を持つものであるにもかかわらず、少なくとも日本では、他のキー・コンピテンシーとは切り離され、「PISA 型学力」「活用力」といった形で初等・中等教育の現場に浸透し、指標化された一部だけが注目されている点には注意が必要である。

　上記 OECD のキー・コンピテンシーは、「個人の人生の成功（クオリティ・オブ・ライフ）」と「うまく機能する社会」を意識したものであるが、こうしたコンピテンシーの育成を目標とするナショナルカリキュラムや教育スタンダードの策定が 1990 年代末から 2000 年代にかけて世界的潮流となっており、たとえば、「21 世紀型スキル」（米国）、「汎用的能力」（豪州）、

「キースキル」(英国) など、さまざまな名称が使われている。

　知識だけではなく、スキル、さらに態度を含んだ人間の全体的な資質・能力へ、そして、「何を知っているのか」から「何ができるのか」、実生活・実社会における知識の活用へ、というのが世界の教育界のトレンドと言えるだろう。こうした動向に対しては、後述するネル・ノディングズをはじめとする教育学者からの反対署名運動などもある中で、消費者教育がそれをどのように受け止めるかについての論議の深まりが求められる。

(2) 日本における「生きる力」と「確かな学力」、「21世紀型能力」

　上記のような国際的なトレンドの中で、日本の動向はどうだろうか。

　文部科学省は、総合的な学習の時間を創設した2003 (平成15) 年学習指導要領において、変化の激しいこれからの社会を生きる子どもたちにとって必要な「生きる力」を支えるものとしての「知・徳・体のバランス」の重要性を指摘した。すなわち「確かな学力」(知識・技能に加え、学ぶ意欲や、自分で課題を見つけ、自ら学び、主体的に判断し、行動し、よりよく問題を解決する資質や能力など)、「豊かな人間性」(自らを律しつつ、他人とともに協調し、他人を思いやる心や感動する心などの豊かな人間性)、「健康・体力」(たくましく生きるための健康や体力) のバランスである。

　そして、日本の子どもたちの学力は、国際的に見て成績は上位にあるものの、①判断力や表現力が十分に身に付いていないこと、②勉強が好きだと思う子どもが少ないなど、学習意欲が必ずしも高くないこと、③学校の授業以外の学習意欲が必ずしも高くないことなど、学習習慣が十分身に付いていないことなどの点で課題が指摘されているほか、学力に関連して、自然体験・生活体験など子どもたちの学びを支える体験が不足し、人やものと関わる力が低下しているなどの課題を明示した。

　その後2007 (平成19) 年6月には「学校教育法」の一部が改正され、①基礎的な知識及び技能の習得、②これらを活用して課題を解決するために必要な思考力、判断力、表現力その他の能力、③主体的に学習に取り組む態度、といった3つの学力が示されていた。

　「総合的な学習の時間」自体は、その後、「ゆとり教育」批判にさらされる

表8-2 「持続可能な社会づくり」の構成概念（例）とESDで重視する能力・態度（例）とキー・コンピテンシーとの関係

キー・コンピテンシー	相互作用的に道具を用いる			異質な集団で交流する		自律的に活動する	
ESDで重視する能力・態度　　　　　　　　　　　　　「持続可能な社会づくり」の構成概念	批判的に考える力	未来像を予測して計画を立てる力	多面的、総合的に考える力	コミュニケーションを行う力	他者と協力する態度	つながりを重視する態度	進んで参加する態度
人を取り巻く環境（自然・文化・社会・経済等） 多様性							
相互性							
有限性							
人（集団・地域・社会・国）の意思や行動 公平性							
連携性							
責任性							

注：国立教育政策研究所（2012）を参考に筆者作成。

ことになったが、近年では全国学力調査の結果、総合的な学習の時間における探究活動を積極的に行った学校の平均正答率が高いといった結果が出ている。また、日本のPISA調査結果も良好になった理由として、総合的な学習の時間と教科学習とのクロスカリキュラムにOECD本部が着目するなど、むしろ近年では総合的な学習の時間への着目が復活する動きが出てきている点は注目に値する。

3―2 「持続可能な消費」との関わり
(1) ESDとの関わり

こうした動向と関連して、ESDについても、国立教育政策研究所教育課程研究センターが『学校における持続可能な発展のための教育（ESD）に関する研究最終報告書』（2012年）を発表した。そこでは、①「持続可能な社会づくり」の構成概念（①）と、ESDで重視する能力・態度（②）について整理した後、先述のキー・コンピテンシー（③）と関連づけて、具体的な授業実践までもが紹介されている。ちなみに、上記①～③の内容を筆者なりにマトリックスにまとめたものが表8-2である。

たとえばフェアトレードの場合、一般的には「公平性」にあたり、ともすればフェアトレード＝良きものと判断されがちな風潮があるが、「批判的思考」を導入してみれば、フェアトレードが必ずしも公平ではないという批判にも目を向けた多面的な思考につなぐことができる（松葉口・マニタ 2013）。

(2) 消費者教育と「21 世紀型能力」

その後、国立教育政策研究所教育課程研究センターは、2013（平成 25）年3月に、『社会の変化に対応する資質や能力を育成する教育課程編成の基本原理』（国立教育政策研究所プロジェクト研究（平成 21 ～ 25 年度））の中で、「21 世紀型能力」について提起した。

同プロジェクトは、先に示した諸外国における能力論を吟味検討したうえで示されたものであるが、下記のように、消費生活のあり方の工夫などについて例示していることは、消費者教育との関連として重要である。

> 知識基盤社会において求められるリテラシーは、「読み書き、算」といった基礎的な知識・技能を身につければよいといったものではない。商品の説明書や地図などのさまざまなテキストを読んだり、保険契約書などの数字やグラフを理解したり、コンピュータで検索して情報を収集したり、放射線に関する正しい理解や地球温暖化、省エネルギーなどの環境問題に配慮した生活の在り方を工夫するなど、仕事、家庭、地域などの日常生活のなかで、非常に高度なリテラシーが必要とされるようになってきている（国立教育政策研究所 2013、87 頁）。

「21 世紀型能力」は、命と自然とを大切にし、他者と協働して持続可能な未来を創造する主体的な子どもを共有価値として、「基礎力」（言語スキル、数量スキル、情報スキル）「思考力」（問題解決力・発見力・想像力、論理的・批判的思考力、メタ認知、適応的学習力）「実践力」（自律的活動力・人間関係形成力・社会参画力、持続可能な未来づくりへの責任）から構成されている。これらはそれぞれ独立しているのではなく、相互に関連し合ったホリスティックなものであり、消費者教育はこれらすべてに関わるものである。たとえば、「広告や表示」は「基礎力」のうちの情報スキルに関わるものであるし、「金

利の計算」は数量スキルに、また「苦情の表明」などは言語スキルに直接的に関わるものと言える。また、現代社会における消費者問題を発見して問題解決をはかる際には、理論的・批判的に、「基礎力」を駆使した「思考力」に基づく「実践力」が求められる。

そのような力を付けるためにもアクティブ・ラーニングへの注目が集まる今日であるが、消費者教育も環境教育も、従来からアクティブ・ラーニングが主流であったことも重要である。

4 今後の課題

4―1 ジェンダー視点の必要性
(1) ジェンダー視点導入の意義

ジェンダー研究の進展に伴って、多くの学問分野でジェンダー視点による考察が試みられてきた。しかし、消費者教育においてのそれはほとんど皆無であった。一方、環境教育では、海外での言説が他学問同様に「西欧白人」「男性」中心主義である旨の指摘など、徐々に進展が見られる。日本学術会議（2006）は、ジェンダー視点に立つ研究は、既存の学問領域に新しい視角をもたらし、「人間のための学術」に大きく貢献してきたことを明らかにする一方、「ジェンダー視点による学術の再構築」は、人文・社会科学のいくつかの学問においてはある程度達成されたが、少なからぬ学問分野においては、不十分であるか、全く手つかずの状態である、と指摘しているが、消費者教育はまさにそれにあてはまると言えよう。

(2) メルクマールとしての高度経済成長期と教育

日本社会をジェンダー視点で読み解くと、消費者問題や公害が問題化した1960年代の高度経済成長期は、とりわけ大きな分岐点であったと言える。工業化の進展とともに、農村社会から都市郊外へ大量の人口移動があり、核家族化の進展とともに「夫が外でモーレツ社員として働き、妻が家を守る体制」、すなわち専業主婦が定着した時代と言われている。そして、高度経済成長の歪みとして、公害問題や消費者問題が発生したことによって、それま

での「教科」以外に新たな教育の必要性が認識された。公害教育・環境教育と消費者教育である。しかし、公害教育・環境教育に関わる者は男性が多いのに対し、消費者教育に関わる者は圧倒的に女性が多い。このことは、生産の男性性、消費の女性性を象徴する現象と言えるのではないだろうか。現在、四谷駅前に立派な建物を持つ主婦連合会は消費者運動の代名詞とも言える存在であり、そうした運動の成果があって初めて今日のような安心安全な生活が実現できてもいるのだが、「主婦」という言葉が象徴するように、性別役割に規定された側面のあることは否定できない。

高度経済成長期は、高校家庭科の女子のみ必修が象徴するように、性別役割分業固定化の時代でもあった。その中で、消費者問題は消費者教育、公害はのちに環境問題とともに環境教育の必要性を社会に認識させ、今日ではともに推進法(促進法)の施行までに至っている点で、両者は非常によく似た歴史をたどっている。消費者問題の歴史として公害問題も含んで捉えられる傾向にあり(たとえば国民生活センター編1997)、両者はいわば高度経済成長期に登場した生活問題として双子の関係にあるとも言える。

したがって、消費者教育と環境教育の両者に目配りすることによって、消費者＝消費者問題＝消費者教育＝女(たとえば主婦連合会や家庭科女子のみ必修)、生産＝公害問題＝公害教育＝男、という、高度経済成長期における負の側面に対応した教育のジェンダー・セグリゲーションを見ることが可能となるのである(松葉口2015)。

このように見ると、日本における高度経済成長を支えた大きな存在として、「消費者」の育成、すなわち消費者教育があり、それは女性の新たな役割として課せられたものだったと言うこともできる。消費者教育と環境教育の視点を導入すると、「サラリーマンとして働く夫と専業主婦として家を守る妻」をワンセットとした「核家族化」だけでなく、それに伴う「消費社会化」すなわち、「生産男と消費女」による大量生産・大量消費の時代が高度経済成長を実現した、と言うこともできるのである。女性たちは「消費者」として創出されたのである。たとえば、女性が担っていた裁縫は、アメリカの会社による信用(クレジット)販売や啓発活動の普及とともに、ミシンに変わっていった[2]。また、「三種の神器」をはじめとして次々と新たな商品が登場

する中、「賢い消費者」になるための教育や貯蓄増強の必要性が政府主導によって説かれたが、そうした教育の対象とされていたのは主婦としての女性であった。テレビの登場はマス・コミュニケーションによってさまざまな商品を日本全国に広めることを可能とし、豊かさを象徴する消費者としての専業主婦像が高度経済成長期に定着したのである。

公害とそれを克服した経験は、今日高度経済成長を遂げつつある国々にとって参考になっていると言われているが、消費者運動も含めて「運動」の担い手の多くが主婦を中心とした女性たちによる運動であったことにはあまり注意が払われていない。経済成長優先の時代に生じた負の側面への抵抗運動が主婦を中心したものであったことにより、問題が軽視される危険性が内包されていたという可能性もある。高度経済成長期には、性別役割分業が社会全体に浸透していたことに、もっと留意した考察が今後必要であろう。

4―2 「もう1つの教育」としての新たな地平に向けて
(1)「ケア」への着目

既述のような教育のグローバル・スタンダード化が進行する中で、あらためて注目されているのがケアリング理論である。学校教育における「ケア」の重要性について包括的に論じているのはネル・ノディングズであり（ノディングズ2007）、学校の第一の任務は子どもたちをケアすることであり、能力獲得の学力だけに力点を置かず、ケアリングに向けても教育していくことの必要性を提起している。

ノディングズのケアリング論の最大の特徴は、ケアリングの本質を、ケアする者の一方的な行為としてではなく、ケアする者とケアされる者との間に生成する関係性に見出した点である。そして、『学校におけるケアの挑戦』において、ケアリングを基盤にした学校教育の再編について、2つの提起をしている。すなわち、第一に、ケアリングを中心にしたカリキュラム編成の構想、第二に、子どもがケアする者として成長するうえでの教師の役割であ

---

(2) たとえばゴードン(2013)は、シンガー・ミシンという1つのモノを通して、「良妻賢母のマーケティング」や「女教師」について浮き彫りにしている。

る。

　上記カリキュラムについては、これまでの教科がその学問分野のディシプリンに基づくものであったのに対し、独自の6つの領域すなわち「自己のケアリング」「内輪（身近な仲間）へのケアリング」「見知らぬ人や遠く離れた他者へのケアリング」「動物、植物、地球へのケアリング」「人間によって作られた（人工の）世界へのケアリング」「理念へのケアリング」を構想している。つまり、先述の日本における「21世紀型能力」の中で「ケア」に直接的に関わるものとしては、「人間関係形成力」が該当すると思われるが、ノディングズは「人間」だけを対象とするのではなく、「動物、植物、地球」や「人間によって作られた（人工の）世界」といった、より広い事象を対象としている。そして、「能力」を「評価」するだけでなく、関係性の中の「承認」を重視しているのが特徴であり、環境教育における"with"の考え方と通底していると言える。

　「ケア」論で著名な書物としてはキャロル・ギリガンの『もう一つの声』がある（ギリガン 1986）。従来の発達心理学において成熟の指標として重視されてきた「自立性の獲得」「権利主張能力」「正義の判断能力」などは男性中心の発想のバイアスがかかっており、他者への配慮（ケア）などの資質もまた重要な成熟の指標たりうるにもかかわらず従来見落とされてきたのは、それが女性と結びつけられていたからであると提起したものである。それに照らせば、「もう1つの教育」としての「ケア」が浮かび上がってくる。

(2) 消費者教育の新たな地平に向けて

　消費者教育の場合、「消費者市民」という言葉の広まり方に見られるように、これまで行政に従う形（トップダウン型）の研究が多かったのに対し、環境教育では研究の活性化への志向性が見られるように思われる（松葉口 2016b）。たとえば宮本（1989）が『環境経済学』の中で、公害教育や環境教育の重要性を明らかにしているほか、国連環境開発会議より前に、日本環境教育学会誌（宮本 1991）でも「持続可能な発展と環境教育」と題した講演記録が掲載されている。こうした社会に対する「問い」や「実践」への向き合い方が、他学問との交流や自らの学問領域の深化を実現するのかもしれない。

【参考・引用文献】

Bannster, R. and C. Monsma(1982)*Classification of Concepts in Consumer Education,* South-Western Publishing

ギリガン，キャロル著、岩男寿美子訳（1986）『もうひとつの声―男女の道徳観のちがいと女性のアイデンティティ』川島書店

ゴードン，アンドルー著、大島かおり訳（2013）『ミシンと日本の近代―消費者の創出』みすず書房

国民生活センター編（1997）『戦後消費者運動史』国民生活センター

国立教育政策研究所（2012）『学校における持続可能な発展のための教育（ESD）に関する研究最終報告書』

国立教育政策研究所（2013）『社会の変化に対応する資質や能力を育成する教育課程編成の基本原理』

松葉口玲子（1997）「持続可能な社会にむけての消費者教育に関する一考察」『消費者教育』第17冊、37-48頁

松葉口玲子（1999）「「持続可能な消費」のための消費者教育に関する一考察」『消費者教育』第19冊、33-44頁

松葉口玲子（2000）『持続可能な社会のための消費者教育―環境・消費・ジェンダー』近代文芸社

松葉口玲子（2001）「持続可能な消費のための教育―消費者教育と環境教育の連接カリキュラム開発に関する一考察」『消費者教育』第21冊、31-40頁

松葉口玲子（2002）「消費者教育の動向と展開」川嶋宗継ほか編著『環境教育への招待』ミネルヴァ書房、177-183頁

松葉口玲子（2003）「「持続可能な消費」にむけた『消費者教育における諸概念の分類』試案」『消費者教育』第23冊、85-93頁

松葉口玲子（2007）「地域通貨によるコミュニティ再生―潜在能力（ケイパビリティ）に着目して」『消費者教育』第27冊、13-20頁

松葉口玲子・シュレスタ・マニタ（2013）「ESD（持続可能な開発のための教育）としてのESC（持続可能な消費のための教育）に関する一考察」『消費者教育』第33冊、41-48頁

松葉口玲子（2015）「公害教育へのジェンダー・アプローチの試み―高度経済成長期におけるジェンダー・セグリゲーション」『環境教育』59号、24-35頁

松葉口玲子（2016a）「グローバル・スタンダード時代における学力／能力―ケアリングとジェンダーの視点から」諏訪哲郎監修『持続可能な未来のための教職論』学文社、4章、78-96頁

松葉口玲子（2016b）「〈新しい能力〉と「消費者市民」時代における消費者教育再考―環境教育／ESDの動向を射程に入れて」『消費者教育』第36冊、13-21頁

松葉口玲子（2016c）「日本の『教育』を支えるジェンダー構造」『開発教育』63号、30-37頁

宮本憲一（1989）『環境経済学』岩波書店

宮本憲一（1991）「持続可能な発展と環境教育」『環境教育』1 (2)、2-10頁

文部省（1992）『環境教育指導資料（小学校編）（中学校・高等学校編）』大蔵省印刷局

日本学術会議（2006）「提言：ジェンダー視点が拓く学術と社会の未来」日本学術会議：学術とジェンダー委員会
日本消費者教育学会編（2016）『消費者教育 Q & A―消費者市民へのガイダンス』中部日本教育文化会
西村隆男（2012）「消費者教育推進法の意義」『消費者法ニュース』第93号、5-7頁
ノディングズ，ネル著、佐藤学監訳（2007）『学校におけるケアの挑戦―もう一つの教育を求めて』ゆみる出版
OECD (1998) *Workshop on Education and Learning for Sustainable Consumption*, OECD Environmental Directorate, OECD Centre for Educational Research and Innovation
ライチェン，ドミニク S. & ローラ H. サルガニク（2006）『キー・コンピテンシー――国際標準の学力をめざして』明石書店
鈴木善次（2014）『環境教育学原論』東京大学出版会
UNESCO (2002) *Teaching and Learning for Sustainable Future*（阿部治他監訳（2005）『持続可能な未来のための学習』立教大学出版会）

第9章

経済教育

阿部信太郎

1 消費者教育と経済教育の関係

　消費者教育と経済教育は、それぞれ異なった独自性を持っているが、同時に目標や内容に共通するところが多く、互いに補完しあう密接な関係にある。

　小中高等学校における経済教育は、主に社会科・公民科教育の一環として行われている。社会科・公民科教育は、児童・生徒の社会認識の育成を通して公民的資質・能力の基礎（小中学校社会科）あるいは公民としての資質・能力（高等学校公民科）を養うことを目標としている。したがって経済教育も同様に、経済認識の育成を通して公民的資質の基礎、公民としての資質を養うことが究極の目標である。つまり、経済教育は、公民・市民（以下、略して市民とする）[1]にとって必要な経済リテラシーを身に付けるための教育であり、そのことを通して責任ある選択ができる市民を育成することが経済教育の目標である。こうした目標において経済教育は、消費者市民の育成を目標とする消費者教育と共通するところがあるのである。

　次に両者の内容においても、共通する事項、関連する事項が多い。そのイメージを示したのが図9-1である。ただし、消費者教育には経済教育では扱わない内容も含まれていて（その逆もある）、その点において、両者は異

---

[1] 「公民」は、「国際社会に生きる平和で民主的な国家・社会の形成者、すなわち市民・国民」（小学校学習指導要領解説社会編、文部科学省2008年）とされ、市民と国民の両方を含んだ概念であるが、本章では、消費者市民に合わせて、経済教育の目標を「市民の育成」とする。公民と市民の概念についての整理は、阿部（2012、11-20頁）を参照。

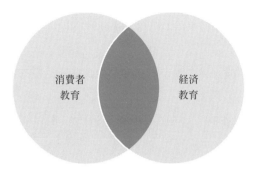

図9−1　消費者教育と経済教育の内容の関係（イメージ図）

なっている。しかし、例えば、「消費者教育体系イメージマップ」（消費者庁2013）を見ると、経済に関わる内容が多く含まれていることがわかる。

一般に経済教育の内容としては、経済の基本概念、ミクロ経済、マクロ経済、国際経済に分類できるが、図9−1で両者が重なっている部分の典型は、希少性、機会費用、選択、意思決定などを扱う経済の基本概念と、市場経済を扱うミクロ経済である。

ことに責任ある選択ができる市民を育てるためには、まず、希少性、機会費用、選択、意思決定の考え方を使えるようにしようというのが、アメリカの経済教育のスタンスであり、これは消費者教育も共有していると言うことができよう。

さらに、消費者教育は消費者教育推進法で「消費者の自立を支援するために行われる消費生活に関する教育」および「消費者が主体的に消費者市民社会の形成に参画することの重要性について理解及び関心を深めるための教育」と定義されている（同法第2条）。消費者の自立や消費者の主体的な消費者市民社会の形成への参画において、経済についての知識・理解や経済についての見方・考え方が不可欠なことは言うまでもなく、ここにも経済教育の意義を見出すことができる。

このように経済教育を抜きにした消費者教育は考えられず、また逆に消費者教育を抜きにした経済教育も考えられないほど両者は密接な関係にあるのである。

2　経済教育の目標——市民性教育としての経済教育

　経済教育は社会科教育・公民科教育の一分野として一貫して重要な位置を占めてきたが、その意義が特に注目されたのは1990年代後半からである。この時期、日本では経済の自由化・規制緩和やグローバル化などが加速し、社会は急激に変化した。また、自由化・規制緩和が進む一方で、安定した終身雇用制が過去のものとなりつつあった。こうした社会の変化に対応するための生きる力を育む教育として、経済教育の必要性がより高まったのである。経済教育・消費者教育から派生した金融教育がさらに推進され始めたのも同時期である。

　自由化・規制緩和によって消費者には選択肢が広がってきたが、一方で自己決定・自己責任の時代ともなり、消費者はさまざまなコストやリスクを踏まえて意思決定をする能力を身に付けることが必要になった。また、経済のグローバル化が進む中で、持続可能な地域、社会・国家、国際社会をつくる力を育むことも大きな課題になっている。

　このような社会的背景から、経済に関わる個人的・日常的な問題から社会的・公共的な問題まで、合理的で責任ある意思決定ができる能力を身に付けることを目標とする経済教育の重要性が高まってきたのである。

　以上のように経済教育は、市民にとって必要な経済リテラシーを身に付けるための教育である。そしてなぜ経済リテラシーを身に付ける必要があるのかと言えば、それは究極的な目標である市民としての資質・能力を育成するためである。こうした市民性教育という点で、消費者教育と経済教育は共通するのである。

　おりしも、2016年には選挙権年齢が18歳に引き下げられ（18歳選挙権）、高等学校公民科においては主権者教育が急務になっている。そこでは主体的に社会の形成に参画しようとする態度の育成が課題になっている。この動きの中で注目されているのが消費者市民の考え方である。

　身近な消費を糸口にして、持続可能な社会の形成に主体的に参画する消費者市民の育成を目指す消費者教育の取り組みは、社会科・公民科教育はもちろん、経済教育も積極的に取り入れていかなければならないことである。

3　消費者市民と経済リテラシー──経済教育の内容

　経済教育は、個人・社会の両方の面において経済に関わる合理的で責任ある意思決定ができる能力を養う市民性教育である。そのため、経済についての見方・考え方を身に付けさせることを目標とする。

　経済についての見方・考え方は、経済リテラシーとも呼ばれている。これは経済的事象を見たり考えたりする際の視点や方法である。これは基本的には経済学の理論や概念から導き出されるものである。

　この経済リテラシーの内容として、米国のCEE（Council for Economic Education：経済教育協議会）が小中高等学校のレベルで2010年に示したのが *Voluntary National Content Standards in Economics* の第2版である（以下、スタンダード第2版とする）[(2)]。これは、そのまま訳せば、「経済学における任意の全国共通学習内容基準」ということになる。つまり、日本のように法的拘束力を有する学習指導要領を持たない米国において、「任意」に学校で経済の教育課程を作成する場合の学習内容の基準を提案するものであり、いわゆる「参照基準」である。スタンダード第2版の初版はCEEの前身であるNCEE（National Council on Economic Education）によって、作成・公表された（National Council on Economic Education 1997）。これは、経済教育研究会で翻訳され、出版されている（財団法人消費者教育支援センター編訳 2000）。

　スタンダード第2版は経済リテラシーの内容を命題（文章）の形で表した20のスタンダードで構成されている（20の命題の一つひとつをスタンダードと称している）。表9-1は、もともとは命題で表されているそれぞれのスタンダードから主要概念を抽出したものである。

　スタンダード第2版は主として、現代の主流派経済学である新古典派的経済学のパラダイムを根底にして作成されている。そのため、留意が必要なのは、単純な市場万能主義に陥ることなく、主流派経済学の効率や公正概念をしっかり踏まえたうえで、理論と現実の関係を見つめた経済教育を目指すこ

---

(2) Council for Economic Education (2010)。なお、スタンダード第2版の筆者他による翻訳は、阿部他編著（2016）参照。

表9-1　CEEによるスタンダード第2版の主要概念の一覧

1	希少性、選択、生産資源
2	意思決定、限界分析
3	経済システムと配分メカニズム
4	経済的な誘因（インセンティブ――価格、賃金、利潤等）
5	自発的な交換と取引
6	特化と比較優位
7	市場と価格
8	需要と供給
9	競争
10	経済内の制度・組織
11	貨幣とインフレーション
12	利子率
13	労働市場と所得
14	企業家精神
15	物的・人的資本投資
16	政府の経済的な役割
17	政府の失敗と特殊利益団体
18	産出、所得、雇用と価格水準
19	失業とインフレーション
20	財政政策と金融政策

出所：Walstad, et al.（2013）p.9の表をもとにして筆者が翻訳して作成。

とである。

　こうしたスタンダード第2版などに基づく経済リテラシーを身に付けると消費、労働、貯蓄・投資など個人的な意思決定を合理的に行うことに役立つ。また社会的な経済事象であるマクロ経済、財政・金融政策、国際経済などを読み解くことができる。さらに選挙などの政治参加をする際に求められる、国や地方公共団体の経済政策について合理的な判断をすることができるようになるなど、経済リテラシーの応用範囲は広いのである。

　スタンダード初版・第2版に示されたような経済リテラシーの教育が必要なことは、日本でも徐々に認知され始め、平成20年版『中学校学習指導要領解説　社会編』（文部科学省 2008）や平成27年版『高等学校学習指導要領解説　公民編』（文部科学省 2010）に希少性や機会費用などの概念が書き込まれるようになった。これを契機に、高等学校公民科「政治・経済」の教科

書に、それまでほとんど取り上げられることのなかった機会費用の概念を本文に書き込んだものも出版されるに至っている。

　個人・社会の両方の面において経済に関わる問題について、情緒的・感覚的に議論するのではなく、経済の理論や概念を使って合理的・論理的に考え議論をしようとするのが経済教育のスタンスである。消費者教育も経済教育のこうしたスタンスには学ぶところがあり、消費者教育と経済教育においては、経済リテラシーを身に付けた消費者市民を育成することが今後ますます必要であると言えよう。

　なお、経済や社会の問題の正解は1つではない。したがって、経済の問題について議論をしても、出てくる結論も1つとはかぎらない。経済リテラシーは、なぜ経済や社会の問題について人々の意見が対立するのか、そして対立する意見を整理し調整してどのように合意を形成するのかと考える際にも役立つものなのである。

4　消費者教育と関わりの深い経済リテラシー

　本節では、前節で述べたスタンダード第2版のうちから、消費者教育と特に関わりの深いスタンダードを取り上げることとする。スタンダード第2版は、最初に希少性、機会費用、選択、意思決定プロセスなど合理的な意思決定など消費者教育とも関わりの深い経済概念が出てくる。次いで、交換と取引、競争、需要と供給、市場と価格など市場経済の中の消費者を理解するうえで重要な経済概念を扱う。最後に消費者とも関わりはあるが、消費者教育では直接扱わないマクロ経済の概念になっている。

　責任ある意思決定ができる消費者市民を育てるための基本となる経済リテラシーの中でも消費者教育と関わりの深いものとしては、まず、希少性、機会費用、特化と比較優位、需要と供給があげられる。これらの見方・考え方がしっかりと身に付けば、どのような状況にあっても基本的な判断はできるものと期待できよう。20項目あるスタンダード第2版から、特に消費者教育と関わりが深いと考えられるスタンダードを抜粋したのが表9-2である。

表9-2 消費者教育と関わりの深いスタンダード（抜粋）

1. 生産資源は限られている。したがって、人々は自分が欲しいすべての財・サービスを手に入れることはできない。その結果、人々はあるものを選択したら、他はあきらめなければならない。
6. 個人、地域、国家が、最も低い費用で生産できるものに特化して、他の個人、地域、国家と取引をすると、生産も消費も増加する。
7. 買い手と売り手が出会い互いに影響を及ぼし合うとき、そこに市場ができる。この両者の相互作用によって市場価格が決定され、これによって希少な財とサービスが配分される。
8. 価格は売り手と買い手にシグナルを送り、誘因（インセンティブ）を与える。需要や供給が変化すると、それらに応じて市場価格も動き、誘因に影響を与える。
9. 生産者の間に競争があると費用と価格は低下し、生産者は、消費者が買う意志を持ちかつ実際に買うことのできる製品を生産しようとする。買い手の間で競争があると価格は上昇し、財・サービスは、それに対して他の人よりも高い金額を支払う意志があり、かつ実際に支払うことができる人に配分される。

出所：Walstad, et al.（2013）p.9 の表をもとにして筆者が翻訳して作成。

4—1 希少性・選択・生産資源（スタンダード1）[(3)]

これは、希少性や機会費用など、日本の学校教育でほとんど取り上げられてこなかった概念である。個人にとっても社会全体にとっても、資源と時間は無限にあるものではなく人間の欲望と比べて有限であるということを明確にすることが経済教育・消費者教育の第一歩である。そのため、あるものを選択したら他のものはあきらめなければならないこと（トレード・オフ）、あきらめた選択肢のうち最高の価値を持つものが機会費用であることを確認する。機会費用は、意思決定を評価する際に必要な概念であるが、この概念の理解と普及はこれからの課題である。

4—2 特化と比較優位（スタンダード6）

これは経済の中の分業体制とそれによる相互依存関係を表すものである。自分が比較的得意とするものに特化することによって、経済社会の中では誰にでも経済的な役割が出てくることが確認できる。

---

(3) 以下、スタンダードの翻訳は阿部他（2016）から引用。

4—3　市場と価格、需要と供給、競争（スタンダード7〜9）

　これらは市場経済の中で生きる消費者にとって必要な基本的な経済リテラシーである。市場メカニズムとその限界について学ぶことは重要であり、中学校・高等学校の経済教育で大きな割合を占めている。しかし、市場価格の決まり方に関しては、需要と供給、需要量と供給量の区別がついていない場合もある。

　市場では価格の働きによって、希少な資源が効率的に配分される。ただし、市場で均衡状態に達した場合でも、効率は達成しているが、分配の面では公平（公正）な状態にあるとは限らないことにも言及が必要である。

　また、市場メカニズムが働くのは、完全競争を前提としたモデルであることも確認しておかなければならない。不完全競争の状態では、独占・寡占となり、消費者は不当に高い価格で財・サービスを購入することになる。

5　経済リテラシーの定着状況と課題

　前節では経済リテラシーのうちで消費者教育と関わりの深いものを、スタンダード第2版の中からいくつかあげた。このような経済リテラシーの定着状況については経済教育研究会の調査研究がある（例えば、阿部他 2016a; 阿部他 2013）。

　これらの研究調査の結果で特徴的なことは、機会費用の定着率が非常に低いことである。機会費用という言葉自体が普及していないことと、授業でも取り上げられることがほとんどないことが原因として考えられる。

　経済リテラシーが身に付いている状態とは、それぞれのスタンダードを知っている、理解しているというレベルから、さらにそれらをツールとして使って思考・判断・表現ができるというレベルまで達していることである。機会費用はこうした段階に達することが難しい概念であり、教材の工夫が必要である。

　このことについて、実際に調査研究で使用した設問を通して考察する。下は、「第6回生活経済テスト—パーソナル・ファイナンス基礎テスト」の機

会費用に関する設問である（ウォルスタッド他編著 2005）。

> 【設問】　ルイは、3つの商品を次の順序で気に入っている。〈第1位〉CDプレーヤー、〈第2位〉コンピュータゲーム、〈第3位〉トレーナー。それぞれの商品の価格は5,000円である。ルイは、最も欲しかったCDプレーヤーを買った。この場合の彼の機会費用は、
> ① トレーナー
> ② CDプレーヤー
> ③ コンピュータゲーム
> ④ トレーナーとコンピュータゲーム

　高校生と大学生を対象に2015年に経済教育研究会が調査をしたところ、正答率は高校生11.7％、大学生11.0％と非常に低いものであった（両者の正答率に有意差なし）。

　機会費用は、あるものを選択したときにあきらめた次善の選択肢であるので、正答は③である。あるものを選択したときに、それに払った金銭（金額）だけでなく、その金銭（金額）によって他に何が買えたのかを明らかにする。そして実際に選択したものとあきらめたものを比較して、自分の選択について評価する、というのが機会費用の考え方である。

　このような設問を考える教材として活用し、あきらめた選択肢を明示化して、あきらめた選択肢を順序づけて最高の価値のものは何かを考えさせる。それによって、機会費用の考え方と、なぜこの概念が自分たちの選択を評価するうえで重要なのかを具体的に理解させることが必要であろう。

　次に同様の設問を、『経済リテラシーテスト（第4版）』から取り上げる（山岡他編著 2016）。

> 【設問】　新しい公立高校を建設することの機会費用とは、
> ① 新しい学校の先生を雇う金銭的費用である。
> ② 新しい学校を今ではなく、もっと後で建設するときにかかる費用である。
> ③ 新しい学校にかかる費用にあてるために、市民が納める税率

　　　　を変更することである。
　④　新しく学校を建設する代わりに、あきらめなければならない
　　　財・サービスの中で最高の価値のものである。

　これも機会費用に関する設問であり、経済教育研究会の 2014–2015 年の調査では正答率は高校生 34.7％、大学生 32.7％であり、両者の正答率に有意差はなかった（阿部他 2016）。

　この場合も、機会費用は、その財・サービスを生産するときに使用した生産要素（土地、資本、労働）を使って生産できたはずのその他の財・サービスの中で、最高の価値のもののことである。新しい公立高校を建設することの機会費用は、新しい公立高校を建設したことによってあきらめなければならない次善の選択肢であり、正答は④である。

　やはりこの設問自体を教材にして、このような具体的な場面から機会費用の概念について理解させ、自分で機会費用を考えてみるという思考トレーニングが必要なようである。例えば、新しい公立高校を建設するときに使用した生産要素（土地、資本、労働）を使って、新しい公園を建設できたかもしれないし、新しい道路を建設できたかもしれない。これらのあきらめた選択肢を自分たちであげてみて、その中で新しい公園の建設が一番良かったとすると、これが新しい公立高校を建設することの機会費用ということになる。こうした思考トレーニングを通して、今度は自分や社会が直面する実際の問題について機会費用の概念を使って議論することができるようになれば、経済リテラシーが身に付いたと言うことができるであろう。

　もう一問、『経済リテラシーテスト（第 4 版）』から、自分の言葉で説明する例として、関税に関する設問を取り上げる。

　【設問】　関税に関する記述で正しいのは、次のどれか。
　①　関税は輸出品の市場を拡大する。
　②　関税は保護産業の雇用を減らす。
　③　関税はある集団に利益をもたらす一方で、他の集団を犠牲にする。
　④　関税はその国で最も効率的な産業の成長を促す。

この設問に関してA大学の学生（n=52）に、正答と思う選択肢を選ばせたうえ、自分の選んだ選択肢について、なぜそれが正答と思うのか理由を書かせた。正答は、「関税をかけることにより利益を受けるのは国内産業、不利益を受けるのは外国の産業と国内の消費者」である。この場合は、利益を受けるものを1つ、不利益を受けるものを1つをそれぞれ書ければ正答とした。

そうしたところ、選択肢では正答の③を選択できた学生のうち、理由を的確に書けた者（利益を受けるもの、不利益を受けるものを両方あげられた者）はわずか41.7%だけであった。「外国の産業には不利益になる」と不利益になるものだけ書いた者が78.0%であった。一方で、国内の消費者のことに触れたり、外国の産業と国内の消費者の両方に触れたりした者は少数であった。

選択肢では正答が選べたものの、それを言語で説明するのは困難であることを示している。したがって、この設問を教材にして、関税によって利益を得る集団は何か、不利益を受ける集団は何か、その理由は何かについて討論することによって、関税や利益団体などの概念について具体的に理解させることが必要であることが判明した。なお、学生の議論の中には、「関税は本当に消費者に不利益なのか」という問題提起もあり、このことについての討論は多面的・多角的に社会事象を見るという点で興味深いものであった。

経済リテラシーを身に付けるには、単に経済概念を暗記するだけでは不十分である。経済リテラシーテストのような具体的な経済の事象を設定して、そのことについて考えて答えを導き出したり、自分の言葉で例をあげて問題について説明したり、討論したりするような思考トレーニングが必要ということであろう。そうした学習を通して、自分や社会が直面する実際の問題について経済概念を使って議論し、経済に関わる合理的で責任ある意思決定ができる能力を養うことが究極的な課題なのである。

6　社会のあり方についての選択——効率と公正

個人や社会が直面する問題に関して正解は1つとはかぎらない。例えば、今後の日本の社会福祉のあり方についても次のような選択肢があげられるが、どれが正解ということはない。

①　今の福祉水準を維持するために消費税率を引き上げる
②　今の消費税率を維持するために福祉水準は引き下げる。
③　今後の福祉水準を引き上げるために消費税率を大幅に引き上げる。
④　今後の消費税率を引き下げるために福祉水準は大幅に引き下げる。

　現在は、財政の大幅な赤字を国債発行によって賄っているが、こうした不健全な状態が長期間継続することは考えられない。税金は払いたくないが、福祉は充実させよという要求は困難であり、上記のような選択肢から選択を迫られることになる。対立した意見を調整し合意に達するための議論が必要である。こうした議論の内容を理解し参加するにも経済リテラシーが求められることになる。

　経済社会のあり方については、端的に言って次のような対立する思想がある。1つは、自由な経済活動と市場メカニズムを重視する新自由主義的な立場である。機会の公正を保障し自由競争のスタートラインをできるだけ同じにする。後は本人の努力次第であり、その結果の報酬に大きく課税することを善しとしない考え方である。結果的に格差が生じてもそれは自己責任とし、人間の自由な活動を重視するため、税金は必要最小限とする代わりに、福祉も必要最小限となる。自由競争により経済社会の効率を高めることになるが、結果の公正については重視をしていない。

　もう1つは、機会の公正が重要なのはもちろんであるが、その結果として格差が生じる場合は、経済的自由をある程度制限しても（つまり税負担ある程度重くしても）、再分配によって格差を是正すべきという結果の公正を重視する立場である。結果として税負担を重くする代わりに福祉も充実させることになる。結果の公正を重視しているが、そのため経済社会の効率はある程度削がれることとなる。

　実際は、二者択一ではなく、どちらをより重視するのかという、程度の問題である。消費者の生活にも密接に関わる問題であり、消費者も選択を迫られている。

　どちらの立場を支持するにせよ、なぜ2つの考え方があるのか、そして相反する立場がそれぞれ支持される理由を、論理的に理解する必要がある。自

分とは違う立場の意見であっても、感情的な対立をするのではなく、相手の論理を理解することは大切である。また、相手の論理から、自分の論理の改善すべき点を学ぶことも必要である。こうした社会的な意思決定のためにも今後、経済リテラシーが不可欠なのである。

7　消費者教育と経済教育の相互補完性

　社会参画の最も基本的なものは、政治参加としての投票行動である。また、社会や世界の問題を解決するために、日常生活からアクションを起こすことも社会参画につながる。こうした消費者市民を育てていくことが消費者教育の目標であり、それは経済教育も目標として共有するところである。

　消費者教育と経済教育はそれぞれの独自性はあるが、内容領域において共通する部分が多く相互補完関係にある。

　経済は、教員にとっては教えづらく生徒にとってはわかりづらい分野である。そのため例えば、中学校学習指導要領社会編では、「身近な消費生活の視点から経済学習を行う」という消費者教育の発想が取り入れられている。経済教育は消費者教育の視点を取り入れることによって抽象的な内容が具体的になり、効果的に目的が達成されるのである。

　一方、経済教育は消費者教育の経済に関わる内容領域を専門的に詳細な展開をするものであり、個人・社会の両方の面において経済に関わる問題について、情緒的・感覚的に議論するのではなく、経済の理論や概念を使って合理的・論理的に考え議論をしようとするのが経済教育のスタンスである。そのため、消費者教育も経済教育から学ぶことが多いのである。

　消費者教育抜きの経済教育は考えられず、その逆もまた真である。消費者教育と経済教育が連携して、経済リテラシーを身に付けた消費者市民を育成することが今後ますます必要であると言えよう。

【参考・引用文献】
阿部信太郎（2012）「社会科・公民科における消費者教育と市民性の育成」『消費者教育』

第 32 冊、11-20 頁
阿部信太郎（2015）「効率と公正の視点と消費者教育」『消費者教育』第 35 冊、1-10 頁
阿部信太郎・山岡道男・淺野忠克・高橋桂子（2013）「日本のパーソナル・ファイナンス・リテラシーの現状と課題」『経済学教育』第 32 号、経済教育学会、164-172 頁
阿部信太郎・山岡道男・淺野忠克（2016）「高校生・大学生の経済リテラシーの分析と課題」『経済学教育』第 34 号、経済教育学会、90-94 頁
Council for Economic Education (2010) *Voluntary National Content Standards in Economics*, 2nd ed., New York: Council for Economic Education
文部科学省（2008）『中学校学習指導要領解説　社会編』
文部科学省（2010）『高等学校学習指導要領解説　公民編』
National Council on Economic Education (NCEE) (1997) *Voluntary National Content Standards in Economics*, New York: National Council on Economic Education
日本学術会議経済学委員会経済学分野の参照基準検討分科会（2014）『大学教育の分野別質保証のための教育課程編成上の参照基準　経済学分野』日本学術会議
財団法人消費者教育支援センター編訳（2000）『経済学習のスタンダード 20―21 世紀のアメリカ経済教育』財団法人消費者教育支援センター
ウォルスタッド，ウィリアム／ケン・レベック／山岡道男／淺野忠克／阿部信太郎編著（2005）『消費者市民のためのパーソナル・ファイナンス入門』早稲田大学経済教育総合研究所
Walstad, W. B., K. Rebeck and R. B. Butters (2013) *Test of Economic Literacy: Examiner's Manual*, 4th ed., New York: Council for Economic Education
山根栄次・阿部信太郎（2005）「経済教育と消費者教育」日本消費者教育学会編『消費生活思想の展開』税務経理協会、233-240 頁
山岡道男・淺野忠克・阿部信太郎編著（2016）『スタンダード　現代経済リテラシー入門』経済教育総合研究所

第 10 章

金融教育
──社会的価値行動の育成

橋長真紀子

1　金融教育の目的と意義

　日本の金融教育は、金融広報中央委員会を中心に推進されてきたが（西村 2005）、その名称は、各団体の理念によって異なっている。例えば、OECD や金融広報中央委員会は、「金融教育（Financial Education）」、金融庁や日本証券業協会は「金融経済教育」、消費者庁は「消費者教育」、日本フィナンシャルプランナーズ協会は「パーソナルファイナンス教育」など多岐にわたっている。本章では、OECD や金融広報中央委員会の「金融教育」を援用し、議論を進める。OECD（2005）、OECD/INFE（2012）は、金融教育とは、「金融の消費者ないし投資家が、金融に関する自らの厚生を高めるために、金融商品、概念およびリスクに関する理解を深め、情報、教育ないし客観的な助言を通じて（金融に関する）リスクと取引・収益機会を認識し、情報に基づく意思決定を行い、どこに支援を求めるべきかを知り、他の効果的な行動をとるための技術と自信を身につけるプロセス」と定義している（金融広報中央委員会訳 2012）。OECD の規定する金融教育は、あくまでも自己の「厚生」すなわち、個人の生活の豊かさの追求のために自信を持って金融商品を活用できる知識を身につけることを念頭に置いている。その目的は、個人の経済的自立のための金融リテラシーの習得であり、社会への貢献の視点は盛り込まれていない。

　一方、金融広報中央委員会は、金融教育とは、「各学校段階を貫いて求められる『生きる力』（自ら学び、自ら考え、主体的に判断し、行動し、よりよく問題を解決できる教育）である」とし、「お金や金融の様々なはたらきを理解

し、それを通じて自分の暮らしや社会について深く考え、自分の生き方や価値観を磨きながら、より豊かな生活やよりよい社会づくりに向けて、主体的に行動できる態度を養う教育」と定義している（金融広報中央委員会2007、10頁）。すなわち、金融広報中央委員会の考える金融教育とは、金銭を基軸に実践的な内容で自分の生活や価値観を磨き上げていく基礎教養教育と位置づけている。また、小・中・高等学校の学習指導要領の教育目標である「生きる力」の育成に添う形で、その公教育の中に、どのように金融教育を盛り込むかを意識した定義となっている。「より豊かな生活やよりよい社会づくり」とは、自己の経済的成功と共に社会的共有資産の充実へ貢献することまでを領域としている。そして、扱う分野は4分野に分かれ、資金管理と意思決定、貯蓄の意義と資産運用、生活設計等を扱う「生活設計・家計管理に関する分野」、お金や金融のはたらき、経済把握、経済変動と経済政策、経済社会の諸課題と政府の役割等を扱う「経済や金融のしくみに関する分野」、自立した消費者、金融トラブル・多重債務、健全な金銭観等を扱う「消費生活・金融トラブル防止に関する分野」、そして働く意義と職業選択、生きる意欲と活力、社会への感謝と貢献等を扱う「キャリア教育に関する分野」で構成されている（図10-1）。

　図10-1の初版と図10-2の改訂版の金融教育の4分野と重要概念を比較すると、「消費生活・金融トラブル防止に関する分野」から「金銭感覚」の視点が削除されている。また、中心的な役割が実際に育成したい4つの力「①生きる力、自立する力」「②社会とかかわり、公正で持続可能な社会の形成を意識し行動する力」「③合理的で公正な意思決定をする力、自己責任意識」「④お金と向き合い、管理する力」が具体的に明示され、それらの金融力を習得しめざす方向性が、「より良い生活と社会づくりへの取り組み」へ寄与することが目標とされた。そのことにより、従来の「生き方と価値観の形成」とした抽象的な目標から、実践力としての金融力を育成すべき目標として掲げ、明確に示されたことにより金融教育の方向性が理解しやすくなったと思われる。中でも「②社会とかかわり、公正で持続可能な社会の形成を意識し行動する力」は、消費者市民力の社会参画力を示す要素で「消費者教育推進法」の消費者市民社会の理念を踏まえて明記されたものと思われる。

第10章　金融教育　191

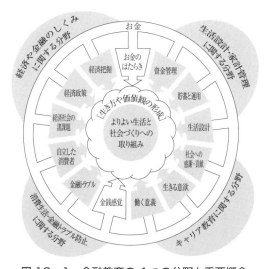

図 10-1　金融教育の4つの分野と重要概念
出所：金融広報中央委員会（2007）。

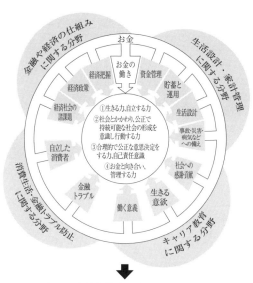

↓
よりよい生活と社会づくりへの取り組み

図 10-2　金融教育の4つの分野と重要概念（改訂版）
出所：金融広報中央委員会（2015）。

2　パーソナルファイナンス教育の目的と意義

「パーソナルファイナンス（PF）」とは、ジャンプスタート個人金融連盟（Jump$tart Coalition for Personal Financial Literacy）が、*National Standards in K-12 Personal Finance Education*, 3rd ed.（2007, p. 25）で、「個人が収入と資産を得て、管理するために用いる原理と方法」と定義している。また、日本FP協会Webサイトによると「長期的なライフプラン（生活設計）の視点に立った『個人のファイナンス』のこと」と定義している。また、アルトフェスト（L. Altfest）によると、「日常の生活を支え、良い暮らしを追求するためにキャッシュフローを開発していく学問」とされ「学問領域として、ファイナンスは、パーソナルファイナンスとビジネスファイナンスに分類され、さらに投資分析とポートフォリオ管理、資本市場、資本の予算化に細分される」と定義づけられている（Altfest 2007, pp. 4-5; 伊藤ら訳 2013、29-31頁）。また、伊藤（2012、25頁）が言及するように、パーソナルファイナンスは、パブリックファイナンス、コーポレートファイナンスと区別され、「個人と家計を対象領域とするファイナンスの一分野」である。そのため、本章では、「パーソナルファイナンス」を「個人の金融」として定義する。

一方、「パーソナルファイナンス教育」（PF教育）とは、日本FP協会が「一人ひとりの生き方にあったお金の知恵を身につける」教育として用いる用語であり、括弧書きで（金融経済教育）としているため、金融庁が用いる「金融経済教育」と同意で使用していると捉えることができる。金融庁金融研究センターの報告書によると「金融経済教育」の目的は、「生活スキルとしての金融リテラシー」の習得であり、「金融や経済についての知識のみならず、家計管理や将来の資金を確保するために長期的な生活設計を行う習慣・能力を身に付けること、保険商品、ローン商品、資産形成商品といった金融商品の適切な利用選択に必要な知識・行動についての着眼点等習得、事前にアドバイス等の外部の知見を求めることの必要性を理解すること」を身につけるための教育としている（金融庁金融研究センター 2013、1-24頁）。また、古徳（2006、37頁）では、「パーソナルファイナンス講義」を「1. 個人の資産管理領域、2. 経済環境の理解、3. 金融制度の理解、4. 社会制度の

理解の4領域すべてを含む科目」をと定義している。すなわち、これらの学問を追求していくための教育が、PF教育である。ジャンプスタート個人金融連盟、日本FP協会、金融庁、アルトフェストの定義を比較すると、いずれも個人の夢の実現のために経済的成功を手に入れることを目的とした教育として捉えており、社会的共有資産への配慮や貢献の視点は含まれていない。しかし、筆者は、PF教育も金融教育もその目的は、自己の経済的な成功のみならず、自分を取り巻く世界に経済的、社会的、環境的配慮をすることで持続可能な社会へ貢献する力も育成することが可能であると考えているため、「PF教育」を以下のように定義する。

> 個人の人生設計を通じて人生の目標を実現するための教育であり、生活資源としての収入を再配分し、有効にその資源を活用し自己実現していくための理論、知識、技能を学ぶ教育である。その学びを通じ、個人の人生および社会的共有資産の豊かさを追求することが可能で、個人の金融資産および人的資産、個人を取り巻く社会や地球全体への配慮を含めた社会的価値行動を醸成する教育。

3 北欧の消費者教育とパーソナルファイナンス教育

消費者教育の起源は、19世紀初頭、アメリカの食肉工場の不衛生な実態を暴露し消費者の利益や権利を保護するというコンシューマリズム（消費者主義）の運動に遡る。第1次世界大戦後の高度大衆消費時代、1927年に出版されたChase and SchlinkのYour Money's Worth（邦題：あなたのお金の価値）では、消費者が科学的な目で商品の選択を行えるようになれば有効なお金の使い方ができることが説かれた。1962年にケネディ大統領が「安全である権利」「知らされる権利」「選択する権利」「意見を聞いてもらう権利」を消費者の「4つの権利」と定め、消費者の権利を主張する消費者運動を世界に拡大させていった。その後、1975年にフォード大統領が5つ目の権利として「消費者教育を受ける権利」を加え、さらには、アメリカの消費者同盟（Consumer Unions）の創設者であるコルストン・ウォーンが、欧州へ移

住し設立した国際消費者機構（現 Consumer International：当時 International Organization of Consumer Unions）が「生活の基本的ニーズが保障される権利」「補償を受ける権利」「健全な環境の中で働き生活する権利」を加え、「8つの権利」として世界共通の消費者の権利として今日まで受け継いでいる（葛西他 2015、44-45 頁）。そして、21 世紀に入り、消費者教育は、消費者を「保護される主体」から「自立した主体」、さらには「社会を変える主体」として育成する消費者市民教育へと発展している。

　トレーセン（V. Thoresen）によると（Thoresen 2005a, pp. 14-15）、消費者市民教育が高等教育で求められるようになった要因は、グローバリゼーション、相互依存、技術革新などの歴史的な要因と富の不均衡、自然資源の不当使用や配分、政治経済の不安定さ、持続不可能な消費などの社会状況や格差などがある。これら要因により、1985 年の初頭、国連でも消費者教育、市民教育、環境への配慮が叫ばれるようになった。国連環境と開発に関する世界大会報告書『我らが共通の未来』（*Our Common Future*）(1987) では、「持続可能な発展」の概念が規定された。1992 年の国連環境開発会議（United Nations Conference on Environment and Development: UNCED、リオデジャネイロ・サミット）では、「アジェンダ 21」（持続可能な開発のあらゆる領域における包括的な地球規模の行動計画）が採択され、その第 4 章「消費形態の変更」の中に「持続可能な生産と消費」の必要性が明記された（松葉口 2011、172 頁）。国連持続可能な開発委員会（CSD）においてユネスコが中心となり「持続可能な開発」のための教育のあり方について検討が進められ（外務省 Web サイト 2015）、1999 年、国連消費者保護ガイドラインが 14 年ぶりに改訂され「持続可能な消費生活の促進」という項目が設けられた（松葉口 2011、172 頁）。その後、「国連持続可能な開発のための教育」(Education for Sustainable Development: ESD、2005 年から 2014 年) と関連する形で、消費者市民教育は推進されていく。持続可能な開発のための教育とは、世界の環境、貧困、人権、平和、開発という現代社会のさまざまな課題を自らの問題と捉え、身近なところから取り組むことにより、それらの課題解決につながる新たな価値観や行動を生み出すこと、そのことにより持続可能な社会を創造していくことをめざす学習や活動のことである。つまり、ESD は、持続可能

な社会づくりの担い手を育む教育である（ユネスコ国内委員会 2015）。

カナダの学者であるマクレガー（S. L. T. McGregor）は、消費者教育と市民教育の融合により「消費者市民」を創り出すには、まず市民資質を育て、次に消費者としての資質を育てるべきだと説いている（McGregor 1999, pp. 207-211; 2002, p. 5）。そのうえで、消費者市民教育は、「消費者という役割において地域社会への帰属意識や世界を変えているという自信を育成できるようにし、学生の無力感や疎外感を排除できるような教育デザインがなされるべきである。また、生涯学習の視点から責任ある市民として、公益のために適切な判断と犠牲を喜んで行う市民」の育成が重要であると指摘している。すなわちマクレガーの指摘する「消費者市民」とは「社会的価値行動を喜んで行うことができる市民」と捉えることができる。また、マクレガー（McGregor 2001, pp. 1-7）は、「参画型消費者主義」（participatory consumerism）という新概念を提唱している。「参画型消費者主義」とは「自分自身を市民として認識し、次に消費者とみなす人であり、今日の消費文化の必要な挑戦に適応できる人である。そして民主主義、市民権と反映の精神で、新しい形態の消費者主義は、苛立ちに対する好ましい疑念と忍耐を持ち、脆弱性、リスクテイキング、信用、協力、市民との対話と談話、開放性を含むものである」と提唱している。すなわち、「固定の市場観念を開放し、社会を変革していくことができる市民であり消費者である」とも言い換えることができるであろう。

その後、「消費者市民」という概念は、オーストラリア、アメリカ、ヨーロッパにおいて過去十数年間において発展してきた（Thoresen 2005a, p. 9; 価値総合研究所 2009、25 頁）。2002 年 4 月、ノルウェーにて、消費者教育、環境教育、市民教育を融合した消費者市民教育（Consumer Citizenship Education）の発展をテーマとした最初の国際会議「消費者教育と教員養成── 消費者市民教育の発展」（Consumer education and teacher training: developing consumer citizenship）が開催され、2003 年 10 月には、ノルウェーのヘッドマーク大学（Hedmark University College）を拠点としたコンシューマー・シティズンシップ・ネットワーク（Consumer Citizenship Network: CCN）が発足した。CCN は、世界 37 カ国、123 機関（2007 年 8 月現在）が加盟する学際的ネットワークであり、消費者市民教育の調査研究、推進、

ネットワークの構築、消費者市民教育のガイドラインの策定、国際会議の開催、教員養成セミナーの開催、消費者市民教育の教材開発などを行っている。活動は「責任ある生活に関する教育と研究のパートナーシップ」(Partnership for Education and Research about Responsible Living: PERL) に引き継がれている。CCN が 2005 年に策定した消費者市民教育のガイドラインでは、消費者市民は、以下のとおり定義されている[1]。

　消費者市民とは、倫理的、社会的、経済的、環境的配慮に基づいて選択を行う個人である。消費者市民は、家族、国家、地球規模で思いやりと責任を持った行動を通じて、公正で持続可能な発展の維持に積極的に貢献する。

　このような消費者市民を育成する教育が消費者市民教育であり、トレーセンは、消費者市民教育とは「自分自身の消費態度と消費行動の結果に対する知識と洞察力を発展させること、生徒が自分自身の生活を管理する能力を育てるのみならず、地球社会の集団生活の管理のため参加することに貢献することを目的としている」つまり「消費者教育、市民教育、環境教育を合わせた学際的な教育である」と述べている (Thoresen 2005a, p. 7; 2005b, p. 9; 価値総合研究所 2009、25 頁)。すなわち、消費者市民教育は、「生活の質を向上させるために公平性や平等性、正義観が国家憲法や人権、宗教、文化的な伝統において全ての世代の人にどのように現代社会構造の中で表現されているかについて議論をするという高等教育における教養教育の不可欠な要素である」。そのうえで、「批判的思考や科学的な調査の実践としても役立ち」「学生の金融リテラシーや情報リテラシー、安全と健康な生活に関する理解を深め、個人の機会を最適化し、多重債務や詐欺、誇大広告、病的な生活から身を守ることに寄与する」教育であるとしている (Thoresen 2005a, p. 11)。また、「自分の生活と他者との共存を考えた際、貧困と地球資源の配分の関係は消費者市民教育の中心的課題」であり「そのことから地球規模の人類の発達過程や構造についても考えることができる」ようになる。さらには、「未来や平和についての学習に不可欠な要素であり、そのことにより他者、社会

---

(1) The Consumer Citizenship Network (2005).

全体、地球全体への責任感を醸成するものである」と言及している (Thoresen 2005a, pp. 12-13)。

　北欧閣僚評議会 (Nordic Council of Ministers) は、消費者教育のガイドラインを1995年に第1版、2000年に第2版として策定した。北欧閣僚評議会の報告書 (NSA 1992, p. 599) では、消費者教育の定義と目的を次のように定めている (価値総合研究所2009、13頁;西村2013、15頁)[(2)]。

> 学校における消費者教育の目的は、自立した、識別力のある、知識のある消費者を育てることである。それは、消費者法、家計、経済、広告と影響力、消費と環境、地球上の資源、住まい、衣類、価格と品質、食と健康のような領域に関する基礎的な知識を提供することによって、複雑で多面的な社会において消費者として存在するために必要な知識と洞察力を身に付けさせることである。学校は、ライフスタイル、消費習慣、価値と態度について、生徒がさらされている影響力に気づかせるよう貢献すべきである。

　また、同ガイドラインは、6歳から18歳の初等・中等教育を対象とした内容である。学習領域は、6つに区分され、「家計」「消費者の権利と責任」「広告と影響力」「消費と環境、倫理」「食育」「製品の安全と生活上の安全」で構成されている。消費者教育は、学校教育において横断的に指導される科目で独立科目としては存在しない (価値総合研究所2009、15-16頁)。

　2009年、北欧諸国—エストニアグループが中心となり、北欧諸国共通の消費者教育ガイドラインを改訂した (Nordic Council of Ministers 2009, pp. 1-48)。この改訂では、学習テーマが再編され、「持続可能な消費に関する能力 (Sustainable Consumption)」「メディアとテクノロジーに関する能力 (Media and Technology Literacy)」を中心テーマとし、そのテーマと関連する領域として「家庭の管理と参加 (Home Management and Participation)」「消費者の権利と義務 (Consumer Rights and Responsibilities)」「個人の金融 (Personal Finances)」「マー

---

(2)　価値総合研究所 (2009) より抜粋した「北欧閣僚評議会による消費者教育の定義および目的」。
　　The Nordic Council Ministers (1992)〔大原訳 (2005)〕; Nordic Council of Ministers (2000)。

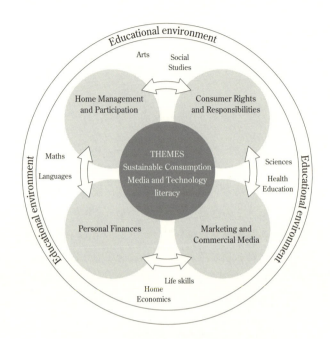

図10-3 北欧諸国の消費者教育の学習テーマ
出所：Nordic-Estonian Consumer Education Group (2013), p. 2.

ケティングとコマーシャルメディア (Marketing and Commercial Media)」の4分野が挙げられている（北欧閣僚評議会 2009, pp. 30; 西村 2009、58頁; 価値総合研究所 2009、18頁）（図10-3）。

また、北欧閣僚評議会（Nordic Council of Ministers 2009, p. 47）によると、主要テーマの1つである「Personal Finance」の具体的な学習内容は、「金融管理の原則」「家計の資金移動」「個人金融を規制する規則」「経済的困難」の4分野で構成されている。その中の「金融管理の原則」では、「国家財政における個人と家庭の役割」「責任ある家計管理と個人の幸福」「持続的なライフスタイル」「環境に優しい思考と製品循環への認識」など、個人の経済的成長を追求することを目的とするのではなく、社会を構成する個人生活という視点から責任ある生き方としての「家計管理」、環境へ配慮した生き方という社会的価値行動を促す市民資質を養う内容になっていることが特徴的である。特にこのような社会や環境への配慮という視点が、金融管理の「原

則」として位置づけられているのは、これらの社会への配慮を重要視するとともに、PFを通じて消費者市民力を育成できるという認識からだと推察される。さらに、同評議会は、PFの学習内容は、社会科学、数学、家庭科、情報通信技術、市民教育、メディア教育や、他の消費者教育を扱う科目でも展開可能であると説明しており、応用力のある領域であると捉えている（表10-1）。

4 社会的価値行動を育成する金融教育

　金融とは、「金銭の融通。特に、資金の借り手と貸し手の間で行われる信用取引」（大辞林、第二版）のことを言うが、日本では、鎌倉時代より、無尽講・頼母子講という民間の相互扶助的な金融の仕組みが存在していた。内閣府『平成20年度版 国民生活白書』（2008、2-3頁）によると、全国の20歳以上の回答者のうち「個人の利益よりも国民全体の利益を大切にすべきだ」と答えた人が51.7％に達し、37.1％の2005年から年々上昇している。また、同白書（2008、37-38頁）では、「社会のために役立ちたいと思っている」人が69.2％に上っており、1983年の40％台から上昇傾向にあることを報告している。すなわち、国民が社会的共有資産の価値を再認識し、そのために貢献したいという意識（社会的価値行動）が高まっていると言えよう。

　その背景として、三浦（2012、14-33頁）は消費社会の特徴を4段階に分け、消費行動の変容を整理している。まず、大都市中心の中流社会が誕生し私有主義が重視された「第一の消費社会」（1912-1941）、大量生産、大量消費を行う全国的な一億総中流化が進行し、私有主義であるものの家族や会社を重視した「第二の消費社会」（1945-1974）、そして「第三の消費社会」（1975-2004）は、オイルショックから低成長、バブル崩壊、金融破綻、小泉改革まで格差が拡大していき、私有主義であり個人重視が進んだ時代、現代の「第四の消費社会」（2005-2034）は、リーマンショックや東日本大震災、不況の長期化、雇用の不安定化などによる所得の減少、人口減少による消費市場が縮小していく時代であり、国民の価値観は、社会重視のシェア志向をめざしている。この時代の消費志向は、ノンブランド志向、シンプル志向、

表 10-1　Personal Finance 領域の学習内容

分野	内容
金融管理の原則	国家財政における個人と家庭の役割 消費習慣 消費者の情勢に影響を与える機会 責任ある家計管理と個人の幸福 個人の支払い能力 収入と支出 長期的な経済計画と管理 税金、税金の還付、申告 保険の種類と保険料 持続可能なライフスタイル 購入計画 修理と点検 環境に優しい思考と製品循環への認識 物流と人の移動の最適化 空間の利用率と多目的な活用法
家計の資金移動	安全な資金移動 銀行口座と明細 支払い手段と費用（デビットカード、クレジットカード、オンラインサービス等） 貯蓄と借入の形態 債務者の責任 予算、請求書、長期費用
個人金融を規制する規則	オンライン市場の活用 スポット購入（ロゴ、壁紙等） 定期購入(週刊星占いの登録等) データ転送（インターネットや携帯からのゲームや動画のダウンロード） 残高制限、利用限度サービス、個別請求、プリペイドカード、定期購読やサービス利用のキャンセル 端末の追加サービス、無料サービス、損害補償サービス、利用停止サービス、安全への配慮 オンライン情報技術の活用 データの安全性、個人情報の保護
経済的困難	利率と延滞金 債務回収 法的な債務回収 差し押さえ 罰金 信用情報、良くない信用記録 金融助言サービスとクレジットカウンセリング 情報収集力と金融困難に陥った際の支援

出所：Nordic Council of Ministers (2009) p.47 より一部抜粋のうえ筆者和訳。

カジュアル志向、日本志向、地方志向を表し、物質的な消費よりも人とのつながりやシェアを求めるようになった時代とまとめている。

　三浦の指摘に照らしてみると、現代は、「社会重視のつながり消費」の時代であり、そのつながりを実感できる消費としてローカリゼーションが見直されているとも言えよう。大量生産、大量消費、自由貿易の追求が行きつく社会が合理化されたグローバリゼーションであり、世界中どこでも同じ商品が購入でき、また、自国にいてもインターネットを通じ世界中のどの国の商品も手に入れることが可能な時代となった。

　他方、モノ余りの時代に人々が求める価値は、そこでしか購入できないという希少価値のある商品であり、地域限定、その土地ならではの商品が価値を増す時代になった。すなわち、ローカリゼーションの再燃である。食品に目を転じると、地産地消や産地直送などの食品を生産地にこだわり消費するスタイルである。この傾向は、商品を購入する際、その素材がどこでどのように作られた商品かが購入の指標となったと言っても過言ではないであろう。その自分の資金の遣い道、投資先へのこだわりを持った消費形態を以下に挙げる。

4―1　投資行動による社会的課題解決

　投資の意味は、そもそも応援したい企業や団体への資金援助である。その意味からも、金融商品は、預け先や投資資金の活用先を理解したうえで、投資先を選ぶ商品である。しかし、投資＝資産形成の手段という目的で、自己資産を最大化させることを実現させる運用手段となっていることが否めない。一度、自己資金を預け、全体の運用資金に組み込まれると貨幣としてではなく数値化された資金が、どのように運用されているかに対する関心が薄れ、利回りの追求に関心が移行する。そのような運用商品に対し、自己の投資資金を価値ある投資対象へ直接支援したいという考え方が、「投資型の応援消費」である。渡辺（2014, 330–331頁）によると、投資型の応援消費とは、「震災で生産手段を失うなどした生産者や製造者が事業の再建のために必要とする資金を、市民が小口の投資をして支えるもの」である。この手法は「一口オーナー制度」とも称され、投資家に対し、再建後に生産した農水産

202　第Ⅱ部　消費者教育へのパースペクティブ

図 10-4　Ready For の Web サイト（https://readyfor.jp/）

物や製品を返礼品として贈る仕組みを取っている場合が多いため「応援消費」の要素を含む（渡辺 2014，330-331 頁）とされている。これらの手段として「市民ファンド」「クラウドファンディング」「ふるさと納税」という直接投資をする方法が脚光を浴びている。このような手段を活用すると、実際に自分が応援したい先へ、資金を届けることができ、また、寄付を受けた団体も寄贈者に対し、直接的に感謝の意を示すことが可能である。このように、資産形成としての利回りの追求だけでなく、「資金を価値あるものに対し有効活用させよう」という意思を持った資金活用ができる方法が増えてきた。

　クラウドファンディングの最大手の「Ready For」という会社は、「誰もがやりたいことを実現できる世の中を創る」ことを企業理念に 2011 年に創業し、直接投資を仲介する Web サイトを運営している。2016 年 12 月 21 日現在 3,900 件以上のプロジェクトが掲載され、各プロジェクトの事業理念や事業概要、募集額、募集期間等が記載され、Web 上で消費者が寄付できる仕組みとなっている。プロジェクトのジャンルも「医療・福祉」「デザイン・ものづくり」「地域活性化・コミュニティ」等多岐に渡っている。このような取り組みが、消費者の直接投資の要望を叶えるとともに、社会的課題を解決しようとする事業への支援として創業者の資金調達の手段としても役立っ

ている。同社の成功に追随する形で様々な同業他社が事業を開始しているが中には、社会的課題の解決からかけ離れ、個人の夢を叶えるための事業も存在するので、消費者として価値ある投資を見極める必要性は否めない。

4—2　企業の社会的責任を後押しする金融商品

　前述の応援消費の考え方を取り入れ、1つの金融商品として証券市場で取引されているのが、「社会的責任投資」(Social Responsible Investment：SRIファンド) である。この金融商品は、企業の財務状況だけではなく、企業の社会的公正さ、倫理観、環境への配慮を行う活動をしているかという観点から企業を評価して投資を行うことを目的としている。モーニングスター社会的責任投資株価指数のWebサイトによると、「国内株式型」「国際株式型」「バランス型」を合わせて36の投資信託が存在する（2016年8月10日現在）。いずれも社会的責任を果たすことにより、持続的に成長する可能性が高いと考えられ、財務面、環境面、社会面・倫理面を強く意識する企業に投資した投資信託で、代表的なものとして、エコファンドや女性支援を目的としたものがある。

　松永（2014、4-5頁）によると、日本においてエコファンドが誕生したのは、環境問題への取り組み状況を、ポジティブスクリーニングを行った1999年であり、その後、2000年に入り、企業の不祥事が相次ぐなかで、企業の倫理や法令遵守、コーポレート・ガバナンス、地域社会への対応・雇用や社会貢献も評価対象とするSRIファンドが誕生した。2000年代後半になり、環境テクノロジーや水資源等の特定の分野に優れた企業に投資するSRIファンドが続々と誕生し、ファンド件数は急増した。また、企業の社会的責任を規定したものとして、「ISO26000」（国際標準化機構の社会的責任規格）があるが、企業の社会的責任を図10‒5のように定義している。

　また、昨今は、CSRをさらに発展させたCSV（Creating Shared Value）「共通価値の創造」という事業経営が脚光を浴びている。Porter and Kramer (2011) は、共通価値の概念について「企業が事業を営む地域社会や経済環境を改善しながら、自らの競争力を高める方針とその実行」と定義している。すなわち、「企業の事業を通じて社会的な課題を解決することから生まれる

組織の決定及び活動が社会及び環境に及ぼす影響に対して、次のような透明かつ倫理的な行動を通じて組織が担う責任
・ 健康及び社会の繁栄を含む持続可能な発展への貢献
・ ステークホルダーの期待への配慮
・ 関連法令の遵守及び国際行動規範の尊重
・ 組織全体に取り入れられ、組織の関係の中で実践される行動

図10-5 社会的責任に関する手引（ISO 26000）
注1：活動には、製品、サービス及びプロセスを含む。
　2：関係とは組織の影響力の範囲内での活動を指す。
出所：日本規格協会編集（2011）。

『社会価値』と『企業価値』を両立させようとする経営フレームワーク」（ダイヤモンド編集部訳 2011）のことを指す。この概念が導入されてから、企業の社会貢献のあり方が、事業活動そのものを通じ、社会的課題を解決することにも寄与するような社会貢献の方策へと移行してきている。このような、企業の姿勢を見分けながら、購入する商品を選択できる消費者が、倫理的な消費者（Ethical Consumer）と呼ばれ、社会的価値の視点を判断材料に購買行動をとる消費者が広がりを見せている。消費者の企業を見る目が、厳しさを増せば増すほど、企業はそれに応え、より公正で企業倫理を重視する経営への転換を迫られる。すなわち倫理的な消費者の育成は、よりよい社会の形成のためには不可欠で、消費者が企業を見定め、企業を育てていると言っても過言ではないであろう。

4—3　購買行動を通じた社会貢献

　購買行動とは、消費者行動の中でも具体的な形での製品・サービスの入手・調達に関わるレベルのことを言う（青木他 2012、31頁）。一般的に消費者が購買時に重視する視点は、価格と品質であるが、その製品が生産された経緯や、生産者の人権保護等への公正さを購買の意思決定に含めたものが「フェアトレード商品」である。「フェアトレード」とは、直訳すれば「公平な貿易」という意味である。グローバル化が進む現代社会において、自由貿易で取引される国際貿易の中には、時に開発途上国の経済的・社会的に弱い立場の人々の人権を搾取しながら利益を得る取引が存在するのは否めない。

そのような不平等（unfair）な状況、特に南北の経済格差の解消を目的とした「もう一つの貿易の形」（alternative trade）として始まった運動が、フェアトレード運動である（Fairtrade Japan Web サイト）。同サイトによれば、フェアトレードとは、「開発途上国の原料や製品を適正な価格で継続的に購入することにより、立場の弱い開発途上国の生産者や労働者の生活改善と自立をめざす貿易のしくみ」のことを指す。世界のフェアトレード団体である Fairtrade International、World Fair Trade Organization（WFTO）、European Fair Trade Association（EFTA）の3団体は、「フェアトレード」を以下のように定義している。

フェアトレードは、対話、透明性、敬意を基盤とし、より公平な条件下で国際貿易を行うことをめざす貿易パートナーシップである。特に「南」の弱い立場にある生産者や労働者に対し、より良い貿易条件を提供し、かつ彼らの権利を守ることにより、フェアトレードは持続可能な発展に貢献する。フェアトレード団体は（消費者に支持されることによって）、生産者の支援、啓発活動、および従来の国際貿易のルールと慣行を変える運動に積極的に取り組むことを約束する。

このフェアトレードは、1946年にアメリカのテン・サウザンド・ビレッジがプエルトリコから刺繍製品を購入したことが始まりで、1950年代に入りイギリスのオックスファムが中国の難民が作った手工芸品の販売をはじめた。その後、1958年にアメリカにフェアトレードの専門店が開店し、今日まで世界中で活動は拡大し、世界で取引される国際フェアトレード認証ラベル商品は、8,300億円以上の販売額に上っている（フェアトレード・ラベル・ジャパン 2016）。日本においては1993年に導入を開始し、2015年には約100億円の市場規模であり、その8割はコーヒー製品が占めている。日本も他国同様、年々販売額を増大させている（フェアトレード・ラベル・ジャパン 2016）。フェアトレード商品は、同等の商品より価格が高めであるが、不公平な扱いを受けている生産者の人権保護に対し消費を通じて支援しようとする取り組みである。デルフィス（2015、3-4頁）によると、15歳以上の男女1,100名を対象とした調査では、「フェアトレード」は、47％の人がその言葉

を知っており、「エコ」や「ロハス」に続く。しかし、フェアトレード商品を購入する人は26％に留まり、認知しているが、購買行動に移さない人が4分の1もいるということである。その理由として、価格が高めであることや、デザインが限られていることなどが挙げられると思うが、必ずしも一般的に購入される大衆化された製品とは言い切れない。しかし国内の市場規模が、年々増加していることを見ても、社会的価値を意識した購買行動をとる消費者が確実に増えていると言えるであろう。

5 消費者教育の金融教育への接近

このように消費者が商品の購入や投資を行う際、価格が安価、商品が安全ということだけでなく、個人の倫理観や価値観を含めた消費行動が新たな視点となっている。換言すれば、お金の遣い方で個人の倫理観や価値観を表しているということである。すなわちその消費行動は、現代人の世の中に役に立ちたいという社会的価値行動の表明とも言えよう。

消費者教育の学問的位置づけを検討すると、金融教育に接近した分野では、第一に、個人の金融リテラシーを身に付け、資金管理、生活設計、金融商品の適切な選択ができる経済的自立を果たすことが可能となる教育内容を盛り込むことであろう。第二に、その資金管理の視点に、自己の経済的豊かさを追求するのみではなく、社会的共有資産の豊かさへの貢献も自己の資産を殖やすことにつながるという教育内容を伝えることであろう。その視点は、金融広報中央委員会の金融教育の定義や、北欧の消費者教育にも盛り込まれており、日本の金融経済教育やPF教育にも取り入れるべき要素だと筆者は考えている。

消費者教育推進法に明記された消費者市民を育成する消費者教育は、自己の消費態度と消費行動を振り返り、生活設計能力の向上をめざすことであり、さらには地球全体の共同体への貢献をとおして、現代社会の矛盾や不公平に対し批判的に考察し責任感のある市民を育成する教育であると捉えると、消費者教育も金融教育も共に持続可能な社会への貢献を重視していることがわかる。

実際に持続可能性をテーマに消費者教育や金融教育を行う際は、社会的視点であるクラウドファンディングや社会的責任投資、企業の社会的責任、フェアトレードなど、実際の社会的課題を解決するための企業活動と消費行動をつなげる形で授業展開することが効果的なのではないかと考える。

　今日、企業の社会的責任として企業にも倫理的な行動が求められるように、その企業を見極める消費者としても倫理観が伴わなければならない。北欧の消費者市民教育に倫理的な視点が求められるようになった経緯を見ても、トーレセンが述べたように、グローバリゼーションによる金融の拡大や地球資源の乱用など、人間の功利主義が社会構造の秩序や倫理観をも失っていったことを危惧して消費者市民教育が求められていったことからも、金融教育は、功利主義を助長するのではなく、社会的価値行動の重要性も伝えていく必要があるであろう。そのことは、北欧の消費者教育の学習テーマの4本柱の中に、「個人の金融」が含まれていることを見ても、消費者教育にとっても金融教育は必要不可欠な分野であると言えよう。

【参考・引用文献】

Altfest, L. L.（2007）*Personal Financial Planning*, McGraw-Hill（伊藤宏一・岩佐代市・駒井正晶・高橋文郎・森平爽一郎訳（2013）『パーソナルファイナンス プロフェッショナル FP のための理論と実務（上・下）』日本経済新聞出版社）

青木幸弘・新倉貴志・佐々木壮太郎・松下光司（2012）『消費者行動論—マーケティングとブランド構築への応用』有斐閣アルマ

Chase, S. and F. J. Schlink（1927）*Your Money's Worth: A Study in the Waste of the Consumer's Dollar*, Macmillan

デルフィス（2015）「第4回エシカル実態調査　20代男女のエシカルへの関心が高まる」

European Fair Trade Association　http://www.eftafairtrade.org/（2016/8/10）

Fairtrade Japan http://www.fairtrade-jp.org/about_us/（2016/8/10）

フェアトレード・ラベル・ジャパン（2016）「2015年度事業報告書」

Fairtrade International http://www.fairtrade.net/（2016/8/10）

外務省　http://www.mofa.go.jp/mofaj/（2015/1/15）

伊藤宏一（2012）「米国における金融ケイパビリティ重視への転換—米国金融教育の最新事情」『個人金融』ゆうちょ財団、2012冬号22-30頁

Jump$tart Coalition for Personal Financial Literacy（2007）*National Standards in K-12 Personal Finance Education*, 3rd ed.

価値総合研究所（2009）『消費者市民教育に関する諸外国の現状調査　報告書』25

葛西光子・高橋美保・大矢野由美子・安藤昌代（2015）『消費生活専門相談員試験認定試験にも役立つ消費生活アドバイザー受験合格対策　2015年版』丸善出版、34-49頁

金融広報中央委員会（2007, 2016）「金融教育プログラム—社会の中で生きる力を育む授業とは」

金融広報中央委員会　（2015）『金融教育プログラム—学校における金融教育の年齢別目標（年齢層別の金融教育内容）改訂版』

金融庁金融教育センター（2013）『金融経済教育研究会報告書』9-14頁

古德佳枝（2006）「大学におけるパーソナル・ファイナンス教育の現状と課題—全国大学シラバス調査を通じて」『ファイナンシャル・プランニング研究』日本FP学会、No. 6、23-46頁

松葉口玲子（2011）伊藤セツ・川島美保編『三訂消費生活経済学』169-181頁

松永悠子（2014）「社会的責任投資の動向」損保ジャパン日本興亜RMレポート

McGregor, S. L. T. (1999) "Towards a Rationale for Integrating Consumer and Citizenship Education," *Journal of Consumer Studies and Home Economics, 23* (4), pp. 207-211

McGregor, S. L. T. (2001) Participatory Consumerism. *Consumer Interest Annual, 47*, pp. 1-7.

McGregor, S. L. T. (2002) *Consumer Citizenship: A Pathway to Sustainable Development?* Keynote at International Conference on Developing Consumer Citizenship, April 2002, Harmar Norway, pp. 1-21.

三浦展（2012）『第四の消費――つながりを生む出す社会へ』朝日新聞出版

モーニングスター社会的責任投資株価指数
https://www.morningstar.co.jp/sri/rt_info/jpn_srifunds.htm（2016/8/20）

内閣府（2008）『平成20年度版　国民生活白書　消費者市民社会への展望—ゆとりと成熟した社会構築に向けて』

西村隆男（2005）『消費生活思想の展開』日本消費者教育学会編、税務経理協会

西村隆男（2009）「消費者教育の新たな展開と課題」『現代消費者法』5号、53-59頁

西村隆男（2013）「消費者教育推進法の意義と消費者市民社会」『協同組合研究』454号、13-20頁

日本FP協会　https://www.jafp.or.jp/（2014/7/3）

日本規格協会編集（2011）『日本語訳　ISO 26000: 2010　社会的責任に関する手引』

Nordic Council of Ministers (2009) *Teaching Consumer Competences – A Strategy for Consumer Education: Proposals of Objectives and Content of Consumer Education*, pp. 1-48.

Nordic Council of Ministers (2000) "The Objectives and Contents of and the Working Methods in Consumer Education for Teacher Training"

Nordic-Estonian Consumer Education Group (2013) Consumer Competence for Children and Adolescents – Objectives for Teaching an Appendix to the Document "Consumer Competences – A Strategy for Consumer Education (2009)"

OECD (2005) *Recommendation on Principles and Good Practices for Financial Education and Awareness*, pp. 1-7

OECD/INFE (2012) *INFE High-level Principles on National Strategies for Financial Education*, pp. 1-20（金融広報中央委員会訳（2012）「金融教育のための国家戦略に関

するハイレベル原則」1-18 頁）
Porter, M. and M. Kramer（2011）"Creating Shared Value: Redefining Capitalism and the Role of the Corporation in Society," *Harvard Business Review*, January and February 2011（ダイヤモンド編集部訳（2011）「共通価値の戦略」『DIAMOND ハーバード・ビジネス・レビュー 2011 年 6 月号』ダイヤモンド社）
Ready For https://readyfor.jp/（2016/8/10）
The Nordic Council of Ministers（1992）Konsumentundervisning i skolenforprosjekt（Consumer education in schools – preliminary project）（大原明美訳（2005）「消費者教育第 3 フェーズにおけるパイロット・ロールとしての『北欧型』消費者教育に関する研究──学校における消費者教育を対象として」
The Nordic Council of Ministers（2013）Consumer Competence for Children and Adolescents—Objectives for Teaching an Appendix to the Document "Consumer Competences – a Strategy for Consumer Education（2009）"
Thoresen, V. ed.（2005a）Consumer Citizenship Education Guidelines Vol.1 Higher Education, *The Consumer Citizenship Network 2005*, pp. 1–72.
Thoresen, V.（2005b）*The Consumer: A Fellow Human Being*, Trykkeri AS, pp. 1–161
ユネスコ国内委員会　http://www.mext.go.jp/unesco/（2016/8/10）
渡辺龍也（2014）「『応援消費』──東大日本震災で『発見』された消費の力」『現代法学』（東京経済大学）第 26 号、330–331 頁
World Fair Trade Organization　http://www.wfto.com/（2016/8/10）

第 11 章

家庭経営学
——歴史的経緯と今後の視座

鎌田浩子

1 家政学と家庭経営学

　家庭経営学・生活経営学は家政学の一分野であり、ここではまずわが国の家政学について触れる。わが国で「家政学」という用語がはじめて用いられたのは、『通信教授　女子家政学』（瓜生寅、1886（明治19）年）、『家政学』（清水文之輔、1890（明治23）年）、『家政学』（下田歌子、1893（明治26）年）などの説がある。家政学という名称が正式に学問として用いられるようになったのは、第2次世界大戦後、高等教育機関である大学に家政学部の設置が認められた1947（昭和22）年であり、大学設立の翌1948（昭和23）年には日本女子大学家政学部が発足した（日本家政学会 1990、70-73頁）。新制大学設置の過程で家政学部の中に設置された学科目は、家政学原論、家庭経済学、家庭管理学（家族関係学を含む）であった。
　家庭経営学という名称が用いられるようになったのは1956（昭和31）年に文部省（当時）の「高等学校学習指導要領　家庭科編」において家庭経済と家庭管理を総称とする名称として用いられたのが最初である。家庭経営学の定義は諸説あるが、「家庭経営学は、社会の基礎集団である家族という組織体における、人と人、人と環境との相互作用を明らかにし、家庭生活とその環境を最適な方向へ導くための方法を解明し、その方法を実践する主体を形成する科学である」（日本家政学会編 1989）と定義している。
　一方、1966年の国民生活審議会答申では、消費者教育の目標が「ア　消費者として商品、サービスの合理的な価値基準をする能力を養うこと」「イ　消費生活を向上させる合理的な方途を体得させること」「ウ　経済社会全体のう

ちにおける消費及び消費者の意義を自覚させること」と明示された。そして「消費者教育内容の体系化は生活経営学ともいうべき新しい学問体系の確立が前提とされなければならない」、さらに「生活経営の考え方としては、現在の経済の動向を消費者の立場でとらえなおし、その消費部面への影響や家計行動と経済発展の成果を明らかにすることがまず必要である。そして、そのうえで経済発展の成果を生活向上に正しく結びつけるために、いかに生活を経営し、設計していけばよいかを、家政学の成果も生かしながら、生活時間の配分、労力の合理的使用、家計の合理化等の点から検証し、さらにその成果を各種の生活技術の面に生かしてゆけるような体系を確立することが必要となる。また、積極的に経済的環境を改善していくうえで合理的な消費行動が果たす役割をも研究内容として含む必要がある」としている（消費者教育支援センター 1997、236-245頁）。50年以上前の答申であるが、消費者教育と新たな生活経営学の関連が明確に記述されており、注目すべきものと言える。しかし、日本家政学会に1970年に発足した家庭経営学研究会が、1989年に家庭経営部会となり、それが生活経営部会と名称を変更したのはそれから30余年をへた1997年のことであった。

2 家政学と消費者教育

2—1 家政学事典から見た消費者教育

　家政学における家庭経営学さらに消費者教育の位置づけを見る指針として、日本家政学会編、朝倉書店刊行の『家政学事典』（1990年）および『新版家政学事典』（2004年）の項目を比較してみる。いずれも、刊行時の家政学に関わる研究書の集大成として、日本家政学会が編集を行っている事典である。1990年の家政学事典は、21世紀に向けた新しい家政学の内容を明らかにし、研究促進、社会的要請の両面から学会の責務であるという考え方のもとに刊行を決定したものであり、学会員から7名の企画委員会とさらに8専門分野別分科会委員31名を加えた刊行委員会を設置し、会員596名の執筆による大掛かりなものである（日本家政学会 1990、168-169頁）。さらに新版では、「21世紀を迎え、物質的には恵まれているものの、精神構造はその根

表11-1 『家政学事典』と『新版 家政学事典』の章の比較

『家政学事典』	『新版 家政学事典』
Ⅲ 家庭経営	第Ⅲ編 家庭経営
1 家庭経営	第1章 家庭経営とは何か
2 家庭経営の背景と指標	第2章 家庭経営の枠組み
3 家事労働・疲労	第3章 家事活動と家庭経営
4 生活時間	第4章 職業と家庭経営
5 職業と家庭	第5章 生活時間
6 家計	第6章 家計
7 生活診断と生活設計	第7章 消費者と消費者問題
8 消費者問題	第8章 福祉環境と生活経営
9 生活の安定と保障	第9章 生活の組織化と目標
10 家庭経営の展開のために	（家庭経営の目標）
	第10章 家庭経営の展開のために

底から変わった」として、新たな視点をもって500余名の会員により執筆されたものである。ともに「家政学原論」「家族関係」「家庭経営」「家政教育」「食物」「被服」「住居」「児童」の8つの章に分かれている。「家庭経営」の項目について見ると各々10の章からなっていることに変化はないが、「生活診断と生活設計」「生活の安定と保障」の節はなくなりそれに代わって「福祉環境と生活経営」「生活の組織化と目標」の節が新たに加えられ、生活保障やボランティア、生活評価の内容が整理された（表11-1）。

　消費者教育の項目が含まれるのは新旧版ともに「消費者問題」の章である。その構成を比較すると、大きなくくりが3つであることには変化がない。しかしその節の名称は旧版の「消費者保護行政」から「消費者関連政策」と新版の刊行が消費者基本法の制定前にもかかわらず「消費者保護法制」「消費者保護行政」などの項目はなくなり、「消費者法」と整理されている（表11-2）。行政より先んじて消費者は保護する者ではないという考え方が現れているのが特徴的である。そして「消費者教育」の項目はその「消費者関連政策」として位置づけられており、消費者の活動や運動とは異なる節に収められている。家政学において消費者教育は政策や法律の一環として考えられていることの現れであろう。

表 11-2 『家政学事典』と『新版　家政学事典』の「消費者問題」節の比較

8章　消費者問題	7章　消費者と消費者問題
8.1　　消費者と消費者問題	7.1　　消費者問題
8.1.1　消費者問題とは何か	7.1.1　消費者問題とは何か
8.1.2　消費者問題の歴史	7.1.2　消費者問題の歴史
8.1.3　消費者問題の国際比較	7.1.3　消費問題の国際化
8.1.4　消費者の責任	7.1.4　事業者の責任、消費者の責任
8.1.5　生活用品のライフサイクル	7.1.5　生活用品の品質と表示
8.1.6　生活用品の品質と表示	7.1.6　購買に関わる契約
8.1.7　購買に関わる契約	7.1.7　生活用品のライフサイクル
8.2　　消費者保護行政	7.1.8　消費者問題と環境問題
8.2.1　消費者主権	7.2　　消費者関連政策
8.2.2　販売方法の多様化と消費者被害	7.2.1　消費者主権
8.2.3　消費者保護法制	7.2.2　消費者法
8.2.4　消費者保護行政	7.2.3　消費者行政
8.2.5　消費者教育	7.2.4　消費者教育
8.3　　消費者運動	7.3　　消費者の活動と運動
8.3.1　消費者運動とは何か	7.3.1　消費者活動・運動とは何か
8.3.2　消費者運動の歴史と現状	7.3.2　消費者運動の歴史
8.3.3　消費者団体	7.3.3　消費者団体
8.3.4　消費者運動の国際的広がり	7.3.4　消費者運動の国際的ネットワーク

2—2　『日本人の生活』から見た消費者教育

『家政学事典』と同様に日本家政学会編の書物として『日本人の生活——50年の軌跡と21世紀への展望』がある。1998年刊行であり、ちょうど『家政学事典』と『新版　家政学事典』が刊行された間の時期にあたり、学会創立50周年を記念して発刊された。過去半世紀をふり返り、それをもとに21世紀に向けて方向性を示すことを目的として発刊されている。

第1編　論集　日本人の生活
　第1章　変容する家族
　第2章　消費生活様式の変遷
　第3章　生活文化の伝承と創造
　第4章　日本型高齢社会における生活
　第5章　生活の危機管理——震災に学ぶ危機対応——

第6章　情報社会の光と影
第7章　限りある資源・環境との調和
第8章　新しい生活様式の創造
第2編　日本人の生活──50年の歩み──
第3編　データにみる日本人の生活

　この中で注目されるのは、第2章と第8章である。第2章は表題に「消費生活」という用語を用いており、家政学の多くの領域において「消費」に注目が置かれていることが明確である。その中で第13節として「消費経済の変化と生活経営」が御船美智子により記され、「主体的な生活のための様々なレベルの仕組みの構築」が今後の課題とされている。また、第8章は新しい生活様式として「1　子どもに託す生活の未来──家庭科教育」「2　消費者教育・消費者運動」「3　21世紀における家政学の課題と展望」の3節からなり、その第2節は西村隆男によるものである。そこには「我が国および世界の消費者問題、消費者教育を生活の質を求める家政学の立場から追求することは、今後さらに重要かつ緊急の課題」と記されている（日本家政学会編　1988、100-104、273-277頁）。

3　家庭経営学から見た消費者教育

　消費者教育と家庭経営学の接点を遡ると1987年に創刊された『消費者教育の視点　家庭経営学』が1つの原著であると考えられる。本書は、1981年に日本消費者教育学会が設立され、名実ともに消費者教育が社会的に認知されたが、その学会誌である『消費者教育』が1983年に刊行され、その第6冊の内容を一部テキスト向きに編集したものである。したがって代表編者は当時日本消費者教育学会長を務めていた今井光映である。その序文では「学問研究にはそれぞれの理念、立場や方法があり、そうした多様性の中で、学問研究は活性化し、発展していく。家庭経営学も例外ではない」とし「家庭経営は、それをとりまく経済・社会環境の大きく早い変化によって、生活の価値を守り、自己実現していく上でいろいろな問題に迫られている。その

問題の一つが消費者問題であり、この問題を解決する担い手として消費者教育の必要性が強く自覚されてきている」と述べている（日本消費者教育学会編 1987、1-2頁）。本書の第1章では、「アメリカでは家政学の教育的実践の学として消費者教育が位地づけられている」とし、アメリカ家政学が消費者問題・消費者教育と密接な関わり合いを持って発展してきたことを論じ、さらにわが国においても「家政学の本質理念とその教育的実践の担い手である消費者教育とのかかわり合いが強く自覚されなければならない」とし、家政学と消費者教育の関連について論じている。以下がその章立てであるが、当時日本消費者教育学会の会員に家政学関係者が多いこともあって、家庭経営を消費者教育の視点で考えていることから『家政学事典』の章立てと近いものになっていると考えられる。

　　第1章　家政学と家庭経営学と消費者教育
　　第2章　経済生活の経営と消費者教育
　　第3章　食生活の経営と消費者教育
　　第4章　衣生活の経営と消費者教育
　　第5章　住生活の経営と消費者教育
　　第6章　生活時間の経営と消費者教育
　　第7章　家事労働の経営と消費者教育
　　第8章　資源の経営と消費者教育
　　第9章　家庭科教育と消費者教育
　　付表　アメリカの大学における消費者教育プログラム

4　家庭科教育と家政学

　家政学の領域範囲と独自性については1973年の日本家政学会『家政学将来計画委員会報告書』によれば (1) 食物学 (2) 被服学 (3) 住居学 (4) 児童学 (5) 家庭経営学 (6) 家政教育学の6領域が挙げられている。これをさらに細分化すると (1) 家政学原論 (2) 調理科学 (3) 栄養・食品学 (4) 服飾美学・服飾史 (5) 民族服飾 (6) 被服材料学 (7) 被服生理学 (8) 被服構

成学 (9) 被服衛生学 (10) 住居学 (11) 児童学 (12) 家庭管理学 (13) 家庭経済学 (14) 家族関係学、(15) 家庭経営学 (16) 家政教育、などの領域が挙げられている。家政教育の学問的な性格については「家政学および教育科学を基盤とし、家庭科教育の本質に関する研究と、教授・学習過程の分析および構成に関する理論的、実践的研究を行う科学である」としている。そして領域は、「A　基本領域として (1) 目標論 (2) 児童生徒論 (3) 教材論 (4) 教育課程論 (5) 学習方式論 (6) 学習評価論の諸分野」、「B　その他の研究分野として (1) (家庭科) 教育思潮論 (2) (家庭科) 教育発達史論 (3) (家庭科) 教育研究方法論 (4) (家庭科) 比較教育学」、「C　関係する専門分野として (1) 教科の内容についての理論的哲学的文化史的研究 (2) その教科の諸概念の形成過程、推論機構およびその発達についての心理学的研究 (3) 教育現象、心理現象に対する当該教科研究」を挙げている。問題点としてはまだ十分に成長していないこと、また今後の課題として学校教育以外の家政教育、当該領域内の各領域の科学的研究が挙げられている。

　家政教育については、「家政教育は家庭科教育とは同じ概念ではなく、端的にいえば家政学の研究成果を実際に役立てていくための教育分野と一般にいうことができるものであり、家庭教育、学校教育、社会教育の教育領域にわたる広域のものを意味し、家庭科教育はこの学校教育の中の教科教育として、家政教育の機能を果たすものということになる。しかしここでとりあげるものは、実質的には家庭科教育であるものが多く、家政学の研究の一分野としての家政教育にふさわしい研究は、今後に待つことになろうと思われる」としている（日本家政学会編 1984、31-42 頁）。この後、日本家政学会でも家政教育部会が研究活動を開始し、その必要性、重要性が認識されている。

5　家政学と消費者問題

　日本家政学会は、緊急を要する学会活動として 1981 年に 3 つの特別部会を設けた。「ヒーブ問題特別委員会」、「家政学将来構想委員会」、「国際交流特別委員会」がそれで、この中で「ヒーブ問題特別委員会」は、大森和子委員長を中心として結果が答申され、その報告書として『ヒーブ問題特別委員

会報告書 消費者問題と家政学』が日本家政学会編（光生館）として刊行された。その中では「戦後まもない本学会創立当時からの36年余りをかえりみて、わが国の目覚ましい科学技術の進歩と、急速な経済情勢の回復と向上、そしてそれに伴う社会情勢の急激な変化の中で、当然ながら「家政学」が対象とする「家庭生活」も、その様式・内容・意識などあらゆる面で急速に変化・変容を続け、「家政学」の研究内容もこれらの変化に対応して、物心ともに豊かな生活を築くべく真摯な努力を続けてきております。いうまでもなく消費者関連の問題は「家政学」において取り組むべき重要なテーマであります」と書かれている。さらに「現代社会の大きな変貌とそこに生じた消費者問題が人間の生活の立場からの解決を求められていて、ヒーブの本質的な機能はそこに存在し、家政学は本問題に関する対応を検討する必要に迫られている」とされている（日本家政学会編 1985）。

特別委員会は答申において消費者問題のための常置委員会の設置を提案し、消費者問題委員会が設置され、1985年度から常置委員会として発足を見た。その活動としては、ブックレットの作成があり、1～8号が発刊された。その目次は表11-3のようなものである。

6 アメリカ FCS に見る消費者教育

アメリカの家政学は消費者教育実践の場と言うが、アメリカの家庭科教育はどのような内容なのであろうか。ここでは、アメリカの家庭科教育である Family and Consumer Sciences（以下、FCS）について「National Standards for Family and Consumer Sciences Education」（以下、FCSナショナルスタンダード）の内容から検討したい。

家庭科の名称は、1994年のアメリカ家政学会の名称変更により、ほとんどの州の中・高等学校で「Home Economics（家庭経済）」から「Family and Consumer Sciences（家族と消費者の科学）」に変更されており、「消費者」の視点がより濃く現れてきた。アメリカでは各州がカリキュラムを設け、多様な教育制度を築いてきた。1791年の憲法修正第10条によって、教育に関する権限は州に保留され、州および各学区の責任によって運営されている。し

表 11-3　消費者問題委員会ブックレット

第 1 号
　特集 1　家政学と消費者問題
　　　　 2　家政学における消費者問題関連研究の動向
　資料　1985 年消費者問題関連日誌
第 2 号
　特集 I　家政学と消費者問題
　　　　　アメリカにおける消費者問題と家政学
　　　　　今日の消費者問題と家政学への期待
　　　 II　家政学における消費者問題関連研究の動向　その 2
第 3 号
　特集 I　1. 住居学における消費者問題と住居学部会における消費者問題
　　　　　2. 国際消費者機構（IOCU）における第 12 回世界大会について
　　　 II　家政学会における消費者問題関連研究の動向　その 3
第 4 号
　特集 I　商品表示の現状と問題点（昭和 62 年度合同委員会講演）
　特集 II　1. 家政学会支部報告における消費者問題関連研究の動向（総括）
　　　　　2. 領域別分類表
第 5 号　家事サービスの今後と消費者問題
　消費者問題常置委員会展示およびポスターセッション記録（第 41 回大会）
　消費者問題関連記事データベースについて
　資料　消費者問題関連日誌
第 6 号　環境と廃棄物
　家政学と環境問題に向けて
　環境を守るための家政学からの提言
　　衣食住の廃棄物をめぐって
　消費者問題常置委員会　勉強会記録
　消費者問題関連記事情報
第 7 号　環境と生活
　環境問題の発展と消費者問題
　消費者問題常置委員会展示記録（日本家政学会平成 3 年度大会にて）
　「家事サービスの経済化と環境負荷」
　　　──家事サービス購入が環境にもたらすもの──
　消費者問題常置委員会部会・研究会合同委員会
　環境庁の環境教育について
　消費者問題常置委員会　研究会
　包装と生活環境
　消費者問題関連記事情報　消費者問題常置委員会編集委員会
第 8 号
　消費者問題としての表示
　消費者問題関連記事情報

かし、地域格差、学力低下や治安維持などの問題が深刻化し、また国際化に伴いより高い資質を持つ人材開発の必要性などの課題が出てきた。このため、1989 年「全国共通教育目標」が出され、1991 年にはその達成戦略を示した「2000 年アメリカ」が発表された。さらに連邦法として 1994 年クリントン大統領名により「アメリカ教育法」（「Goals 2000: Educate America Act」）への署名が行われた。また教育改革に関する審議会が連邦行政機関として設置され、主要 9 教科にナショナルスタンダードが作成され、これに準じて他教科でも作成の動きが起こった。こうして 1995 年、家庭科教育行政官の全国組織（NASAFACS）とアメリカ職業教育学会の家庭科教育部門を中心にプロジェクトが組まれ、親、子ども、ビジネスと産業、家庭科教育者が協力して作成されたのが FCS ナショナルスタンダードである。FCS ナショナルスタンダードは初等・中等学校すべてに通じるものでも、わが国の学習指導要領のように法的拘束力があるわけでもなく、学年ごとにその目標や内容が示されているものでもない。表 11-4 が全体目標と項目である。

　このうち消費者という用語が使われているのは「2　消費者と家族資源」「3　消費者サービス」であり、「2　消費者と家族資源」は、人、経済および環境の管理実践がテーマであり「2.1　家計の管理」「2.2　環境」「2.3　消費者の権利と責任」「2.4　科学技術」「2.5　経済システム」「2.6　生涯の財産」であり、「3　消費者サービス」では、「3.1　消費者サービス産業」「3.2　消費者保護」「3.3　長期財産管理計画」「3.4　資源消費と廃棄物管理」「3.5　製品の開発、検査、および公表」で消費者サービスのキャリア形成がテーマとなっている。各領域とも、賢い消費者の育成や悪質商法の被害防止といったわが国の消費者教育のイメージとはほど遠い「事実に関する知識を得るために科学的な探求と推論を実行し、行動の判断とそれに基づく理論を検証する」という FCS の目標に基づいたものであることがわかる内容である。

　また、逆に消費者という用語が使われていない「8　食品製造とサービス」の項目を見ると「8.1　食品製造とサービスに関する職業に必要な知識、技術、行動を分析する」といった消費者教育の実践を通じて製造者、流通業などを含めたキャリア形成をも目指していると言えるだろう。

　アメリカ FCS ナショナルスタンダードを中心とした現代の FCS は、アメ

表11-4 FCSナショナルスタンダード

全体目標
　推論プロセスを用いて、個人や集団で家族、職場、コミュニティにおいて責任ある行動をとる。

内容目標
「1　自己と他者のために推論を評価する　2　家族、職場、コミュニティの関心事を分析する　3　実践的な推論の構成要素を分析する　4　家族、職場、コミュニティの倫理的行動のための実践的推論を分析する　5　事実に関する知識を得るための科学的な調査と推論を実行し、行動の判断がそれに基づく理論を検証する」とされている。

領域
1　職業、地域社会と家族関係
2　消費者と家族資源
3　消費者サービス
4　幼児期の教育とサービス
5　家庭設備管理と維持の促進
6　家族
7　家族と地域サービス
8　食品製造とサービス
9　食品科学、栄養と栄養摂取
10　接待、観光旅行とレクリエーション
11　住居やインテリアと家具
12　人間の発達
13　対人関係
14　栄養摂取と健康
15　親になること
16　布と衣服

出　所：National Association of State Administrators for Family and Consumer Sciences Education (1998).

リカでは家庭科に職業教育の理念が含まれる歴史的背景もあり、FCSの内容にもキャリア形成すなわち生産者や販売者の視点が含まれ、ひいてはアメリカ産業界に貢献する自立した消費者も目指されていると考えられる。

7　国連ミレニアム開発目標と家政学

　これまで、家政学の歴史的経過について見てきたが、近年の国際的な家政

学の動向に注目したい。国連ミレニアム開発目標（MDGs）は、国連が極端な貧困を減少させるための新しい地球規模のパートナーシップとして 2015 年度期限として設定された目標である。長年にわたり国連国際非政府機関（INGO）として活動している国際家政学会（IFHE）は、この開発目標をもとに 2011 年「POSITION STATEMENT UN MILLENNIUM DEVELOPMENT GOALS 2011」を採択した。ポジションペーパーでは、「家政学の在り方・位置づけを示したのを踏まえて、個人・家族・コミュニティの生活の質の向上に貢献する使命を持つ家政学が、MDG の到達に向けて、どのように貢献するかについて提示している。現在の家政学の動向と将来の方向性を指し示すものである」とされており、日本家政学会家政学原論部会によって翻訳された冊子が作成されている（日本家政学会家政学原論部会 2012、30、49 頁）。

MDG8 の開発のためのグローバル・パートナーシップに関する方針では、「家政学は人間科学に位置する研究分野で、カリキュラム部門であり、専門である。それは、個人、家族、コミュニティのための最善で持続可能な生活を達成するために学問分野の範囲から導かれる」とされ、家政学が持続可能な生活を達成するための重要な学問分野であることを示している。さらに 2015 年 9 月、国連持続可能な開発サミットでは SDGs が採択され、2030 年までに達成される持続可能な開発のための指針が示された。この後、2016 年 7 月に韓国太田で開催された第 23 回国際家政学会議では、「希望と幸福：現在および未来の個人とコミュニティの希望と幸福のための家政学の役割」をテーマに MDGs をテーマとした多くの発表が行われた。これまでの MDGs は発展途上国を対象とするものが多かったが、SDGs は先進国をも目指す指針であり、今後さらに家政学の視点で検討することが望まれる。

8　家庭経営と消費者教育の展開

消費者教育は、消費者教育基本法の制定により消費者の権利として「消費者が教育を受ける機会」が保障されることとなり、その内容は、「消費者の自立を支援するために行われる消費生活に関する教育（消費者が主体的に消費者市民社会の形成に参画することの重要性について、理解及び関心を深めるた

めの教育を含む）」であり、「消費者市民社会」とは、「消費者がこの消費生活の多様性を相互に尊重しつつ、自らの消費生活に関する行動が現在及び将来の世代にわたって内外の社会経済情勢及び地球環境に影響を及ぼし得るものであることを自覚して、公正かつ持続可能な社会の形成に積極的にする社会の形成である」という。

一方、次期教育課程の改訂を目指す文科省中教審ワーキングのとりまとめによると、小・中・高等学校の家庭科の内容は「家庭生活と家族」「日常の食事と調理の基礎」「快適な衣服と住まい」「身近な消費生活と環境」（小学校の場合）の4つの分野から、新学習指導要領では小・中・高等学校共通して「家族・家庭生活」「衣食住の生活」「消費生活と環境」の3つの分野に改められる予定である。これは、わが国の家庭科教育の内容において「消費生活と環境」の内容がより重視されると同時に、家庭経営の中でも特に消費生活の部分がより注目されることとなる。

これまで、わが国の家政学は「家庭生活を中心とした人間生活における人間と環境の相互作用について、人的・物的両面から、自然・社会・人文の諸科学を基盤として人類の福祉に貢献する実践的総合的科学」とされており、この定義は揺るぐことはないであろう。また、アメリカのFCSに見られるようにより実践的な取り組みも必要であろう。その中にあって家庭経営における消費者教育は、「消費者市民を育成」し「持続可能な社会に貢献」することを目指し、消費生活に関わる側面から「人類の福祉に貢献する」ことを目的とする学問であらねばならない。

【参考・引用文献】
American Home Economics Association（1993）"The Scottsdale Meeting: Positioning the Profession for the 21st Century"
朴木佳緒留・鈴木敏子（1990）『資料から見る戦後家庭科のあゆみ』学術図書出版
今井光映（1992）『アメリカ家政学前史』光生館
国民生活審議会（2003）『21世紀型の消費者政策の在り方について』
国民生活センター（1977）『学校教育における消費者教育』
文部科学省（2003）『諸外国の初等中等教育』
National Association of State Administrators for Family and Consumer Sciences Education

(1998) V-RECS : National Standards for Family and Consumer Sciences 21-36 頁
日本家政学会（1990）『家政学事典』朝倉書店
日本家政学会編（1984）『家政学将来構想 1984』光生館
日本家政学会編（1985）『ヒーブ問題特別委員会報告書―消費者問題と家政学』光生館
日本家政学会編（1988）『日本人の生活―50 年の展望と 21 世紀への展望』建帛社
日本家政学会編（2004）『新版　家政学事典』朝倉書店
日本家政学会家政学原論部会（2002）『家政学未来への挑戦』建帛社
日本家政学会家政学原論部会翻訳監修（2012）『国連ミレニアム開発目標 2011　ポジション・ステートメント』国際家政学会
日本家庭科教育学会欧米カリキュラム研究会（2000）『イギリス・アメリカ・カナダの家庭科カリキュラム』日本家庭科教育学会
日本家庭科教育学会編（2000）『家庭科教育 50 年』建帛社
日本消費者教育学会『日本消費者教育学会 10 周年記念誌』
日本消費者教育学会関東支部監修／神山久美・中村年春・細川幸一編著（2016）『新しい消費者教育―これからの消費生活を考える』慶應義塾大学出版会
日本消費者教育学会編（1987）『消費者教育学の視点―家庭経営学』光生館
西村隆男（1999）『日本の消費者教育』有斐閣
財団法人消費者教育支援センター（1996）『消費者教育〈政策・答申〉資料』

第 12 章

法学
――消費者と市民を架橋する消費者教育

岩本 諭

1 はじめに――法学の視座からの問題整理

　消費者教育は、日本において近年行われるようになった新たな教育ではなく、高度成長期以降今日に至るまで、学校教育や市民教育の場において実践されてきた。その一方で消費者教育は、「未確立のフィールド」[(1)]と称されていたように、その目的や理念、体系性、教育の対象、教育内容、教育方法、実施体制や教育主体、担い手の存在や要請などをめぐる課題を克服することが求められていた分野でもあり、かかる課題を克服するうえで、消費者教育に関する法制度の整備が必要とされていた。

　2012 年に制定された消費者教育推進法（以下、推進法）は、これまで教育学、家政学・生活経営学、法学、経済学などのさまざまな学問領域から考察され、また国や自治体、消費者団体などの担い手によって実践されてきた消費者教育の目的と理念を明確化し、教育の対象、内容・体系性、教育の実施主体などについて法定したものであり、日本における消費者教育の基本法としての性格を有する。

　推進法の特筆すべき点は、これまで明確化の要請が強かった消費者教育の目的と理念が条文化されたところにある。同時に、消費者市民社会という概念は、消費者教育の領域において、また法学の領域においても、それが法律

---

(1) 西村（1999）2 頁。消費者教育学という学問領域に関する言及はすでに第 1 回国民生活審議会（昭和 41 年）に見られるが、同領域へのアプローチが教育学にとどまらず、法学、経済学などの他分野からなされたことから、その独自の領域という点において、消費者教育推進法が制定された現在においても、その問いかけがなされている。

の中に定義されたことを契機としたある種のインパクトをもたらしたと言うことができる。本章は、「消費者の権利」の視角から、この2つの学問領域における消費者市民社会の概念の受容の意味を確認するとともに、派生する検討課題を整理することを目的とする。

2 「消費者の権利」と消費者教育

消費者教育に関わる法律の規定が初めて置かれたのは、消費者保護基本法（1968年制定）であり、同法12条で、消費者啓発と消費者教育に関する規定が定められたが、啓発と教育の区別や各々の目的や理念が明確でないこと、また啓発や教育の実施が政策として義務化されていたわけではないことから、この法律を契機に本格的な消費者教育の開始に至ったわけではない[2]。

消費者保護基本法の改正によって成立した消費者基本法（2004年制定）においても、消費者教育と啓発の規定は置かれているが、その目的と理念が示されたのは、推進法においてである。

そこで、本節では、消費者行政・政策の基本法の中に、消費者教育に関する定めが置かれていることの意味について整理する。

2—1 「消費者教育を受ける権利」と消費者教育推進法

ケネディ・アメリカ合衆国大統領が1962年3月の特別教書において4つの「消費者の権利」を主唱したことを受けて、当時の日本においても「消費者の権利」の用語が前記・国民生活向上対策審議会の答申にも記されたが、「消費者の権利」が法律上の権利として認められたのは2004年の消費者基本法（以下、基本法）であった。この40年以上の間、研究者や消費者団体の側から「消費者の権利」が主張される一方、司法・行政・立法の側では「消費者の権利」は存在せず、消費者には国が法律を整備し事業者を規制することによって受ける利益（反射的利益）のみが存在するという立場が維持されて

---

[2] 消費者教育の理念の明確化の必要性については、法学の立場からも主張されていた。正田（1989）196頁。

きた[3]。

　基本法は、政府規制改革の潮流の中で、また繰り返される食肉偽造表示事件やBSE問題などの食の安全を脅かす事件の多発を受け、それまでの消費者保護行政の立ち位置を転換させたことと、「消費者の権利」を法律に定めたことに特徴があった。

　基本法に明記された「消費者の権利」は8つある。この8つの権利は、前記・ケネディの4つの権利を契機として、国際消費者機構（現・コンシューマーズ・インターナショナル（CI））が提唱したものである。もっとも、アメリカ合衆国では1975年にフォード大統領が「消費者教育を受ける権利」を追加したことにより5つの権利が認められており、欧州共同体では1975年に5つの権利が欧州理事会の「消費者政策保護と情報政策の予備計画」の中に盛り込まれ、その後2010年のEUリスボン条約169条では3つの権利が明記されている。また、韓国ではCIの8つの権利が消費者保護法に規定され、中華人民共和国の消費者権益保護法では9つの権利が定められている。このように、CIが示した8つの権利のカタログを指標としつつ、各国は自国に必要とされる「消費者の権利」を提唱している[4]。

　基本法は8つの権利を定めたが、同法の立法過程ではCIの8つの権利を導入する方針のもとで条文案が審議され、法定された。同法の基本理念と「消費者の権利」についての関係については後述するが、ここでは8つの権利の1つである「消費者教育を受ける権利」と日本の消費者教育の関係について触れておきたい。

　日本における消費者教育の必要性とその実施に向けた要求は、日本消費者教育学会からの要望や消費者団体の運動を通じてなされていたが、2012年の消費者教育推進法は、学会や消費者団体による議会への要請が、内閣提出法案ではなく議員提出法案として結実し立法に至ったものであり、その意味において「消費者教育を受ける権利」の行使の成果と見ることができる。消

---

[3] 「ジュース表示事件」最高裁判決（1978年3月14日）。また、消費者保護基本法の制定過程において「消費者の権利」の導入に消極的であった行政と立法の状況について、及川・関口（2015）14頁。

[4] 岩本・谷村（2013）137頁。アメリカとEUの5つの権利の内容は異なっている。

費者教育推進法1条にも「消費者教育の機会を提供することが消費者の権利であること」を踏まえて、国や自治体の責務を定めて消費者教育に関する施策を総合的に実施することが目的として定められている。

　2013年6月に「消費者教育の推進に関する基本方針」が閣議決定され、これを受けて自治体は消費者教育に関する計画を策定することとされた。「消費者教育を受ける権利」に呼応するのが、消費者教育を実施し、消費者教育を受けさせる国の義務である。推進法には消費者教育の義務に関する条項はないが、消費者教育の推進に関する国の責務（4条）と自治体の責務（5条）の規定が事実上それに対応する。各自治体が消費者教育に関する計画を策定した段階は消費者教育の実施でなく、法が予定しているライフステージごとの教育が行われて初めて「消費者教育を受ける権利」の内容が実現したと言える。消費者は、権利の行使の主体として、その権利の内容が実現されたどうかについて判断し、それが不十分であると判断された場合には権利の内容の適切な実現を請求することができる。かかる請求を行うのは、一個人である消費者には現実にはハードルの高い所為であり、この担い手となるのは消費者を構成員とする消費者団体である。

　推進法6条の「消費者団体の努力」に関する規定は、消費者団体が「消費者教育の推進のための自主的な活動」と「消費者教育への協力」について努力することを定めている。この規定には、消費者団体自身が消費者教育の担い手として取り組む役割と、消費者教育の実施や内容に関する評価と検証を行う役割があることを定めた趣旨を読み取ることができる。消費者行政の目的は、「消費者の権利」のための基盤を整備することにある[5]。その基盤が整備されたかどうか、換言すれば「消費者の権利」の行使を可能とする消費者政策が立案され施行されているかどうかは、現実の政策や行政を評価し検証することに関わる。これは消費者行政にかかわらず、すべての行政に共通する行政評価という所為である。一般に、Plan（立案）→ Do（施行）→ Check（評価・検証）→ Action（次の行動）というプロセスはPDCAサイクルと言われるが、この工程は政策の立案（Plan）それ自体が、または政策

---

(5)　正田（2010）153頁。

を実施すること（P→D）が目的化するリスクを回避するために創出されたものであり、評価・検証を不可避のプロセスとすることによって、法律や政策が企図していた本来の目的の実現（成果：outcome）を促すための効果的手法の1つである。教育現場や教育行政においては教育効果を測定することは容易ではないと言われることがあるが、消費者教育は消費者行政において実施される政策の1つであり、また「消費者の権利」の行使に基づくものであることから、消費者教育に関する評価・検証は消費者教育の実質化と向上のための不可欠な作業と言える。前記のとおり、かかる評価・検証は「消費者の権利」の主体である消費者が個人として行いえる作業ではなく、個々の消費者の代弁者である消費者団体が消費者に成り代わって担うものと言える。消費者教育が推進法に基づいて適切に行われているかどうかの評価を行い検証する作業は、推進法6条が定める「消費者教育の推進のための自主的な活動」であり、また、その検証結果を消費者教育の実施者に還元することを通じて消費者教育の「質の確保と向上」に資することが「消費者教育への協力」である。「消費者の権利」が法律に明記されるために長年にわたり多大な運動を推進してきた消費者団体は、明記された以降についても、各々の権利が適切に行使されるための基盤が整備されているか、また必要な施策が立案・実施されているかどうかを評価・検証することが求められるのであり、消費者教育の推進についての取り組みが継続していることを確認する必要があろう。

そこで次に、「消費者の権利」が消費者教育の本質に関わるものであることについて、基本法が目的と理念に掲げる「消費者の自立」と「消費者の権利」を検討する。

2—2　消費者行政の理念と消費者教育

消費者教育が消費者政策の一環として推進されることから、消費者教育の目的・理念は、消費者政策を展開する行政の目的・理念と不可分の関係にある。基本法は、消費者行政の理念を、旧法の「消費者の保護」から「消費者の自立の支援」にシフトした法律である[6]。旧法が産業界重視の中で制定された法律であり、国による恩恵的な消費者保護であったとの反省に基づき、

消費者の「保護から自立へ」のパラダイム転換を理念として、法改正が行われ、現行の基本法の制定に至った経緯がある[7]。

この「保護から自立へ」の消費者行政の理念の転換（パラダイムの転換）については、欧米における消費者保護の強化とは逆行するものであり、保護と自立は択一関係にはなく両立が可能であるなどといった指摘がなされた[8]。また自治体の行政においても、この点をめぐって混乱が生じたとも言われている[9]。その要因は、法改正作業で見られた「権利の主体は保護の対象ではない」という立法時の法改正趣旨に起因している[10]。

すべての市民は、自由である権利、対等に扱われる権利の主体であるが、かかる市民の自由や対等を脅かす事態が生じたときに、国家がその事態から市民を保護することは、近代国家の基本である。権利主体であることと、国家による保護が必要とされることは、いわば次元を異にする事柄である。このことは、消費者と国家―行政との関係についても当然当てはまる。すなわち、権利の主体である消費者の生命や財産の安全が損なわれるおそれがある場合に、消費者行政が事業者に対する規制や消費者への情報提供や啓発を行うことによって消費者を危害から保護するのは行政の当然の役割である。市民―消費者が権利の主体であることと、国家―行政の保護という次元を異にする価値を同じ秤にかけたかのような説明が立法時になされたことが、自立の意味内容を適切に捉える機会を見失わせた感がある。

ところで、日本の法律の中には、「自立」の用語が、法律名称や条文として使われている例は複数存在する。生活保護法における生活に困窮するすべての国民に対する「自立の助長」（1条）、生活困窮者自立支援法における「生活困窮者に対する自立の促進」、旧・障害者自立支援法における「自立した日常生活」などである[11]。人間が自立しているかどうかの判断は容易で

---

(6) 消費者の自立概念に関する消費者教育分野の研究として、川崎・川口 (2016)、後藤 (2011) がある。
(7) 国民生活審議会消費者政策部会が策定した『21世紀型の消費者政策の在り方について』（2003年5月）。
(8) 岩本 (2013) 162頁。
(9) 及川・関口 (2015) 94頁。
(10) 吉田 (2004) 273頁。

はなく、その判断基準についても、法制度の垣根を越えた統一的・共通的に測る基準・尺度は見られない[12]。したがって、「自立」の用語は、それぞれの法律の趣旨に基づいて意味内容が理解される必要があると言える[13]。

　消費者基本法における「消費者の自立」の意味は、消費者の保護という消費者行政の態様との関係から明らかにされるのではなく、同法が「消費者の権利」規定を導入したこととの関係で理解される必要がある。すなわち、消費者が権利の主体であることを認識し、行動することが、消費者の自立の意味内容として捉えられる。

　同法が示す消費者の自立を支援する行政とは、「消費者の権利」が実現するための社会基盤を構築することを本旨とする行政である。国や自治体の消費者行政の現場では、消費者の被害救済と、被害からの予防が中心となっているが、これらの施策も、それ自体が消費者の自立を支援する行政作用の1つとして性格づけられる必要がある。消費者政策の1つである消費者教育の目的と理念も、かかる消費者行政の本質との関係において理解される必要がある。

　推進法1条の目的規定に言われる「消費者教育が、……消費者が……自主的かつ合理的に行動することができるようその自立を支援する上で重要であること」は、消費者が自主的かつ合理的に行動することを「その（消費者の）自立」としており、消費者教育は消費者の権利の主体性を涵養するものであることを示したものと言える。

---

(11)　旧・障害者支援自立法1条は「この法律は、……障害者及び障害児がその有する能力及び適性に応じ、自立した日常生活又は社会生活を営むことができるよう、……支援を行い、……もって障害者及び障害児の福祉の増進を図る……ことを目的とする」（下線は筆者挿入）と定めていたが、この下線部は同法の改正において「基本的人権を享有する個人としての尊厳にふさわしい」に文言が修正され、併せて法律名称も障害者総合支援法（平成25年）に改められた。

(12)　社会保障・福祉制度における自立概念の多義性について、伊藤（1993）426頁、吉川（2002）17頁参照。

(13)　法務省の外国語データベースサービスでは、生活保護法の「自立」は self-support、旧・障害者自立支援法の「自立した日常生活」は independent daily or social lives と英訳されている。消費者基本法の「自立」は self-reliance と訳されている。自立の英訳が法律によって異なっていることは、自立が多義的であることを示唆するものと言える。

3 消費者教育領域における消費者市民社会の意味と位置づけ

本節では、「消費者の権利」の観点から、日本の消費者市民社会概念について検討する。

3—1 消費者教育推進法制定以前の「消費者市民社会」

消費者市民社会の用語が国民に周知されたのは、国民生活審議会「消費者・生活者を主役とした行政への転換に向けて（意見）」(2008年4月)、および内閣府『平成20年度国民生活白書』(2008年12月)である。これらの消費者市民社会の説明を見ると、前者は「「消費者市民社会（Consumer Citizenship）」とは、個人が、消費者としての役割において、社会倫理問題、多様性、社会情勢、将来世代の状況などを考慮することによって、社会の改善と発展に参加する社会を意味している。」(意見書3頁、脚注1)、また後者は「欧米において「消費者市民社会（Consumer Citizenship）」という考えが生まれている。これは、個人が、消費者・生活者としての役割において、社会問題、多様性、社会情勢、将来世代の状況などを考慮することによって、社会の発展と改善に参加する社会を意味している」(白書2頁)とされており、一部の用語や語の配列に若干の差異は見られるものの、両者の用語の説明と内容は同一と言える[14]。

前者（意見）の後に策定された「消費者行政推進基本計画」(2008年6月閣議決定)は、消費者市民社会について、「個人が、消費者としての役割において、社会倫理問題、多様性、社会情勢、将来世代の状況等を考慮することによって、社会の改善と発展に参加する社会を意味しており、生活者や消費者が主役となる社会そのものと考えられる」(計画2頁、脚注1)と述べている。ここでは消費者市民社会の説明として Consumer Citizenship の英語は書かれていないが、その内容は国民生活審議会の「意見」と同内容となっており、その部分に「生活者や消費者が主役となる社会」を追加した説明を行っている[15]。

---

[14] 欧米における消費者市民社会概念については、柿野（2013）3頁を参照されたい。

前記・白書は、消費者市民社会の「消費者・生活者の役割」として、経済主体としての役割と、社会を変革していく主体としての役割という2つの役割を挙げている（白書3頁以下）[16]。もっとも、この2つの役割が、消費者行政推進基本計画における消費者・生活者の「主役」の意味内容と同一であるかどうかについては定かではない。

　このように、消費者教育推進法以前には、Consumer Citizenship の訳出である消費者市民社会の用語は、消費者・生活者が「役割」の担い手や「主役」となる社会というイメージと一体的に理解されていたと見ることができるが、同時に、この用語の基本的語義——消費者、市民、消費者市民の関係、従来からの市民社会と消費者市民社会との関係——が明らかではなく、その意味についても具体的な内容をもって定立していなかったことから、この用語と概念をめぐる捉え方——消費者教育との関係性を含めて——は、一様ではなかった。

3—2　消費者教育推進法における「消費者市民社会」概念

　消費者教育推進法の特色は、消費者市民社会を法定した点にある。そこで、まず関連する規定について見ることにする。

　同法は、まず消費者教育について定義している。

　「この法律において「消費者教育」とは、消費者の自立を支援するために行われる消費生活に関する教育（消費者が主体的に消費者市民社会の形成に参画することの重要性について理解及び関心を深めるための教育を含む。）及びこれに準ずる啓発活動をいう」（同法2条1項）

　消費者市民社会の定義は以下のとおりである。

　「この法律において「消費者市民社会」とは、消費者が、個々の消費者の特性及び消費生活の多様性を相互に尊重しつつ、自らの消費生活に関する行

---

[15] この基本計画の主内容は、消費者行政の一元化の必要性と消費者庁設置案を骨子としていた。この基本計画を契機として、全国各地で消費者＝主役をキャッチコピーとする講演会や集会などが開催されていた。

[16] 同白書の消費者市民社会について政府規制改革の思想との関係性から批判的考察を行ったものとして、近藤（2013）265頁がある。

動が現在及び将来の世代にわたって内外の社会経済情勢及び地球環境に影響を及ぼし得るものであることを自覚して、公正かつ持続可能な社会の形成に積極的に参画する社会をいう」(同法2条2項)

また同法は、消費者教育の基本理念について、

「消費者教育は、消費者が消費者市民社会を構成する一員として主体的に消費者市民社会の形成に参画し、その発展に寄与することができるよう、その育成を積極的に支援することを旨として行わなければならない」(同法3条2項)

と定めている。

ところで、消費者教育推進法における消費者市民社会は、法務省の日本法令外国語訳データベースシステムでは、Consumer Citizen Society と英訳されている。これは、前記の国民生活審議会の「意見」、『国民生活白書』で見られた Consumer Citizenship とは異なっている。消費者教育推進法制定以前には、市民権と訳される Citizenship が「市民社会」と訳出されたが、法律の英訳に際しては、市民社会の英訳として通常用いられる citizen society が用いられた、ということになる[17]。

推進法において消費者市民社会の定義が法定され、その英訳が Consumer Citizen Society であることから、同法は、消費者市民社会という新しい概念を法律に定めた世界的にも稀有の法律であると言える。また、推進法制定以前には不明確であった消費者市民社会と市民社会の関係性について、同法の定義とその英訳を通じて、消費者市民社会が市民社会との関係において考察されるべき概念であることが教示されたと言うことができよう。

この概念の関係性についての検討は、伝統的な市民社会論における考察のみならず、消費者教育の領域においても求められる作業である。この概念の関係性についての研究は、現在その萌芽を待つ段階にあるが、推進法以前から、両者の関係性についての問題提起はなされており、推進法の制定を契機として、その問いかけに対する応答は求められよう。とりわけ、その応答は、

---

[17] 日本法令外国語データベースサービス HP では、本法令の英訳が公定訳ではない旨の注釈が付されている。市民社会の英訳には civil society がある。市民社会の用語と概念については、植村(2010)を参照されたい。

消費者教育の実践場面において、より切実な急務の要請と言える⁽¹⁸⁾。
　推進法を契機とするもう1つの課題は、Citizenshipとの関係である。推進法の制定を契機として、シティズンシップの本来の意味である「市民権」が、消費者市民社会の意味・内容において、どのように理解されるかは、消費者教育の教育内容に大きく影響を与えることになることから、この点について消費者教育の領域における認識の共有は不可欠である。

3—3　シティズンシップの前提としての市民社会と日本の状況

　市民権—シティズンシップの考え方は、欧米においては、自分たちが生きる社会が市民社会であることを前提として定着している。人間が生まれながらにして自由 (freedom)、対等であることは、支配者と被支配者の間で繰り広げられた対立の超克——市民革命の経験——の末に獲得されたものであり、議会と憲法は国家の支配からの自由 (liberty) と平等が二度と失われないために作り出された産物である。憲法のもとでの国家による自由と平等の保障と、市民法（民法）のもとでの個人間の自由と対等の確保は市民社会の基盤であるとともに、自由と平等・対等は人間＝市民の権利であることは、市民社会の構成員である市民の意識に定着している。
　日本では「市民社会」をめぐる多くの言説が見られ、市民社会論といった学問・研究分野が存在する[19]。これらの考察の中から発せられる問いかけの1つが、「日本に市民社会は存在するか」である。「日本社会は市民社会としての十分な展開を見ないまま現代社会へと進展してきた」「近代社会において、西欧諸国のような市民革命の経験もなく、市民の意識に市民社会の基本原則が定着することがないまま、……民主主義体制に突入した」とする見解は、市民革命の不在という明治維新以降の日本社会の生い立ちの特徴を挙げて、現在に至る日本の市民社会の未成熟に言及したものである。
　日本国憲法の制定によって、日本国民の自由と平等は基本的人権として保障されたことは周知であるが、この見解は、そのことを所与とした日本にお

---

(18)　熊谷（2011）35頁。
(19)　名和田（2014）164頁。

ける市民社会の所在の問いかけと言うことができる。欧米における市民革命の経験がない日本において、自由、平等という権利は、憲法によって付与されたものであると同時に、憲法のもとでの教育を通じて教えられたものと見ることができ、その意味において、日本における自由権と平等権は、いわば「付与された権利」であり「教えられた権利」という側面を有すると言える。

　留意すべきことは、かかる欧米と日本における権利意識の差異は、優劣の問題として捉えられるものではなく、市民革命の経験の有無に発した権利意識の醸成の「違い」にすぎないという点である。この「違い」を前提として、日本における自由と平等、権利に関する市民の知識と意識を涵養すること、すなわち「教えられた権利」という知識の枠を超えた「権利の主体」であることを体得する機会が、教育をはじめとする現実社会のさまざまな場面において確保されることが必要である。推進法は、今日の日本社会においてかかる機会が消費者教育を通じて付与されたと見ることができる。

3―4　消費者市民社会を理念とする日本の消費者教育の役割

　推進法が「消費者市民社会の形成」を掲げたことは、日本における市民社会の不在、もしくは日本の市民社会の未成熟さを基本認識として、消費者教育を通じて市民社会を形成することを含意しているのではないかと推測することができる[20]。

　日本における権利意識の希薄さは、すでに多くの文献で指摘されているが、今日の日本における権利の主体性としての意識の成熟がどの程度の水準にあるかについては本章で明確に述べることはできない[21]。しかしながら、前記のとおり、自由、平等および権利に関する市民意識の形成の面で欧米と日本の差異があることを考慮すると、推進法のもとでの消費者市民社会に関する教育は、消費者が市民権の主体であることの学びを基本とする。市民権の教育は法教育の分野でも実践されているが[22]、推進法における市民権教育は、消費者市民社会の定義に見られる「相互尊重」「自覚」「参画」に関する

---

(20)　岩本（2010）314頁。
(21)　川島（1966）15頁以下。

学びを中心に行われる点に特色がある。

　推進法には、消費者に関する定義規定はない。消費者の定義は他の法律にあることから、推進法にあえて定義規定を置かなかったとも考えられるが、別の見方をすると、消費者は、消費生活の場における権利の主体であり、モノを自由にまたは無自覚に消費するだけの存在ではないことについて、学びの機会を付与する意図があるのではないかとも思われる。消費者とは何かという問いかけは、消費者教育の領域における根源的な問題であると同時に、消費者の定義を有する法学領域における新たな問い直しと言うことができる。

4　法学領域における消費者市民社会の受容と検討課題

4—1　「消費者の権利」と消費者概念
（1）消費者の２つの性格――消費者概念の捉え直しについて

　日本法において消費者の定義が最初に定められたのは、消費者契約法（2001年）である。同法２条１項は、「「消費者」とは、個人（事業として又は事業のために契約の当事者となる場合におけるものを除く。）をいう。」と定めている。この定義は、電子消費者契約法２条２項、法の適用に関する通則法11条１項に準用されている。また、消費者行政法では、2009年制定の消費者安全法２条１項の「個人（商業、工業、金融業その他の事業を行う場合におけるものを除く。）」と定義がある。これらの法律に共通しているのは、消費者が事業者との関係において定義されているということである。かかる消費者の定義は、日本特有ではなく、ドイツ、EUの立法においても見られる。

　すなわち、法制度において、消費者は個人であると同時に、事業者に対置して位置づけられている概念と言える。日本の法制度や消費者政策は、こうした事業者―消費者の関係（B to C関係）を所与として構成され立案されているが、消費者基本法のもとでの消費者法や消費者政策が「消費者の権利」

---

(22)　大村（2010）63頁では、法教育と消費者教育が交錯するのは、主に契約ルールに関する事項とされている。消費者教育の体系性を確保するためには、法教育との仕分けによらず、消費者教育の中で市民教育や法教育が独自に構築されることも必要と思われる。

の擁護に基づき展開されることを前提とした場合に、B to C に基づく消費者概念において、消費者教育を含む消費者政策の内容と方向性が適切に説明できるかどうかが問われることになる。

消費者基本法が定めた8つの「消費者の権利」は、①消費生活の基本的需要が充たされる権利、②健全な生活環境が確保される権利、③安全が確保される権利、④選択の機会が確保される権利、⑤必要な情報提供を受ける権利、⑥教育の機会が確保される権利、⑦意見を反映する権利、⑧被害を救済される権利、である（基本法2条1項）。これらの権利の中で、事業者―消費者の関係で整理できる権利は、③、④、⑤、⑦、⑧の5つである。これらの権利は、事業者に対する請求権であるが、その権利の内容が事業者において実現されない場合に、消費者は、国家に対して必要な法律の制定や法律の執行を求めることを通じて、間接的にその権利の内容の実現を図ることになる。

他方、①、②、⑥は、第一義的に、消費者が事業者に対してその権利内容の実現を求め、事業者のその内容を実現する性質のものではない。⑥については、推進法は消費者教育に関する事業者と事業者団体の努力に関する規定（法7条）を置いているが、消費者教育の実施主体は基本的に国家（国、自治体）であることから、「消費者教育を受ける権利」の相手方は事業者ではない。①と②の権利についても同様である[23]。

このように、8つの「消費者の権利」の内容から、権利の主体である消費者は、事業者との関係において捉えられる存在であるとともに、国家との関係において捉えられる存在であると言うことができよう。これは、日本法における事業者との対置を基本とする消費者の定義では捕捉されない消費者のもう1つの性格である。ケネディ特別教書の冒頭の一文「Consumers by definition include us all.（私たちはみな消費者である）」は、たんに事業者との関係において捉えられる消費者ではなく、自然人である人間と消費者を同義とするものである。また、日本においても正田（1972：2010）が、消費者が「生身の人間」であることを前提として「消費者の権利」を主唱している。その意味で、法学上および法実務上の消費者概念については、国家との関係

---

(23) この点につき岩本（2017）を参照されたい。

で把握するアプローチが必要であると言えよう。

(2) 消費者の多様性と「脆弱な消費者」概念

　この消費者概念の捉え直しは、消費者の多様性の観点からも、考慮が求められる。消費者は、その生まれ持った背景（消費者のバック・グラウンド）によって、さまざまな特性を示している。日本において今日重要な取り組み課題は、高齢者の消費者被害である。年齢やそれに伴う判断能力の衰えにつけ込む事業者は後を絶たず、国と自治体による消費者政策においても重点的な取り組み事項となっている。また、消費者法の分野においては、個々の消費者の特性に対応した法の解釈と運用が、いわゆる適合性原則という考え方のもとで検討されている。

　こうした消費者の多様性や個々の特性を考慮した消費者政策は、特にEUにおいて積極的に掲げられている。EUの「不公正な取引指令」（2005年）は、Vulnerable Consumer（脆弱な消費者）のカテゴリーを示して、同指令および各国の国内法の運用に際してかかる消費者に対する考慮を求めている。この指令が脆弱な消費者の典型例としているのが、「子ども」であるが、高齢者についてもこの概念に当然含まれるとする見方が一般的である[24]。

　基本法では、消費者の役割に関する規定（7条）の中に消費者の特性に応じて消費者が役割を果たすことが記述されているが、この規定は事業者―消費者間の問題に対する法の適用に関するものではない。民法や消費者法の分野では、前記のとおり適合性原則の考え方が見られるが、市場における競争秩序のための法制度（独占禁止法）や景品表示法の分野においては、かかる視点はほとんど取り上げられない。独占禁止法、景品表示法の法目的は「一般消費者の利益」の確保であるが、この一般消費者の利益の確保のための事業者規制の中で、消費者の多様性や特性がいかなるかたちで考慮されることになるかについては、今後の課題と言える[25]。

　また、消費者政策や消費者法の中で、高齢者の保護のための施策や法運用

---

[24] EU指令における子どもは14歳未満を対象する。14歳以上18歳未満は青少年とされているが、これらも脆弱な消費者に含まれるとする学説がある。岩本（2015）39頁。
[25] 岩本（2016）37頁参照。

は取り上げられているが、子どもや、年齢以外の多様性を踏まえた消費者の保護や権利行使の態様――例えば、視覚障がい者のための食品表示のあり方など――については、総合的な考察と制度設計が求められる。

4―2 「消費者の権利」と「事業者の権利」について

　推進法は、消費者教育が「職域」においても行われること（3条4項）、事業者や事業者団体による消費者教育への支援（14条）を定めている。事業者や事業者団体が消費者教育への協力や支援を行うに際して留意されるべきことは、「消費者の権利」に関する適切な理解が前提とされる点である。

　「消費者の権利」は、消費者主権の意味で取り上げられることが少なくない。消費者主権は経済学上の考え方であり、消費者の選好や行動が企業活動に重要な影響を及ぼすことについて説明したものである[26]。しかしながら、主権という用語から国民主権が想起され、ひいては権利との混同がもたらされた可能性があるが、かかる概念の混同や理解の誤謬は解消を要する事柄である。

　職域における消費者教育の実践において、両者の混同または両者が同意味として捉えられることの弊害は、企業における消費者への対応の基本意識と対応の仕方が消費者の目線や感情との齟齬の惹起をもたらすだけでなく、企業における消費者そのものの捉え方を誤らせることにつながり、その結果として消費者と事業者の間の格差形成を助長させることにある。

　消費者と事業者は、権利という点で、市民法上は対等な存在であり、消費者が「主権者」であるとする位置づけは法の世界には存在しない。現実の経済社会に両者間に市場力（価格支配力）・情報力・交渉力の格差が存在するため、消費者と事業者の市民法上の対等性は形式的なものにとどまる。経済法や消費者法は、格差に起因する消費者の権利や経済上の利益の侵害に対処する法制度であり、消費者と事業者の実質的な対等性を確保するための市民法の補完法と言える。ただ、両者の実質的対等性は、事業者と消費者の利益の調整によって図られる性質のものではないことに注意が必要である[27]。権

---

[26]　西村（1999）2頁、岩本（2013）164頁。

利の比較衡量に基づく判断を行うことができるのは、最高裁判所だけである。

5 おわりに——法学における「消費者」と「権利」の新たな位置づけに向けて

　本章では、消費者市民社会という概念が消費者教育学と法学の領域において考察されるべき課題について整理してきた。消費者が権利の主体であるという認識は、基本法に明文化された今日において、市民の中に定着しているとは言えない。消費者教育は、市民と権利に関する意識の涵養の大きな担い手となろう。

　消費者の権利の主体としての意識を最も向上させるためには、消費者が国家と向き合う存在であるという新たな位置づけの確保が必要と思われる。本章では考察の余裕はなかった国家の枠組み、すなわちConstitution——憲法——における位置づけを明らかにすることが、消費者教育学と法学の次なる課題と言えよう。

【参考・引用文献】

後藤誠一（2011）「消費者の自立に関する一考察—消費者政策における基本理念に着目して」『消費者教育』第31冊

花城梨枝子（2009）「消費者シティズンシップ教育試案—よりよい社会のための責任ある経済投票権の行使」『国民生活研究』49巻3号

細川幸一（2008）「人権としての消費者の権利」江橋崇編著『グローバル・コンパクトの新展開』法政大学出版局

伊藤周平（1993）「障害者の自立と自律権—障害者福祉における自立概念の批判的一考察」『季刊社会保障研究』Vol. 28、No. 4

岩本諭（2007）「『消費者の権利』と消費者行政の再構築」『佐賀大学経済論集』第39巻4・5合併号、221-246頁

岩本諭（2010）「『日本型』消費者市民社会と自治体を基点とする消費者教育の推進」『消費者法ニュース』83号

岩本諭（2013）「消費者の『保護』と『自立』—経済法学の立場から」菅冨美枝編著『成年後見制度の新たなグランド・デザイン』法政大学出版局

---

(27)　正田彬（1999）17頁、23頁以下。

岩本諭（2015）「子どもを対象とする広告規制の理念と展開」『消費者教育』第35冊
岩本諭（2016）「広告規制と経済法―広告問題に対する射程の考察」『現代消費者法』No. 32
岩本諭（2017）「『消費者の権利』と独占禁止法」『経済法の現代的課題』（舟田正之先生古稀祝賀）有斐閣
岩本諭・谷村賢治編著（2013）『消費者市民社会の構築と消費者教育』晃洋書房
柿野成美（2013）「「消費者市民」をめぐる国際的潮流」岩本諭・谷村賢治編著『消費者市民社会の構築と消費者教育』晃洋書房
柿野成美（2016）「地方消費者行政における消費者教育推進の人材に関する研究」『消費者教育』第36冊
川崎孝明・川口恵子（2016）「学生支援の現場から見た消費者市民社会の消費者像に関する一考察」『消費者教育』第36冊
川島武宜（1966）『日本人の法意識』岩波新書
近藤充代（2013）「「消費者市民社会」論の批判的検討」広渡清吾・朝倉むつ子・今村与一編『日本社会と市民法学　清水誠先生追悼論集』日本評論社
熊谷司郎（2011）「消費者法における国家の責任」日本法哲学会年報『市民／社会の役割と国家の責任』有斐閣
名和田是彦（2014）「現代の政策概念としての「市民社会」の歴史的位置」大野達司編著『社会と主権』法政大学出版局
西村隆男（1999）『日本の消費者教育―その生成と発展』有斐閣
西村隆男（2009）「消費者教育の新たな展開と課題」『現代消費者法』No.5
及川昭五・関口義明（2015）『消費者事件歴史の証言』民事法研究会
大村敦志（2010）『『法と教育』序説』商事法務研究会
正田彬（1972）『消費者の権利』岩波新書
正田彬（1989）『消費者運動と自治体行政』法研出版
正田彬（1999）『経済法』日本評論社
正田彬（2010）『消費者の権利　新版』岩波新書
植村邦彦（2010）『市民社会とは何か―基本概念の系譜』平凡社新書
吉田尚弘（2004）「消費者保護基本法の一部を改正する法律」『ジュリスト』1275号
吉川かおり（2002）「障害者「自立」概念のパラダイム転換―その必要性と展望」『東洋大学社会学部紀要』40-2号

第13章

地方行政論・地域政策論
―「コーディネーター」が必要とされる2つの理由

柿野成美

1 問題の所在

　地方行政論・地域政策論は本来、行政学・政策学から誕生した学問分野である。行政学・政策学の主たる研究対象は国（中央政府）であったが、地方分権による国から地方への動きや、行政のみが担う公共ではなく、市民協働による「新しい公共」の概念の広がりなどにより、大きく変化する地方自治体へと研究対象を拡大している。

　わが国における消費者教育は、国および地方公共団体の責務として1963年の消費者保護基本法において、初めて法的根拠が与えられた。その後、2004年に改正された消費者基本法の中で、消費者教育を受ける権利が示されるなど、その重要性については明確化されていた。その一層の推進のために、2012年には「消費者教育の推進に関する法律（以下、推進法）」が成立し、国および地方公共団体が消費者教育の推進に関わる施策を立案し、実施する責務があることを明確にした。推進法の中では「消費者市民社会」の概念を定義し、消費者の行動が公正で持続可能な社会の形成に向かうことを示した。これまで行政が進めてきた消費者教育は被害防止の側面が強かったが、その広がりを推進法によって定めたのである。

　また、2013年に閣議決定された「消費者教育の推進に関する基本方針（以下、基本方針）」では、「消費者市民社会形成の推進役」としての重要な役割を果たす「コーディネーター」が消費者教育の担い手として位置づけられた。これまで担い手といえば、教員や消費生活相談員、消費者団体のような消費者教育を実施する直接的な主体であったが、地方自治体において間接的

に実施を支援する存在を「コーディネーター」として担い手に位置づけたことは、消費者教育推進の大きな転換点である[1]。

ではなぜ、「コーディネーター」が基本方針に位置づけられたのだろうか。本章は、地方行政論・地域政策論の文脈の中で、その存在理由を明らかにし、地方消費者行政における消費者教育の可能性について論考しようとするものである。

2　地方行政論・地域政策論の潮流

本章が射程に入れようとしている地方行政論・地域政策論はどのような学問分野なのだろうか。まず、この学問分野が位置づけられている行政学・政策学について概観したうえで、地方行政論・地域政策論の台頭とその潮流について、具体的に見てみよう。

2—1　行政学・政策学における地方行政論・地域政策論

「行政学」は 19 世紀のアメリカで政治学の一分野として生まれ、公務員制度、行政組織、予算過程、都市行政などを主要なテーマとして、実際の改革とリンクしながら発展してきた。

西尾（2001）によれば、「行政学」は「公的な官僚制度組織の集団行動に焦点を当て、これについて政治学的に考察する学」として定義され、異なる価値基準に基づく、「制度学」（権力分立などの憲政構造を基礎に正当性・合理性に注目）、「管理学」（組織や予算の膨張傾向を抑制すべく、経済性・能率性に注目）、「政策学」（多様な公共サービスに注目し、その公共性・有用性を追求するもの）に区別されると説明する。

中でも「政策学」は比較的新しく、第二次世界大戦後に行政学の一領域を

---

[1] 第 2 次消費者基本計画（2010 年 3 月閣議決定）に基づき設置された消費者教育推進会議（2010 年 11 月～ 2012 年 4 月）の報告「消費者教育推進のための課題と方向」にも「消費者教育コーディネーター」が登場する。しかし、学校における消費者教育推進方策の 1 つとして、学校の校務分掌上に位置づけ、学校内部の推進役として登場するものであり、基本方針に示されたコーディネーターと比較すると限定的である。

超えて、主に政治学の影響を受けながら「政策科学」として発達してきた。また現在では「政策科学」から発展して「公共政策学」といった学問分野があり、これを専攻する大学や大学院が数多く存在している。しかしその学問領域においても、「公共政策学とはどのような学問で、どのような教育が行われるべきかという根幹にかかわる部分に関しては、明確な定義や合意が存在していない。いまだ『公共政策学とは何か』という問いを繰り返し、自分探しを続けている状態であることは否めない」[2]という指摘もある。すなわち本章で射程に入れようとする学問においても、時代の変容や隣接の学問領域とのあいだでそのアイデンティティを模索している状況であることをまず確認しておきたい。

また、本章では上記の学問分野の特性を踏まえ、行政学・政策学を併記して用いている。なぜなら、西尾（2016）によれば、「研究者により対象の選択や視点の置き方はさまざまであり、行政学と政策学の間に明瞭な一線を引くことは困難である」との指摘があるように、一体的に捉えられているためである。したがって以下では、行政学・政策学を基盤に、そこに位置づけられる地方行政論や地域政策論を射程にして考えたい。

2―2　地方行政論・地域政策論の台頭――地方の時代へ

「地方自治」とは、「地方の政治や行政事務を中央政府ではなく、その地域の住民を構成員とする地方公共団体が担い、地域住民の意思に基づき政治や行政活動を行うこと」[3]である。地方自治は行政学の重要な一分野であり、戦後民主主義の新しい理念でもある。憲法92条では「地方公共団体の組織及び運営に関する事項は、地方自治の本旨に基づいて、法律でこれを定める」とし、憲法制定の1948年に地方行政に関わる諸法律の中核をなす「地方自治法」を制定した。

地方自治が憲法に位置づけられたにもかかわらず、行政論・政策論において行政は「政府の執行機関と、それが行う執行・立案等の活動」[4]と定義さ

---

(2)　秋山他（2016）iii頁。
(3)　山田・代田（2012）58頁。
(4)　村上・佐藤（2016）2頁。

れ、これまで主に国レベルの議論が中心であった。「1970年代までは『政策』の語はもっぱら国レベルで用いられ、自治体では『施策』や『事業』が一般的だった。その背景には、政策とは国がつくるもので、自治体が下請け的にその実施を担当するという暗黙の前提があった」[5]という指摘もある。

官僚制をとる政府では、非効率性、セクショナリズム（縦割り行政）、法規万能主義など、さまざまな病理が生まれた。政府の業務の受け皿として地方自治体の組織が形成されていったため、地方自治体でも政府と同様の問題が引き起こされた。

このような国と地方の関係を見直す動きは、1993年に「地方分権に関する決議」が採択されたことに始まる。地方分権の改革は、現在まで段階的に行われてきた。第1次分権改革では、1995年に地方分権推進法が成立し、2000年に地方分権一括法の施行と地方自治法の大改正につながった。第1次分権改革の最大の成果は、地方自治体に裁量権のない国の機関委任事務制度を全面廃止したことである。これにより、国と地方自治体の関係は主従関係から対等関係へと変化した[6]。

その後、財源移譲を改革の課題とする三位一体改革、出先機関の縮小など国と地方の役割分担を議論した第1次地方分権改革、2009年に民主党政権が「地域主権」の名で改革を継続するなど、現在に至っても断続的な取り組みとなっている。このように、地方行政や地域政策に向かう関心は、時代と共に高まってきたと言えよう。

2—3　地方行政論・地域政策論の潮流——ガバメントからガバナンスへ

ガバナンス（governance）とは、「公共性の実現や公共政策を政府（国、自治体）と民間（市民、企業など）が協力して進めるような様式」のことであり、従来の、政府が上から公共性を実現する「ガバメント（government）」（統治）と異なり、政府と自立した社会諸アクターとが、対等な協力関係によって政策を進め、社会を運営することを指す[7]。西尾（2016）によれば、

---

(5)　西尾（2016）214頁。
(6)　山田・代田（2012）122頁。
(7)　村上・佐藤（2016）21頁。

2002年に著書 *Transformation of Governance* を執筆したアメリカのケトル (D. F. Kettl) は「現代の行政理論はガバナンスの理論である」と指摘しているという。すなわち「政府とその周囲の環境との関係変化、社会の中での政府の役割変化、とくにサイズの縮小傾向に注目した概念」であり、「厳しい資源不足の中で、増大する社会的ニーズに対応しようとする新たな試み」と概念整理している。これまで行政が独占的に行ってきた公共サービスを、企業やNPO・市民も担う「新しい公共」の考え方である。

ガバナンスの具体例としては、自治体が図書館や公園などの管理運営を民間に委託したり（指定管理）、イベントなどをNPOや市民参加の協力を得つつ進める方法（パートナーシップ）などが見られる。しかしその一方で、「参加者の対等性や相互協調（相互の利益）などの条件が必要で、それを欠く場合にはガバナンスモデルを適用すると無理を生じ機能不全に陥らないか、あるいは、参加者がそれぞれの立場から協力するだけで、公共性、責任、必要な費用などが確保できるのか、誰がリーダーシップをとるのか、といった問題が起きうる」との指摘もある[8]。各セクターの自律的な動きが求められる中で、あえて行政が積極的にどのような役割を担うべきかが課題となっている[9]。

3　地方消費者行政の現状

ここでは、地方行政の1つとして地方消費者行政を取り上げ、その誕生と位置づけについて概観した後、推進体制について紹介する。特に、推進体制の中でも「人材」に着目する。

---

[8]　村上・佐藤（2016）21頁。
[9]　西尾（2016）は著書のまえがきで、「行政学・政策学が扱う広範な領域を『ガバナンス』と称する局面が増え、本書も各セクターの相互関係に注目する。だが同時に、ガバナンスやネットワーク型公共管理の進展が『ガバメント』への新たな期待を生んでいることも否定できない」と述べている。

3—1　地方消費者行政の誕生と位置づけ

　先に行政論・政策論が中央政府から地方行政へと研究対象を拡大してきたことを見たが、消費者行政は、地方から誕生し国の政策へと発展した逆の流れを持つ行政分野である。最初の動きは、東京都が「ニセ牛缶事件」を契機として、1961年4月に経済局総務部食料課を消費経済課として、全国で初めて消費者行政担当課を設置したことである。これを受けて、中央省庁では1963年1月に農水省に消費経済課が設置された。国ではその後、1964年に通産省に消費経済課、1965年に経済企画庁に国民生活局が設置されている。同じ年、兵庫県では初めての消費生活センターとして「神戸生活科学センター」「姫路生活科学センター」が開設され、翌年、経済企画庁と自治省の通達「地方公共団体における消費者行政の推進について」によって、消費者教育を消費者行政担当組織の事務の1つとして明示するに至った。

　環境行政も消費者行政と同じような流れを持つ。消費者行政が消費者問題を契機にしたように、環境行政は経済発展に伴う公害問題や、環境破壊への対応策として生まれてきたのである。時代の流れに応じて、住民の生活実態から発生した問題に対応するため、地方自治体の取り組みとして誕生し、国によって法制化され、さらに全国各地へ広がりを見せた。

　地方行政に消費者行政の事務が明文化されたのは、消費者保護基本法制定の翌1969年に改正された地方自治法においてである。第2条第3項の事務の例示規定において「消費者の保護」が「固有事務」として規定された。その後、2000年の地方自治法の大改正で、事務の例示規定はなくなったが、現在も「自治事務」として位置づけられている。2015年4月現在、市区町村では1,552自治体（90.2％）において規則等に事務分掌が規定されている。

　ただし、消費者教育の観点から見ると、2011年の「地方消費者行政推進本部」制度ワーキングの報告書で「現行法上、地方公共団体の事務として、苦情相談への対応、あっせん、情報収集・提供等が位置付けられているが、例えば『消費者教育』の事務について、法的な位置付けを明確にすることも検討が必要」と指摘されるように[10]、消費者教育は自治事務として法的位

---

(10)　地方消費者行政推進本部制度ワーキング（2011）8頁。

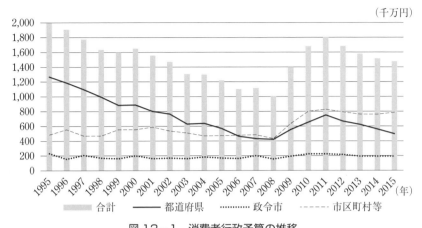

図13−1　消費者行政予算の推移
出所：消費者庁「地方消費者行政の現況調査」をもとに筆者作成。

置づけが明瞭でないという側面を持っている。

3—2　財政面から見た地方消費者行政の限界

　この地方消費者行政の地方行政への位置づけについては、その財政負担を巡って議論が続いている。図13−1のように地方消費者行政（都道府県、政令市、市区町村等）の合計予算は1995年の200億円をピークに減少し、消費者庁設置の前年に当たる2008年には100億円へと半減した。これを受けて、地方消費者行政の充実は、消費者庁設置の議論の中でも重要な柱となり、2008年度第2次補正以降、地方消費者行政活性化基金や地方消費者行政推進交付金などを国は交付し、財政支援を継続している。しかし、これは恒久的なものではない。

　また、表13−1で地方消費者行政の予算（狭義）の内訳を見ると、都道府県の消費生活相談は自主財源が81.9％を占めるが、消費者教育・啓発の場合は45.4％であり、国から交付される活性化基金や交付金への依存度は過半を占めている。

　国と地方の財政負担について、2012年に消費者委員会の建議において、地方消費者行政は自治事務であることを基本としながらも、消費者庁設置後、

表13-1 都道府県の消費者行政予算(狭義)の内訳(2015.4現在)

(千円)

		消費者教育・啓発	消費者生活相談	その他
自主財源	3,538,001 (71.0%)	701,836 (45.4%)	2,099,298 (81.9%)	736,867 (84.6%)
活性化基金(交付金相当額) +推進交付金	1,443,280 (29.0%)	844,981 (54.6%)	464,158 (18.1%)	134,141 (15.4%)
合計	4,981,281 (100%)	1,546,817 (100%)	2,563,456 (100%)	871,008 (100%)

出所:「平成27年度地方消費者行政の現況 第3分冊:予算・事業篇」をもとに筆者作成。

消費者安全法に課された消費生活センター設置や消費者事故等の国への通知等を「法廷受託事務的な要素が強い業務」と指摘し、これらの増加により自治体の負担が新たに発生したことに鑑みれば、国は自治体に応分の財政負担を行うことが必要だとした。消費者委員会委員長の河上(2012)は、「地域主権の強調や、自治事務としての消費者行政の性格付けに限界がある」とも言及している[11]。

消費者庁設置以降、地方消費者行政に対する財政支援として2008年第2次補正から2015年度末まで、国から都道府県を窓口として約438億円が交付されているが、依然として地方自治体の財政基盤は弱い。「地方自治体内部で自発的かつ短期的に消費者行政の優先度が上がることは想定されにくい中で、国において地方消費者行政に自治事務以上の役割を認め、それを地方自治体への財政支援に反映する展開があり得るのかが、地方消費者行政の大きな論点」と指摘する声もある[12]。

3—3 地方消費者行政の推進体制
(1) 専管部署と消費生活相談窓口

消費者行政を専ら担当する「専管部署」の設置は、2015年4月現在、表

---

(11) 河上(2012) 73頁。
(12) 田中(2012) 11頁。

表 13-2 消費者行政を専ら担当する部署（専管機構・組織）の設置状況

		都道府県	政令市	市区町村
専管部署なし		1　(2.1)	1　(5.0)	1,284　(74.6)
専管部署あり	部局レベル	1　(2.1)	0　(0)	0　(0)
	課レベル	18　(38.3)	11　(55.0)	127　(7.4)
	室レベル	5　(10.6)	3　(15.0)	48　(2.8)
	係レベル	22　(46.8)	5　(25.0)	262　(15.2)
	合計	46　(97.9)	19　(95.0)	437　(25.4)

注：数字は実数、カッコは割合（％）を表す。
出所：消費者庁「平成27年度地方消費者行政の現況」をもとに筆者作成。

13-2 に示すとおりである。都道府県、政令市はほぼ専管部署が設置されているが、その位置づけは都道府県では係レベルが、政令市では課レベルが最も多い。また、市区町村では 74.6％で専管部署が設置されていない状況にある。

その一方で消費者庁設置以降、国から地方への財政支援などにより、市区町村への相談窓口の整備が進み、2015年に設置率は100％に達した。具体的には、消費生活センターの単独設置が647カ所、消費生活センターを広域連合等により複数の市区町村で設置したところが215カ所、相談窓口として単独設置が849カ所、広域連携により相談窓口を設置したところが10カ所であり、各地の実情に合わせて相談体制の整備がようやくなされたところである。

(2) 消費者行政担当職員と消費生活相談員

消費者庁「地方消費者行政の現況」によれば、2015年4月1日現在の消費者行政担当職員の内訳は、事務職員5,183人、消費生活相談員3,367人、商品テスト67人、消費者教育・啓発員472人である。事務職員のうち約7割が他の行政分野の業務を兼務しており、特に市区町村等の兼務職員の半数近くが消費者行政に関する業務ウエイトが「10％」という厳しい環境にある。

地方公共団体全体の職員数を総務省「地方公共団体定員管理調査結果」で確認すると、1995年を100としたとき、この20年間で一般行政の職員数は

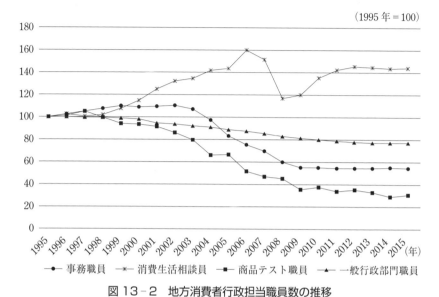

図 13-2 地方消費者行政担当職員数の推移
出所：消費者庁「地方消費者行政の現況調査」、総務省「地方公共団体定員管理調査結果」をもとに筆者作成。

77.4 に減少している。そのうち行政分野ごとに見ると防災は 286.0、児童相談所等 168.3、福祉事務所 153.1 のように人員が増加している一方で、総務一般 83.3、企画開発 77.9、清掃 53.9 のように行政分野によって人員配置に差が見られる。では、消費者行政はどうか。

図 13-2 は、地方消費者行政職員数と一般行政部門職員の人数の推移について、1995 年を 100 として示したグラフである。消費者行政の事務職員は 20 年間で 54.8 の水準に下がっており、行政組織全体でも特に人員が減った行政分野であると言えよう。その一方で、主に非常勤職員として採用される消費生活相談員が相談窓口の対応として人員を増加させている。予算の減少は国からの交付金によって財政支援が可能であるが、今後、地方消費者行政を推進するうえで、一般行政部門を上回って削減された人員をいかに確保するのか、あるいは兼務職員の業務のウエイトをいかに確保するのかが大きな課題と言えよう。

3—4　地方消費者行政における消費者教育に関わる人材

　地方消費者行政では、その内部で規制行政や支援行政それぞれに人員が配置されているわけであるが、ではいったい、誰がどのように支援行政の1つである消費者教育を担っているのだろうか。

　筆者は地方消費者行政において消費者教育に従事する人材を明らかにするため、2015年7月に都道府県、政令市、県庁所在市に対し質問紙調査をした（回収率100％）[13]。

　調査結果によると、都道府県では消費者行政全体で平均19.21人の職員が配置されていたが、そのうち消費者教育を担当する職員は5.68人という結果となった。担当職員の業務量を100％としてそのうち消費者教育の業務がどのくらいの割合を占めるかをたずね、その数値を合計した結果、都道府県平均の合計業務量は289％となり、約3人弱の業務量であることがわかった。

　また、行政職員と消費生活相談員以外で消費者教育を主たる業務とする「消費者教育の専門的人材」が配置されている自治体の実態も明らかになった。都道府県15カ所、政令市3カ所、県庁所在市1カ所、総数で44人の配置が確認された[14]。また、このような人材は行政職員や消費生活相談員が充実している自治体で配置される傾向にあり、自治体間格差が一層広まることが懸念された。

　調査結果によると、特に、2010年以降にこの人材が増加していることが明らかになった。名称は「消費者教育啓発員」「消費生活指導員」「消費者情報発信員」「消費者教育推進専門員」「消費者教育コーディネーター」「消費者教育推進員」「消費生活啓発員」などがあり、非常勤職員がほとんどで、一部嘱託員であった。このような人材のバックグラウンドは、教員経験者や校長経験者、消費生活相談員や消費生活関連の有資格者のほか、特にないという者もあった。

　中でも教員経験者や校長経験者は13人で、講座の講師（92.3％）や教育委員会・学校等との連絡調整（76.9％）等、学校でのこれまでの経験を活かし

---

(13)　柿野（2016）1–11頁。
(14)　消費者教育を外部委託（指定管理）している自治体は除外した数値である。

て、学校における消費者教育の充実に努めていることがわかった。この配置は、消費者教育担当の行政職員が抱える課題の1位に「教育現場や教育委員会との連携が困難である」と回答していたことからも、学校における消費者教育推進の課題解決策と見ることができよう。

4　消費者教育推進の課題と対応（1）——縦割り行政への対応

　ここからは、地方行政論・地域政策論から見た消費者教育推進の課題として、縦割り行政とガバナンスを取り上げ、それを解決するために誕生した「消費者教育コーディネーター」や、これからの消費者教育推進地域協議会のあり方について述べる。

4―1　縦割り行政（セクショナリズム）

　地方消費者行政において、消費者教育を推進する主な主体は、消費者行政を所管する部局と学校教育を所管する教育委員会である。さらに消費者市民社会概念の導入により、環境教育や食育、国際理解教育、ESDなどを所管する部局、さらには幼児期から高齢期まで生涯各期に渡る対象を所管する部局などが関与する。しかし、現状では各行政部局の所管が縦割りで分かれており、これを総合的・一体的に推進することは容易ではない。

　この問題について、国レベルでは消費者行政と教育行政の縦割り解消を目指して、推進法第4条で国の責務を定めると共に、第2項で「内閣総理大臣及び文部科学大臣は」を主語として、「前項の施策が適切かつ効率的に策定され、及び実施されるよう、相互に又は関係行政機関の長との間の緊密な連携協力を図りつつ、それぞれの所掌に係る消費者教育の推進に関する施策を推進しなければならない」と定めた。推進法制定をめぐる動きを受けて、それ以前は独自予算を持っていなかった文部科学省が、2010年から生涯学習政策局男女共同参画学習課に消費者教育推進係を配置、また同年から外部有識者による消費者教育推進委員会を設置し、大学及び社会教育の消費者教育の推進を中心とした事業を実施する契機となったことは評価できよう。しかし、文部科学省の中で学校教育を所管する課が異なるため、省内連携がどこ

第13章 地方行政論・地域政策論　255

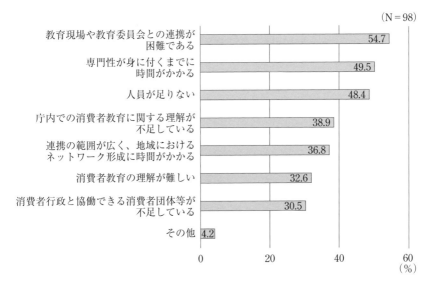

図13-3　消費者教育担当職員が抱える課題
出所：柿野（2016）の調査をもとに筆者作成。

まで進んだのか、また現在、約10年に1度改訂される学習指導要領の改訂時期と重なっているため、学校教育の充実がどこまで図られたのか、現段階では評価が難しいところである。

　一方、地方行政はどうだろうか。推進法第5条で地方公共団体は、「消費生活センター、教育委員会その他の関係機関相互間の緊密な連携の下に、消費者教育の推進に関し、国との適切な役割分担を踏まえて、その地方公共団体の区域の社会的、経済的状況に応じた施策を策定し、及び実施する責務を有する」と定められている。国と違い、主語は「地方公共団体」である。教育委員会は地方自治体が連携する1つとして位置づけられており、国の文部科学省の位置づけと比較すると、教育委員会の主体性がやや薄れている。

　図13-3は、2015年7月、地方消費者行政で消費者教育を担当する行政職員（都道府県、政令市、県庁所在市、N=98）に対して、担当職員が抱える課題をたずねたものである。その結果、最も多い課題は「教育現場や教育委員会との連携が困難である」ことを挙げている。推進法によって、縦割り行政の解消を目指したところであるが、この点については推進法施行後も依然と

して課題のままのようだ。これらはまさに消費者行政と教育行政の縦割りの結果であり、地方行政における消費者教育推進の最大の壁になっている。

4―2 消費者行政と教育行政の縦割りを解消するコーディネーター
(1) 消費者教育コーディネーターとは

「コーディネーターの育成」は、消費者教育の推進に関する基本的な方針（以下、基本方針）において、「消費者教育を担う多様な関係者をつなぐためには、間に立って調整をする役割を担う者が必要となる。このようなコーディネーター（いかなる名称とするかは問わない。以下同じ。）は、消費者市民社会形成の推進役としての重要な役割を果たすことになる。このため、消費生活センター等が拠点となって、多様な主体が連携・協働した体制づくりが進むよう、コーディネーターの育成に取り組む」として示された。

これを受けて、第1期消費者教育推進会議に設置された地域連携推進小委員会では、コーディネーターについて検討を行い、消費者行政職員、サポーターの概念と共に、次のような整理を示した[15]。

「コーディネーターは、担当地域における日々の消費者教育を実務面・実践面において全般的に企画・調整し推進する。消費者教育の拠点等で、地域全体の消費者教育の実践を支援する専門職として下記③[16]のサポーターが活躍しやすい環境の整備などを担う。コーディネーターの役割を担う人材としては、例えば、消費者教育担当行政職員、元職員等のほか、基本方針にあるとおり、消費生活相談員、消費者団体やNPOの一員として活動する者や、社会教育に関する専門的・技術的な助言・指導に当たる社会教育主事が考えられる。なお、コーディネーターが円滑に活躍できるように、地方公共団体がコーディネーターの資格を認定したり、消費生活センターの非常勤職員と

---

(15) 消費者教育推進会議「消費者教育推進会議取りまとめ」2015年3月。
(16) 報告書の中では、消費者教育コーディネーターと消費者行政職員、サポーターに区別し、サポーターについて「消費者教育に関して、地域の多様な組織・個人のつなぎ役をいう。①学校と学校に協力可能な地域人材や団体等とのつなぎ役、②地域で活動する主体相互のつなぎ役、③見守り活動を行う主体と消費者教育・啓発活動を行う主体相互のつなぎ役などが考えられる（後略）」と説明している。

して委嘱したりすることも考えられる」

　このようなコーディネーターは消費者庁の現況調査では、全国の11都道府県、78市区町村等で設置されていると消費者委員会は報告している（2015年4月1日現在）[17]。

(2) 具体事例――静岡県浜松市

　ここでは、筆者が静岡県浜松市の事業に関わる中で誕生した、学校と消費者行政をつなぐ消費者教育コーディネーターを取り上げる[18]。

① コーディネーター配置の背景

　浜松市の「消費者教育コーディネーター」は、消費者教育推進地域協議会の前身となる「浜松市消費者教育のあり方の検討会」（2013年度に設置）の報告書において、「くらしのセンターと学校をつなぐコーディネーターの存在」が提案されたことを発端としている。

　それまで多くの自治体と同様、浜松市でも学校現場との連携を大きな課題としていた。浜松市は人口80万人を超える政令市であるが、教育委員会に家庭科の指導主事が配置されていない[19]。当時、教育委員会に対して消費者行政サイドから直接交渉しても、学校現場の多忙を理由に、新しいことを増やすのは教員の負担になるため難しいという話になり、それ以上の展開が期待できる状況になかった。

　そこにどうやって風穴を開けるのか、ということが課題になったとき、着目したのが「消費者教育コーディネーター」である。くらしのセンターは、消費生活相談以外にも市民相談、交通相談も受ける総合的な窓口になっており、そこに市民相談員として勤務していた一人の存在に白羽の矢が立った。なぜなら、公立中学校に38年間勤務（うち教頭4年、校長8年、専門教科は国語）しており、学校現場と教育委員会に太いパイプを持っていたからであ

---

[17] 消費者委員会（2016）10頁。
[18] 岡山県消費者教育コーディネーターの事例は、消費者委員会（2016）参考資料2に詳しい。
[19] 中学校技術・家庭科の技術分野の教員が配置され、家庭科を担当している。

る。こうして 2015 年度から浜松市に「消費者教育コーディネーター」が誕生した。

② 活動事例から見る学校とコーディネーターの役割

現在、コーディネーターは学校とのつなぎ役として、各教科教育に対する実践支援、学校全体としての取り組み支援、環境教育・食育等の消費者教育に関連する出前講座等を実施する NPO など地域の多様な主体とのコーディネート等、教育委員会や教育研究会との連携を密にし、各学校での取り組みを促進する役割を担っている[20]。

中でも、各教科教育に対する実践支援として、家庭科の教育研究会と共に教材作成をした事例に筆者も関わり、コーディネーターの仕事内容を身近で観察してきた。学校現場とのネットワークを持つ校長経験者が果たすコーディネーターの役割をまとめると以下のようである。

第一に、学校現場と消費者行政の認識のミスマッチを解消できるという点である。消費者行政サイドから見れば、学校には独特な時間の流れや暗黙のルールがある。例えば、消費者行政サイドは消費者教育推進のために、学校への出前講座を増やしたいと願うが、学校現場は対応すべき教育課題が多く、消費者教育のために時間を確保することが難しいという反応が見られたとしよう。この場合、38 年間の勤務で学校の様子を知り尽くしている消費者教育コーディネーターは、学校側が抱える課題に対して十分に共感しつつ、消費者教育の必要性を説明したり、出前講座が難しいとしたら、他にどのようなニーズがあるのかを把握し、それに対して消費者行政にどのような支援ができるのか、学校現場と対等に会話ができる。まさに、学校現場と消費者行政の認識のミスマッチを埋め、行政サイドから学校にアプローチするときに必要となる基本条件を提供できることが第一の役割として重要である。

第二に、連携・協働の「きっかけ」が作れるという点である。これまで教育委員会に直接交渉したときには多忙だと言われたが、教科を担当する教員

---

[20] 「豊かな消費者市民都市をめざして　浜松市消費者教育推進計画　平成 28 年度〜平成 32 年度」2016 年 5 月、24 頁。

の教育研究会に協力を求めたところ、教科教育の内容を充実できるなら協働したいというニーズがあった。このアプローチを可能にしたのは、研究会の顧問校長とコーディネーターが学校現場時代から親しく、話が通りやすかったことが理由として挙げられよう。

　第三に、連携・協働が継続しやすい「環境」が作れるという点である。研究会のメンバーになっている教員は、研究会に比較的頻繁に出席しなければならなかったが、出張扱いにしてもらえるようにコーディネーターから各校の校長に依頼をし、快諾を得ている。現職校長はすべてコーディネーターの後輩に当たるため、依頼も通りやすい。このような目に見えない学校現場との太いつながりが、学校と行政の連携に効果を発揮したと言えよう[21]。

4―3　コーディネーター配置に向けた課題

　2016年6月、消費者委員会は学校における消費者教育の推進のために、「コーディネーターの設置・活動の促進」について提言した[22]。現状では限られた自治体のみに配置されている現状を踏まえ、この背景には、①コーディネーターの役割を担える資質を有する者の不足、②地方自治体のコーディネーターに対する理解が不十分、③コーディネーター的な役割を果たしているものも位置づけが不明確であるため、活動に限界がある、といった点があることを指摘している。

　先の浜松市の事例に見るように、消費者教育推進の枠組みの中で適切な人材が配置され、適切な活動が行われれば、学校との連携は確実に進み、子どもたちの消費者教育の機会や内容が充実していく。最近では、兵庫県姫路市のように教育振興基本計画に位置づけ、教育委員会が積極的に推進しようとする動きも出てきているが、連携に困難を抱える地方行政には、コーディネーター制度は非常に効果的であろう。また、自治体職員に対しコーディネーターの重要性を広く伝えると共に、コーディネーターの研修を充実させる等の取り組みを通じてこの体制が全国に広がるような国の積極的な支援策

---

[21]　小川（2016）10-11頁。
[22]　消費者委員会（2016）42-43頁。

が欠かせないであろう。

5　消費者教育推進の課題と対応（2）——ガバナンスの観点から

　ここでは地域の多様な担い手と連携・協働し、消費者市民社会の実現に向けて動き出すための「結節点」として役割が期待されている消費者教育推進地域協議会に焦点を当ててみよう。

5—1　ガバナンスの観点から

　「2—3　地方行政論・地域政策論の潮流」において、ガバメントからガバナンスへという考え方が1つの潮流であることを紹介した。

　秋吉他（2016）は、ガバメントがヒエラルキー（階統制）的秩序とすれば、ガバナンスという言葉が示唆するのは「ネットワーク」であると説明する。ネットワークを形成するのは、政策結果に影響力を行使しようと参加する多様な主体である。これら主体は政府の支配から自立的であり、むしろ政府もネットワークの一員となる。そのようなネットワークのメンバー間の相互作用の中から独自の政策・方針が生まれ、ネットワークを取り巻く環境が形作られる。その中で各主体が資源を交換し合いながらも他者に過度に依存しないような関係を築いている状態がガバナンスであるという[23]。

　また、ネットワーク型のガバナンスにおいては、各主体のパートナーシップが重視される。そこでは政府の役割が、サービスの直接供給や規制の実施から、多様な主体間の連携や協力を円滑にするための条件整備や調整へと移行する。

　消費者市民社会の実現に向けて、多様な主体が消費者教育に関わる状況において、まさに行政は直接的に出前講座を実施するだけでなく、多様な主体が連携し、協力して消費者教育が実施できる条件整備や調整が必要とされるのである。その意味で、基本方針において、消費者教育の担い手の中に調整

---

[23]　秋吉他（2016）263頁。

する立場の「コーディネーター」を位置づけたことは大きな転換点であったと言えよう。

では、推進法に示される消費者教育推進地域協議会は、地方行政においてネットワーク型のガバナンスの1つの形になりうるのだろうか。以下、現状と具体的な方法論について述べる。

5—2 消費者教育推進地域協議会
(1) 地域協議会の設置状況

消費者教育推進地域協議会とは、推進法第20条第1項に基づいて設置される協議会である。消費者教育の推進に関する基本方針（2013年閣議決定）では、地域協議会を「地域の多様な担い手の結節点」として、「行政が中心になって、消費者団体や事業者・事業者団体等の自主性を尊重しつつ、活動を支援し、相互の連携と情報共有の仕組みを作ることが必要」との考え方を示している。

消費者教育推進会議の最新資料（2016年9月27日）では、消費者教育推進計画は42都道府県、12政令市で策定済み、協議会は44都道府県、14政令市で設置している（2016年9月1日現在）。また、消費者庁現況調査の資料から、27市区町村が地域協議会を設置していることが確認できる（2015年4月現在）。

(2) 消費生活審議会との関連

筆者は2015年6月、都道府県と政令市の消費者行政担当部局に対して、地域協議会の設置状況に関するアンケート調査を実施した（回収率100％）[24]。

2014年度末の地域協議会設置状況は、都道府県で19カ所、政令市は4カ所であった。法施行後、急速に地域協議会の設置が進んできたことがわかる。しかし、その設置状況を見ると、既存の消費生活審議会との関係で、図13－4のような形態が出現していることがわかった[25]。

---

(24) 柿野・大野田（2015）63-73頁。
(25) この整理については調査時期が法施行後から早い段階であるため、引き続き検討したい。

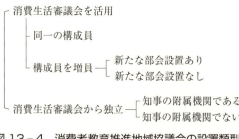

図13-4 消費者教育推進地域協議会の設置類型
（消費生活審議会が設置されている場合）

　調査結果からは、多くの都道府県・政令市でこれまでの消費生活審議会の機能を活用しつつ、地域協議会を設置する傾向が見られた。

　基本方針にあるように行政が中心になって進めるとしても、ガバナンス論の観点からは、行政も主体の1つであり、各主体のパートナーシップが重要となる。現状多く見られる審議会からの発展型はヒエラルヒー的秩序が残り、硬直的になりはしないか。そのため「地域の多様な担い手の結節点」と期待される地域協議会の機能が発揮されているのか、危惧されよう。

　また、市区町村の多くは消費生活審議会を設置しておらず、何もないところから地域協議会を立ち上げる必要がある。そのためのノウハウが必要と言えよう。

5-3 地域協議会を「多様な担い手の結節点」にするために

　地域での連携・協働を進め、全国的に消費者教育を広めていくためには、基礎自治体がどのような形で地域協議会を設置するかにかかっていると筆者は考える。しかし、地方消費者行政の推進体制を考えると、全国隅々まで都道府県と同じような形で地域協議会を設置することには困難な面も多い。

　そこで筆者が全国の自治体支援を経験する中で生まれた1つの方法として、「連携・協働による地域協議会の作り方」を紹介する。それは関係者による「消費者教育のあり方を考えるワークショップ」の先に、そのメンバーの中から地域協議会の構成員を委嘱するという考え方である。

　文部科学省消費者教育推進委員会の報告書「地域における消費者教育実践のヒント集」(2013年)には、地域で連携・協働による消費者教育を進める

ための具体的な方法論が掲載されている。筆者はその考え方に基づいて、基礎自治体の受託事業として、行政、消費者団体、事業者、学校、福祉などの異なるセクターの関係者を集め、学校・地域・高齢者の見守りのグループに分かれて消費者教育のあり方を検討する全3回のワークショップを開催し、消費者教育の企画案を作成するという取り組みをしている。2014年度には山形県米沢市、2016年度には岡山市、鳥取市、滋賀県近江八幡市で同様の方法で展開している。

　いわゆる消費生活審議会のように役所で行われる会議は、委員に委嘱された者が会議に出席し、そこで事務局が作成した案について意見を述べるという形式が一般的である。この場合、主体は行政である。一方、連携・協働による地域協議会は、そこに参加した者が意見を出し合い、ともにその地域の消費者教育の理想像を語り、何ができるかを考える場として機能する。この場合、行政の役割も重要であるが、そこに関わる全員が主体となる。

　またこの方法は、新たな担い手を育成することにもつながる。2014年度に山形県米沢市で開催したワークショップで高齢者の消費者被害を防ぐための見守りについて考えたグループは、地域全体で被害を防ぐ「消費者見守りサポーター」を増やす作戦として、認知症サポーター「オレンジリング」の枠組みを踏襲し、「みどりんぐ」を普及する企画を考えた[26]。この企画は、高齢福祉行政担当課と消費者行政担当課を主管課に、消費者庁の交付金を財源として2015年度から事業化し、継続して高齢者の見守りの輪を広げている。この問題を深刻に捉えている福祉関係者に「課題解決に向けて、高齢者の身近にいる自分たちが積極的に行動を起こさなければならない」という気持ちの変化が起こり、このような具体施策につながったことは間違いない。

　これまで担い手育成と言うと出前講座の講師を育成すると考えられる場合が多かったが、あり方検討のワークショップは、地域の関係者が自らを消費者教育の担い手として自覚し、自分を基準にして何ができるのかを考える機会になる。このように、これから市区町村に誕生する地域協議会においては、同じ問題意識を共有している多様な主体が集まり、気軽な雰囲気で話し合え

---

[26] 柿野（2015）9-11頁。

る「場」を作って、共に語り合うことから始めることが重要であろう。さらにこれを全国的に広げていくために、このようなノウハウを集約し、地域のキーパーソンとなりうる「コーディネーター」の存在が不可欠となろう。

　本章では、地方消費者行政における消費者教育について、地方行政論・地域政策論との関係から論じてきた。中でも、「コーディネーター」が基本方針に位置づけられた文脈を、縦割り行政とガバナンスの台頭という2つの地方行政論・地域政策論のキーワードから、明らかにしてきた。

　さまざまな場面で台頭しているガバナンス論の展開において、消費者市民社会を拓く消費者教育の取り組み事例をもとに研究を深めることにより、他の学問分野に対して新たな地平を開く可能性もあるのではないだろうか。今後、未来思考でさらに研究と実践を重ねていきたい。

【参考・引用文献】
足立幸男（2009）『公共政策学とは何か』ミネルヴァ書房
秋吉貴雄・伊藤修一郎・北山俊哉（2016）『公共政策学の基礎』有斐閣ブックス
樋口一清・白井信雄（2015）『サステイナブル地域論』中央経済社
細川幸一（2007）『消費者政策学』成文堂
柿野成美（2015）「基礎自治体における消費者教育推進の可能性―山形県米沢市への支援事業（平成26年度）から」『消費者教育研究』No.170、9-11頁
柿野成美（2016）「地方消費者行政における消費者教育推進の人材に関する研究―質問紙調査にみる現状と課題」『消費者教育』36冊、1-11頁
柿野成美・大野田良子（2015）「消費者教育推進法施行1年目にみる地方自治体の動向と今後の課題」『消費者教育』35冊、63-73頁
河上正二（2012）「地方消費者行政の充実・強化」『ジュリスト』1444号
宮崎文彦（2009）「『新しい公共』における行政の役割―NPMから支援行政へ」『千葉大学公共研究』第5巻第4号
村上弘・佐藤満（2016）『よくわかる行政学　第二版』ミネルヴァ書房
西尾隆（2016）『現代の行政と公共政策』放送大学教育振興会
西村隆男（1999）『日本の消費者教育』有斐閣
西尾勝（2001）『行政学』有斐閣
消費者庁（2011）「地方消費者行政の充実・強化に向けた課題」
消費者委員会（2016）「若年層を中心とした消費者教育の効果的な推進に関する提言」
田中菜採兒（2012）「地方消費者行政の経緯と現状」『調査と情報』第761号、1-11頁
田中菜採兒（2014）「消費者教育の経緯と現状―消費者教育推進法施行を受けて」『調査と情報』第818号、1-12頁

地方消費者行政推進本部制度ワーキング (2011)「地方消費者行政の充実・強化に向けた課題」
山田光矢・代田剛彦 (2012)『地方自治論』弘文堂

第 14 章

社会支援論
―― 要支援者への消費者教育

小野由美子

1　支援が必要な消費者の存在

　『平成28年版消費者白書』によると、高齢者の消費生活相談件数は2015年度に240,339件あり、認知症などの高齢者に関する相談件数も8,826件寄せられ、いずれも高水準にあることが指摘されている。高齢者全体では本人からの相談が約8割を占めるのに対し、認知症などの高齢者に関する相談では本人からの相談は2割に満たない。トラブルの当事者が心身障害者または判断能力の不十分な方々であると消費生活センターが判断した「障害者等に関する相談」においても、本人からの相談は4割を満たない状況であり（2015年度19,457件中7,141件、36.7％）、十分に判断できない状態にもかかわらず事業者に勧められるままに契約したり、買い物や借金を重ねたりするといったケースが報告されている（消費者庁 2016、119–122頁）。

　高齢者や障害者が消費者トラブルに巻き込まれる機会も増えている中、2011年には障害者基本法が改正され、障害者が消費者として保護されることが第27条に言及されている。消費者教育推進法でも、地域における消費者教育の推進に関する第13条において、高齢者や障害者などに対する消費者教育が適切に行われるために福祉関係者への研修の実施、情報の提供が求められている。

1―1　判断不十分者契約の相談状況

　全国の消費生活相談窓口に寄せられた判断能力に問題のある人の契約（何らかの理由によって十分な判断ができない者の契約であることが問題となってい

る相談。いわゆる適合性原則に関連した相談など)の相談は 2012 年度に 8,689 件であった(国民生活センター 2014a)。同年度の相談総件数 859,279 件の約 1.0％の相談ではあるが、家族や支援者といった見守る側が気づいてはじめて相談に至る層でもあることから、潜在的な件数はこの限りではない。

こうした認知症などの理由によって判断能力が不十分な状態になっている高齢者の消費者トラブルにおける問題点として、①トラブルや被害にあいやすいうえに、トラブル等にあっているという認識が低く、問題が潜在化しやすい、②特に一人暮らしの高齢者がトラブルや被害にあいやすく、周囲に気づかれにくい、③次々販売により被害が拡大し、支払い金額も高額になる、④契約した経緯の証明や、判断能力が不十分であったことの証明が難しい、⑤認知症等高齢者の弱みにつけこんだ悪質業者に狙われやすいことの5点が指摘されている(国民生活センター 2014b)。

1―2　要支援消費者とは誰か

いわゆる判断不十分者には知的障害などのある若い年代もおり、外食やカラオケで割り勘がうまくできずにトラブルになった事例や、契約やクレジットカードに関する消費者トラブルに巻き込まれた利用者を福祉施設職員が支援する場面が珍しくなく、知的障害が軽度である場合はさらに、他人から判断しづらいことから消費者トラブルに巻き込まれやすい(小野 2011)。

障害者等に関する消費生活相談の件数は 2006 年度に 14,123 件だったのに対し、2012 年度 19,013 件、2013 年度 21,354 件、2014 年度 20,582 件、2015 年度 19,457 件と2万件前後で推移している(消費者庁 2016、121-122 頁)。

障害の種類や程度によって必要な支援は異なるが、判断能力に支援が必要な場合、だまされていることに気づかなかったり、被害にあっても抱えこんで周囲に相談しない傾向にある。本章では消費生活を送るうえで家族や支援者の見守りが日常的に必要な消費者を「要支援消費者」として検討を進める。その中心は判断不十分者であるが、認知症高齢者の割合が高いことから社会的な対策も他の障害がある消費者にとっては十分とは言い難い。知的障害や精神障害、そして理解力の程度が消費生活の妨げになっている、いわゆる「ボーダー層」を含む議論を展開することで、消費者教育の長年の課題でも

あった情報の届きづらい人々への具体的な接近を試みたい。

1—3　相談情報における「判断不十分者契約」と「心身障害者関連」の状況
①障害者等の消費生活相談件数

　平成26年版の『消費者白書』における「障害者等」に関する相談件数は2004年度11,636件だったが2013年度には21,542件と増加傾向にあった。この「障害者等」は「身体障害、知的障害、精神障害者や認知症高齢者等の判断力不十分者」のことで、「心身障害者関連」または「判断不十分者契約」に関する相談であり、認知症高齢者と一部重複している（消費者庁2014、203頁）。2013年1月から12月までの間に「心身障害者関連」と「判断不十分者契約」の両方のキーワードが全国消費生活情報ネットワーク・システムに登録された1,683件の相談情報を筆者が分析した調査（以下、「PIO-NET調査」）でも「心身障害者関連」ケースは8,683件、「判断不十分者契約」は15,187件、あわせて23,870件になったことから2013年度の情報を使用した白書にある障害者等相談21,542件と同程度であった。

②『消費者白書』に見る販売購入形態別件数

　障害者等の相談について販売形態の傾向として「訪問販売」の割合が23.3％で「店舗購入」の23.0％とともに大きく（消費者庁2014、203頁）、全体平均と65歳未満、65歳以上、障害者等別によって主な販売購入形態の割合をまとめると次のとおりである（消費者庁2014、126頁）。

　販売購入形態の割合について全体平均を見ると店舗購入29.7％、訪問販売9.7％、通信販売30.1％、電話勧誘10.9％であった。65歳以上の高齢者では店舗購入21.1％、訪問販売15.3％、通信販売16.5％、電話勧誘23.9％であるのに対し、障害者等では店舗購入23.0％、訪問販売23.3％、通信販売15.5％、電話勧誘17.4％であった。訪問販売の全体平均は9.7％であることから、高齢者の15.3％、障害者等の23.3％の割合は相対的に高い。高齢者と障害者等で店舗購入と通信販売の割合は同程度であるが、電話勧誘は全体平均10.9％に比べ、高齢者23.9％と障害者等17.4％の割合は大きい。以上から、高齢者では電話勧誘販売の割合が目立ち、障害者等では訪問販売による相談の割合

が相対的に高いことがわかった。

③「心身障害者関連」等の相談事例

次に、筆者による PIO-NET 調査から事例を紹介すると、当事者からの相談に加え、家族や福祉関係者などから相談が寄せられていることがわかる。

・店舗購入:「0円のスマホを購入するために店を訪れたが、高額なスマホと15円携帯2台の3台を契約。支払いができないのでクーリングオフしたい」「統合失調症の息子がクレジットで中古バイクを購入した。浪費癖があり、これ以上借入れができないようにする方法はないか」

・訪問販売:「一人暮らしの認知症の母が新聞の年間購読契約をしていた。私が解約を申し出たところ、高額な違約金を請求された」「チラシで見た業者に台所の水道修理を依頼したが、台所以外の水回り工事を次々に勧められ、高額契約させられるので不満だ」

・通信販売:「施設に入居している知的障害者が、無料とあった広告を見てアダルト動画サイトにアクセスし、高額な料金を請求されている」「脳出血で高次脳障害のある息子が勤務先のパソコンで出会い系サイトを開き、理解ある上司から止めるよう注意されているが失職が心配だ」

・電話勧誘:「判断不十分者の妹が電話で宝くじの当選番号を教えると言われ、総額75万円支払った。今でも定期的に電話がかかるので対処法を知りたい」「1カ月前に、支援サービス利用者が電話勧誘で内容を理解しないまま医療保険の契約をしてしまった。無条件解除できるか」

④「心身障害者関連」等の相談者と契約者の状況

消費生活相談の窓口に相談をした人を筆者が集計したところ、契約した人と相談した人が同一だと思われるケースが30.5%で、白書の結果（2013年度33.1%）と同程度だった（図14-1）。逆に、本人に代わって相談をした人の内訳をPIO-NET調査で見ると、認知症の母親など「親を心配して子どもが相談」が19.2%、「子を心配して親が相談」が19.1%とほぼ同じであった。このことから、高齢者と同じくらい若い世代の要支援消費者を見守る担い手への情報提供の大切さが浮き彫りとなった。

第 14 章　社会支援論　271

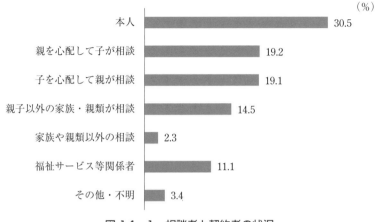

図 14-1　相談者と契約者の状況

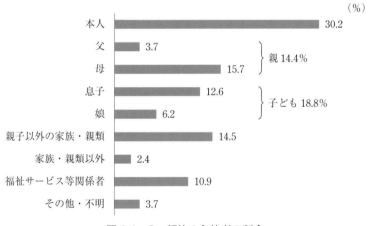

図 14-2　契約の主体者の割合

⑤「心身障害者関連」の契約主体者の状況

　本人が契約者であるケースが3割を占め、親が19.4％、子どもが18.8％だった（図14-2）。親の相談では父親3.7％より母親15.7％が多い。子どもでは娘6.2％に比べて息子12.6％の割合が高い。福祉サービス等の関係者も1割強であることから、要支援消費者の支援は当事者に加えて、その子世代と親世代への情報提供と、福祉サービスの関係者との連携が不可欠であるこ

272　第Ⅱ部　消費者教育へのパースペクティブ

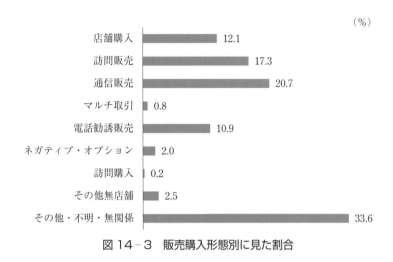

図14-3　販売購入形態別に見た割合

とがあらためてわかった。

⑥「心身障害者関連」等の販売購入形態

　白書における障害者等の販売購入形態別の割合は、店舗購入23.0％、訪問販売23.3％、通信販売15.5％、電話勧誘17.4％であった。本調査では店舗購入12.1％、訪問販売17.3％、通信販売20.7％、電話勧誘10.9％であった（図14-3）。PIO-NETの「件名」と「内容等キーワード」による本調査では販売購入の形態まで読み取れない事例も多く（33.6％）、白書にある各カテゴリーより全体的に割合が小さくなったが、通信販売のみ白書の結果を上回った。

　なお、「その他・不明・無関係」に分類した事例には、①販売購入形態としては詳細な経緯がわからず、分類しがたい相談（「精神疾患のある息子が何かの契約をして相手に代金を振り込んでいる」「叔母宛に、見覚えのない会社から請求書が5枚届いた」「実家の母が家族に内緒で中古車を購入したが、精神的にも身体的にも運転できる状態にない」）や、請求書の取り扱いや借金整理など法律や社会制度に関する相談（「娘のクレジットカードの債務がかさみ、業者から高額な請求書が来ている」「障害のある伯母宛てに不明な督促通知が2通届いたが本人もわからない」「裁判所から通信費の未払いで口頭弁論の呼出状及び答弁書催

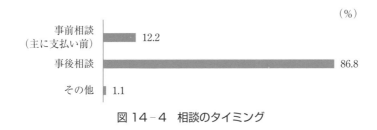

図14−4　相談のタイミング

告状が届いた」「高齢の親が認知症になったとき、成年後見制度を利用するか迷っているので仕組みを教えてほしい」）などが含まれる。今回の分析では、借金問題に関する相談は対象とした1,683件中173件（30.7％）、携帯電話やスマートフォン、パソコンを契機にした相談は390件（69.3％）であった。

⑦「心身障害者関連」等の相談のタイミング

　高齢者の相談では、契約の申込み前に相談が寄せられる傾向が高まっており、その割合は60歳未満が7.1％であるのに対し、60歳代15.3％、70歳代22.3％である（消費者庁2014、137頁）。今回のPIO−NET調査では12.2％が支払いをする前に相談しており、契約や支払いが終了してからの相談は86.8％であった（図14−4）。「その他」に分類したのは、成年後見制度など諸制度に関する一般的な照会である（1.1％）。今回の「心身障害者関連」と「判断不十分者契約」の両方のキーワードが登録された相談情報を見ても、契約前に相談する割合が1割以上いたことから、各地の消費生活センターが消費者問題の未然防止に一定の役割を担っていることがわかる結果となった。

⑧「心身障害者関連」等の相談の特徴

　「心身障害者関連」と「判断不十分者契約」両方のキーワードが付された相談情報による今回の分析から得られた知見を整理したい。障害者等の相談は高齢者や判断不十分者契約の相談事例と傾向が似ている部分もあるが、相違点も見受けられる。販売購入形態では障害者等は訪問販売による相談の割合が相対的に高かった。PIO−NETのシステムでは通信販売のカテゴリーにインターネット通販による出会い系サイトなどの有料サイト等サービスも含

まれているが、今回の PIO-NET 調査では「知的障害のある息子がパソコン上からアダルトサイトに入り高額請求された」など、若年層が主体となる相談が多く、携帯電話やスマートフォン、パソコンを契機にした相談が全体の7割を占めていた（69.3%）。借金問題が明らかに絡んでいるケースも全体の3割あったことから、計画的な金銭管理に結びつく対策や、債務整理に関する情報提供が欠かせない。

消費生活センターへ本人が相談したケースは3割程度であり、残る7割では親を心配する子ども（19.2%）と、子を心配する親（19.1%）がそれぞれ2割近くであった。これは高齢者だけでなく若い世代の当事者を見守る担い手についても消費生活に関わる情報提供が求められることを意味する。消費者教育の素材との関わりでは、高齢の母親を心配しての相談（15.7%）が父親に関する相談（3.7%）より割合が高く、子どもでは息子の相談（12.6%）が娘（6.2%）より高かったことから、認知症の母親や若い世代の障害のある男性に関わる消費者トラブルの素材提供が役立つことがわかる。あわせて、福祉サービスの関係者が約1割であることから、要支援消費者を見守る担い手として福祉サービス提供者の活躍が期待される。

2　地域における知的障害者などへの取り組み

2—1　当事者を対象にした家計管理の支援を目的とした講座

ここでは筆者が代表を務める「多重債務者問題からみた社会福祉のあり方研究会」（以下、「おたふくけん」）の取り組みを紹介したい。会社などで働く知的障害者などを対象にした家計管理支援プログラムを検討、実施しており、消費者トラブルを未然に防ぐことはもちろん、トラブルにあっても「隠さなくていい」ことを知り、周囲に「あきらめずに」相談する姿勢を育むことを大きな目標としている。おたふくけんでは2004年から、借金を抱えることで生じる生活問題を、生活保護やホームレス問題といった貧困や低所得者福祉などとの社会福祉との関わりで検討と実践を重ねてきた。そうした取り組みの中で情報が届きづらい要支援消費者を前提とした支援の必要性を共有するに至り、2008年に知的障害者に家計管理支援をしている専門家をメン

バーに迎えて現在も研究会と講座の実施を重ねている。情報が届きづらい当事者や家族、支援者を対象に、携帯電話、買物、家計管理に焦点を当てた取り組みが中心であり、主な講座を整理すると次のものがある。

①「勉強しよう　お金のこと」（対象：当事者／家族と支援者）
　小遣いや生活全体の収支といったお金の管理、金銭感覚を持つこと、お金のトラブルの防止について学習する。

②「これだけは知っておこう！」（対象：当事者）
　消費者トラブルの未然防止をメインとした短時間の講座。お金の価値や電子マネー、携帯電話をきっかけにした消費者問題を知り、断る練習や相談する大切さを学習する。

③「めざせ！かっこいいおとな」セミナー（対象：当事者）
　「かっこいいおとなになるための7か条」を通して、お金とうまく付き合う考え方を学習。具体的な予算を立て、費目の印刷されたシールを貼るなどして楽しく封筒管理術を学ぶ。

④発達障害などのある当事者向けの講座
　③の知的障害者向け「めざせ！かっこいいおとな」セミナーについて、発達障害などのある若者向けに構成されたプログラム。封筒管理の枚数を増やして一般向けに近づけたり、知的障害者向けに付したルビを削除する工夫。漢字の読めない参加者がいる場合は、ゆっくり読み上げるなどの配慮をする。

⑤生活保護受給者などを対象にした講座
　生活保護受給者には家計管理の困難さを抱える世帯が少なくない。支援者からは家計管理の目的と方法を明確にする必要性や、借金や滞納問題との関連性についての課題が指摘され、家計簿記帳に限定されない取り組みが求められている。「やりくりべたのための『家計管理術』レッスン」は、現状の把握、目標の設定、支出の改善の確認、そして封筒管理術の学習から構成さ

れている。なお、③と④の「めざせ！かっこいいおとな」と⑤「やりくりべた」は、ライフマネー研究会（島貫正人代表）が開発・実施をし、おたふくけんが運営サポートをしている。

⑥特別支援学校における金銭管理教育を考えるセミナー

特別支援学校において主体的に生活を営むための小遣いや金銭管理教育のあり方を考えるセミナーを 2014 年 1 月と 2016 年 1 月に開催。特別支援学校などの教員らが集い、「知的障がい者のお金のトラブルと学校教育の課題」について検討した。

以上は、当事者の特性に合ったお金に関する授業や講座が求められている中、講座の実施依頼者からの要望を踏まえながら内容を充実させてきた。身近な携帯電話などを契機にした話題提供や、封筒管理を学ぶ作業は、当事者からの関心も高い。家族と支援者向けの講座もあわせて実施することで、当事者がお金の話をしやすい環境が整い、問題の解決と未然防止につながり、「豊かな」生活への第一歩になることが期待されている。

例えば、ある特別支援学校高等部の家庭科で実施した②の「これだけは知っておこう！」では、小遣い帳の付け方を学習するグループと、お金のマッチング（金額と金種の合致）を学習するグループとに分かれて授業を行った（多重債務者問題からみた社会福祉のあり方研究会 2016、15-16 頁）。最初のグループは就労を目指しており、小遣い帳の付け方など、職業の授業を使った学習をすでに 5 回ほど繰り返しており、今回の授業はコンビニでの支払い、お金の使いみちの種類、電子マネー、携帯電話やスマホの使い方、相談相手の確認、断り方の練習、消費者トラブルの内容と対策に関する替え歌から構成される内容とした。就労を目指しているだけあり、終始、集中して授業に参加していた様子が印象的であった。これまでの学習内容と重なる部分もあったかと思うが、外部講師からも重ねて説明することは知識の定着に役立つものと思われる。

2 つ目のグループは数の認知が難しく、現金を形や色でマッチングをしている生徒が多いことから、神奈川県消費生活課の「『お金のつかい方』を学

ぼう！」という啓発資料を使用した。計算が難しいこともあり、「貯金」は「おかねをためること」とホワイトボードに書いたりして、お金を管理するための枠組みや概念について平易な言葉で説明することに努めた。啓発資料に出てくるモデルの女の子と同じように、かばんが大好きな生徒がいて、自分でもかばんを買いたいことを熱心に伝える姿が見られた。

2—2　家族と支援者を対象にした家計管理の支援の必要性

　知的障害や精神障害などのある消費者を対象に家計管理の支援を担っているA市社会福祉協議会において、日常生活自立支援事業専門員や日常生活自立支援事業生活支援員、市民後見人候補者の方々を対象にした研修を筆者が担当した際、事前に質問紙調査を実施させて頂いたことがある（多重債務者問題からみた社会福祉のあり方研究会2016、26–29頁）。日常生活自立支援事業で知的あるいは精神障害のある利用者の家計管理や消費契約などで発生したトラブルや課題について次のような回答が寄せられた。

①金銭の貸し借り、搾取

　「食事代をおごってしまい生活費が足りなくなり、隣近所へお金を借りに行ったため、心配した近所の人から社会福祉協議会に連絡が入った」ケースや、「自分の所持金がなくなると通所していた作業所で知り合った女性からお金を借りたり、ときには脅してお金を出させたりして訴えられた」ケースがあった。「少しまとまったお金が入ったりすると、ギャンブル癖があり、使ってしまう」というように、友人や異性との金銭の貸し借りや、ギャンブルとの関わりが見られた。「生活費の中から別に生活している家族に定期的にお金を渡している様子がうかがえる。生活費の不足も発生し、ご本人の健康状態が心配」という家族との関わりが課題となる事例もあり、年金や給与などを家族に搾取されていることが疑われるケースも少なくないようである。

②家計管理、犯罪、宗教

　「通販サイトを利用して商品を購入するが、生活費が不足し支払いができず家族などに借入している」といった計画的な金銭管理が得意でなかったり

「自分の欲しい物があると我慢ができず、自分の判断で購入してしまい、生活費を圧迫してしまう」、いわゆるニーズとウォンツの峻別が難しい事例があった。「お金を節約するために万引きをしたことがある」というようなこだわりの強さといった障害の特性が原因と思われる事例や「ある宗教を勧められ、お参りした費用として3万円ほどを請求され支払った」というケースもあった。

③消費者トラブル

「勧誘を断れず、次々と契約してしまう」という判断不十分者契約で繰り返し注意喚起されているような事例に加え、携帯電話の契約や新聞購読に関するものが多い。例えば「携帯電話を購入したが、すぐ解約し、多額の解約手数料がかかった」「機種変更を勝手にしてしまい、余分なお金がかかってしまった」「携帯でアプリをつないでしまい、金額が多額になってしまった」という。新聞購読については「ビール欲しさに、生活費に余裕がないにもかかわらず、新聞購読契約を結んでしまった」という勧誘に関するものや、「現在購読している新聞の期間が終わったら、新しい新聞をとる契約をしたと言うが、契約書を見ると期間が重なっていた。新しい契約の開始日を変更する連絡を利用者がする際、見守った」という契約内容の確認に課題がある人もいる。

④地域での見守りで求められる視点

日常的な見守りが必要な消費者にとって家族や支援者のサポートのあり方は、当事者の生活の質を決定するために極めて重要な要素と言える。成年後見制度や日常生活自立支援事業の担い手も試行錯誤をしており、A市が実施した担い手向けの研修は今後、ますます求められていくのではないだろうか。特に社会福祉協議会が窓口となり実施している日常生活自立支援事業の利用者には生活保護受給者も多く、必ずしも本章で言う要支援消費者ばかりだとは限らないが、障害の特性による支援について意識をし、具体的な対応として気づきや声かけのポイントを踏まえてまずは行動に移してもらうのも1つの方法だろう。すでに業務上のノウハウとして実践していたことについては

再確認の機会となる。

「支援の際に小分けにして渡した生活費を早々に使い切ってしまう」「2カ月ごとの年金支給月に年金を使い果たし、不足分は知人に借入している」「公共料金や電話代が月ごとに引落しができずに、2カ月分をまとめて支払っている」という家計管理上の課題も寄せられたが、これは管理する単位を1カ月や2週間、場合によっては週単位にするなど状況にあわせて短くするのも方法だろう。「小銭を工夫して使うことができずにいつも1,000円札を出して買い物をするので、小銭が増えてしまう」という状況も、両替も業務のうちという同じような支援をしている人との情報共有が、自身の対応に自信が持てるきっかけとなる。支援の現場で「やりにくさ」として共感を得ていたのが「以前支払った料金について不満があり、ことあるごとにその一件について話題にし、いつまでもこだわりを強く持っている」「ストレスを感じると菓子類を大量購入し生活費を使い切ってしまう」というもので、その大変さが解決できなくても、参加者間において遭遇したケースの共有は、知恵を出し合い、仲間意識や連帯感を生み出し、理解者や相談相手との出会いが今後の業務や活動に役立っていく。

3 特別支援学校における金銭管理に関わる教育と支援

特別支援学校における知的障害のある生徒と家計管理に関わる教育や支援のあり方について、その現状と課題を検討するため、関東地方（東京都、神奈川県、埼玉県、千葉県、茨城県、栃木県、群馬県）にある特別支援学校275校の進路指導並びに家庭科の担当教員を対象に、調査票を用いた郵送調査を実施したところ、173校（回収率62.9％）、213名から協力が得られた。ここでは生活とお金に関する授業の実施状況について概観し、生活単元科目など特別支援学校の実情を検討する（小野 2016a; 2016b）。

3―1 生活とお金に関する授業の実施状況

生活とお金に関する授業や講座の必要性について「強く感じる」と回答した人が61.5％、「実感することもある」33.8％、「あまり感じない」3.3％、無

回答 1.4％という結果だった。「強く感じる」割合は高等部で 66.7％と比較的高かった（初等部 36.4％、中等部 43.3％）。「強く感じる」あるいは「実感することもある」場面について複数回答で尋ねたところ、「当事者との普段の関わりで」89.2％、「保護者との関わりで」60.1％、「卒業生との関わりで」47.8％、「その他」19.2％という結果だった。

　お金に関する授業などを 90.6％の教員が実施していた。科目では家庭科 32.1％、進路学習 35.2％、生活単元学習 43.5％、「日常生活の指導の場面」39.4％、「その他」49.2％であった（複数回答）。生活単元学習とは、学校教育法に基づく「教科等を合わせた指導」の 1 つであり、特別支援学校の小学部、中学部及び高等部において、特に知的障害者を教育する場合において必要があるときは各教科、道徳、特別活動及び自立活動の全部または一部について、併せて授業を行うことができる指導形態を指す。初等部と中等部では特に、家庭科や進路学習より生活単元学習などでお金に関する教育支援の機会が多い。

　お金に関する授業などの実施回数を尋ねたところ、1〜2 回 14.5％、10 回未満 30.5％、10 回以上 33.3％、無記入が 15.0％であった。一方で、実施経験のない 19 人にその理由を複数回答で質問すると、「適切な教材がないから」2 人、「必要性を感じないから」3 人、「他に優先することがあるから」6 人、「その他」13 人であった。

3—2　生活単元科目、職業・進路学習、家庭科での取り組み

　特別支援学校において生活とお金に関する授業は生活単元学習などの「各教科等を合わせた指導」で実施されることが多い。これは学校教育法に基づくものであり、特別支援学校の小学部、中学部及び高等部において、特に知的障害者を教育する場合において必要があるときは各教科、道徳、特別活動及び自立活動の全部または一部について、併せて授業を行うことができる指導形態を指す。知的障害のある生徒に対する教育を行う特別支援学校の教育課程は、いわゆる「二重構造」にあり、各教科等をあわせた指導の充実は、知的障害教育の専門性と位置づけられている（東京都教育委員会 2015、8 頁）。国語や数学などの教科教育の中で実施される場合や、高等部では家庭生活の

基礎となる技術面や知識面の学習と職場実習的な要素を含む「職業」「家庭」「家政」の3教科で取り扱われることも多い。次に、先に実施した質問紙調査の協力者のうち、聴き取り調査の協力を得られた学校での取り組み状況について触れる。

①生活単元学習での取り組み

　生活単元学習の中で買物学習をする学校は多く、例えば数学との関わりで、事前に学校で金銭のやり取りを練習してから、校外学習として近くのスーパーやコンビニに出かける。宿泊学習の一環で、おおよその値段を調べてから、料理する材料を買い物することもある。買物学習では、実際にスーパーなどで買い物をしたことがあるか、金種がどの程度わかるかなど生徒の生活能力を確認することで学習の効果が高まる。

　知的障害が重い場合でも、財布をどこかに置いたままにしない、あるいは財布についている紐を首からかけ、ポケットに入れて管理をするなど、生徒の状況に応じたお金の学習もある。

　将来を見据えた金銭管理として、生活単元学習で公共料金や預貯金との関係で通帳の扱い方を学ぶ学校もあり、近隣の郵便局で修学旅行の積立金を入金する学習をしている。自転車や徒歩で出かけて、ATM（現金自動預け払い機）を使ったり、字を書くことが困難な生徒は伝票で入金をしたりする。口座を持っていない生徒には、保護者に事前に口座開設を依頼している。就労した場合、就労先からの給料は口座振込みが多く、ATMの操作に慣れておくことが望まれている。

　生活単元学習を「家庭生活学習」「社会生活学習」「職業生活学習」の3つの生活学習として体系的にカリキュラムを組んでいる学校があり、知的障害などを考慮した3コース制を敷いている学校もあった。そこでの「家庭生活学習」では買い物や食生活、家族について、国語、社会、数学、理科、保健体育、家庭、道徳の関連教科で対応している。各教科の担当者間の相談や調整は常に求められており、生徒の状況と各授業の年間計画とのすり合わせがされている。

②職業・進路学習での取り組み

　教員と一緒に毎週2日、校外で働く練習をする就業体験学習を実施している学校があり、その前段階として1年生と2年生で職場体験学習をしていた。市役所での事務補助や、スーパーでの品出し、結婚式場での会場設定をしている。一般就労を目指す生徒について、一般的には作業学習と言われるものを就業体験学習に替えている。高等部では、卒業生に給料でどのようなものを購入したかを尋ねて、一般就労した場合の小遣いや、施設に入所した人のお金の使い方など参考に勉強する機会を設けている学校もある。抽象的な話が困難な場合も、少し先の自分の話として先輩の具体例は心に響くようだ。

　生活をするために必要なお金はどのくらいなのかという学習は重要となる。食べるものに加え、グループホームであれば毎月どのくらいかかるのか、それに伴う光熱費はというように、一人暮らしをする教員の協力を得ながら、名前を消した実際の領収証を題材にしたりして説明をしている学校もある。

　在学中は月に5,000円ぐらいの小遣いをもらっていても、一般就労すると10万円近いお金を毎月手にするようになり、一気に使ってしまうという問題も卒業生の中には出ていた。お金の使い方を、実際に学校の授業の中でどれだけ身に着けさせられるのかということに加え、電子マネーやクレジットカードの所持管理をどのようにしたらいいのかという問題も出てきている。

③家庭科における取り組み

　特別支援学校において知的障害のある生徒は何らかの家庭科的内容を学習しており、最も学習経験の多いものに「消費」領域の「自分の持っているお金で買い物をする（82.3％）」との研究結果がある（竹田他2009）。買い物に関する学習経験が多いという結果は、消費が生徒にとって身近な内容であり、現在や将来の生活課題に密着しているからだと分析されている。聞き取り調査でも、修学旅行の前に買物学習をする学校があった。あらかじめどのくらいの値段で、どのようなお土産があるかを知っておくために、商品の入っていた空き箱や、インターネットの画面などを見ながら作業を進める。学校ではまずグループ学習をして、自分がどれを買いたいかというのを言葉に出して説明したり、優先順位を考えたりする中で、残金が足りずにこれは難しい

など、友だちといろいろなやりとりをして、お土産を買う練習をする。

　実際の修学旅行では、担任の先生が付き添いながらではあるが、小遣いの中で買い物して、しおりの中にも金額を書く欄があるので、そこに記入することで実践ができる。家庭科の授業では、帰ってきてからもどのようなお土産が喜ばれたか、このお土産を買うときにどこに気をつけたか、といった振り返りを行う。

　ほかに、バンダナで巾着袋を制作する裁縫の勉強に、買い物をするところからはじめる学校もある。バンダナはあらかじめ周囲が三つ折りに縫われているのでほつれず、波縫いの練習によい素材である。教員1人と生徒4人ぐらいずつで順番に店内に入り、自分で選んでお金を払い、レシートをもらって、学校まで持って帰る。

　買物学習は財布に同じ金額を入れるところからはじめるので、家庭の状況が異なっていても比較的取り組みやすいという。普段から記帳をしている生徒もいれば、小遣い自体をもらっていなかったり、欲しいものがあるときにおうちの人にもらうという生徒もいる。このことから、小遣い帳という存在をまず教えながら、使ったお金はいくらで、おつりがいくらで、残金はいくらあるかということから学習する。教員の事情として、教材研究になかなか時間が割けないということもあり、金融広報委員会から専門家を招く教員もいる。

　実生活に結びつける家庭科というところで、学校の授業で何をやっているかを家族に伝えるために毎回、家庭科日誌に記録を書き、教室に戻ったときに担任の先生に必ず見せてサインをもらい、自宅へも持ち帰り、見てもらうようにしている学校もあった。普段からクラスでも話題にしてもらえるように、学級担任や保護者へ伝わるように工夫をしている。1学期に最低1枚は家庭科便りを発行するようにしていて、勉強した内容を伝えたり、長期休暇では何か家事をさせるよう呼び掛けている。

④授業以外での取り組み
　高等部1年生の1月に個別の支援計画策定会議を行っている学校がある。ここには本人、保護者、担任、進路担当、相談支援チームのメンバー、それ

からその地区のケースワーカーが参加する。就職する可能性のある生徒の場合、就労援助センターの職員も参加する。話せる生徒であれば最初に「自分の夢は何々です」という決意表明をするなどして1人45分程度かける。小遣いをもらっていなかったり、知的障害のために金銭管理が難しいという親の判断もあるが、就職するような生徒であるにもかかわらず、お金を使わせていない場合、どのような管理をしているのかについても話題となる。

　高等部の1年生で支援計画策定会議を持つことは重要という。多くの特別支援学校では3年生で、ケースワーカーが、卒業後に向けてどういう生徒なのかを把握するためにケースワーカー懇談会を開いている。1年生で支援計画を立てることで、卒業までに丸2年をかけて、問題の解決を図ることができる。

　グループホームへの入所も、卒業後の暮らし方の選択肢の1つだが、就職する生徒で入居を検討する場合は2年生ぐらいから見学をする。例えば通勤寮で生活する場合も生活の決まりや日課について学習したり、ここで生活をするためには給料のうち、どのような振り分けになるのか、実際の入寮者が勉強している様子を見学する。家庭環境に課題があり、施設への入所が望まれる場合も、生徒にとって抵抗がある場合は、実際に足を運び、給料と障害年金があることを前提に具体的な予算を立てることで、その敷居が低くなる場合も見られる。

　1年生のうちは、どんな能力を持っているのか、どんな理解力かということを、テストだけではなく、授業や給食の食べ方などもヒントにしながらアセスメントをしていく。2年、3年になると実習に出るようになり、授業の遅刻や欠席が多くなっても数学で時給をベースにした給料計算を電卓で学習することもある。

　卒業が近くなり働く会社が決まって、生活の場もグループホームなのか自宅なのかということもわかってくると、時間外に進路指導室に呼び出して、具体的に賃金などの勉強をすることもある。

4 要支援消費者と消費者教育

4—1 特別支援学校と消費者教育

　これまでに見たように、特別支援学校においてお金に関する授業をする場合は、生活単元学習などの「各教科等を合わせた指導」で行われることが一般的である。家庭科で実施する場合も、同学年でも複数の教員が手分けをして行っている。高等部2年生になると体験実習が入り、3年生では本格的な実習が始まるなど、腰を落ち着けて金銭学習に取り組める時間の確保は難しい状況にある。

　チームティーチングという特別支援学校ならではの教育環境は、さまざまな教科教育や「各教科等を合わせた指導」の中で繰り返しお金の学習ができる機会を秘めている。一方で、生徒の持つ生活課題を洗い出し、学習目標を定め、限りある授業時間の中で優先順位を決め、チームを編成しながら解決方法を探る力が求められる。教員の熱意や「巻き込んでいく」力に富む指導力はかなりの熟練が求められるだろう。

　知的障害特別支援学校における家庭科教育の役割と意義を指摘した研究では「①生徒が家庭生活活動について知ることができる、②家庭と連携・協力して生活に活かせるようにする、③生徒が家庭生活や将来の生活を意識する、④家庭科の教育活動そのものが生徒の生活支援・地域支援につながる」の4点に整理されている（竹田他 2009）。一方で、「充実した家庭科教育が全ての知的障害特別支援学校において展開されているとは言い難い状況である」とともに、「家庭科を実施している知的障害特別支援学校が増えてはいるが、作業学習・生活単元学習・総合的な学習の時間に解消されている学校も依然として多い」という。生活単元学習や作業学習等では担いきれないことが家庭科にあることを今一度確認する必要があるのだろう。

　特別支援学校へ異動してきた教員の中には、教材研究の時間がほとんど取れなくなったという人もいるが、金銭教育や消費者教育については外部講師との連携が解決の糸口になるかもしれない。実際、金融アドバイザーによる金銭管理学習や、消費者トラブルについて啓発演劇を活用している学校もある。県や学校でそういった予算が確保されていると、教員にとっても利用し

やすくなると思われる。

　子どもには小遣いの管理をさせたいと考える保護者がいる一方で、生活保護受給世帯や多額の債務があるなど、家庭の協力を得るのに困難が伴うケースも少なくない。子どもの収入をあてにしていることが疑われる家庭については、行政にも働きかけながら、グループホームへの入所を本人にそれとなく伝える努力をしている教員もいた。

　スマートフォンや携帯電話は、自主通学をしている生徒が緊急時の連絡用に所持することもあり、うまく使えず料金が高額になっても、フィルタリングサービスを利用するとか、金額上限を設けるなどの対応ができる保護者ばかりではない。そのような中、通信事業者による安全教育は、特別支援学校でも利用普及が進んでいるところである。

　特別支援学校に通う生徒にとって、お金について学ぶ必要のあるタイミングを3つ挙げるとすれば、社会に出る卒業時、契約主体者となる20歳、そしてグループホームに入ったり、一人暮らしや結婚という形で生活が変わる機会だろう。その際に、お金について客観的に寄り添うことができる人がいれば、生徒にとっての大きな財産となる。保護者向けの研修として社会保険労務士から年金制度の説明をする機会のある学校がある。卒業前の2月に実施をして、これが最後の進路説明会となっているという。

　特別支援学校での生活とお金に関わる支援と教育の一環として、卒業の直前や、卒業生の集まる成人を祝う会などの機会を通じて、相談先の情報がまとめられたパンフレットの提供や、お金に関わる話題に触れる機会の増えることが期待されている。

4—2　要支援消費者に対する社会のあり方

　2016年4月に障害を理由とする差別の解消の推進に関する法律(「障害者差別解消法」)が施行され、障害を理由とする差別を解消するための措置として、行政機関や事業者に対して差別的取扱いの禁止が義務付けられ、合理的配慮の提供について努力義務が課されることになった。要支援消費者に対して合理的配慮のある社会の実現は、当事者とその家族といった見守りの担い手のみならず社会全体の利益につながる。

消費者問題と社会福祉との間には密接な関わりがあることから、被害に対する救済システムの整備に加え、情報や支援を当事者が「受け取る力」には制約のある場合が多いこと、当事者と見守りの担い手が消費生活での問題の所在に気づき、社会にある問題解決のための手立てにつながる力が重要となってくる。

【参考・引用文献】

国民生活センター（2014a）「消費者契約法に関連する消費生活相談の概要」（http://www.kokusen.go.jp/soudan_topics/data/syoukeihou.html）2014 年 5 月 19 日更新分

国民生活センター（2014b）「家族や周囲の"見守り"と"気づき"が大切—認知症等高齢者の消費者トラブルが過去最高に！！」（http://www.kokusen.go.jp/pdf/n-20140911_1.pdf）

小野由美子（2011）「知的障害者を対象にした消費者教育—特別支援学校等における家計管理技術の向上を目的とした支援プログラム」『消費者教育』第 31 冊、75–85 頁

小野由美子（2016a）「特別支援学校における家計管理に関わる教育支援の現状と課題」『消費者教育』第 36 冊、129–136 頁

小野由美子（2016b）「特別支援学校の教員を対象にした家計管理の支援と教育に関する聞き取り調査」東京家政学院大学『紀要』第 56 号、53–57 頁

消費者庁（2014）『平成 26 年版消費者白書』

消費者庁（2016）『平成 28 年版消費者白書』

多重債務者問題からみた社会福祉のあり方研究会（おたふくけん）（2016）『上手に使って豊かなくらし—働く軽度の知的障害者の金銭管理をサポートするために』

竹田亜古・田部絢子・髙橋智（2009）「知的障害特別支援学校における家庭科教育の意義・役割に関する検討—高等部在籍生徒のニーズ調査から」『東京学芸大学紀要　総合教育科学系』第 60 集、365–387 頁

東京都教育委員会（2015）「平成 26 年度東京都特別支援教育推進計画第三次実施計画に基づく都立特別支援学校の指導内容充実事業報告書：各教科等を合わせた指導の充実」（http://www.kyoiku.metro.tokyo.jp/buka/shidou/tokubetsushien/27kyouka_juujitsu.pdf）

第 15 章

家計管理支援論
―― 多重債務者への生活再建支援

石橋愛架

「お金がなければ生きていけない」そう言っても過言ではない現代社会において、消費者教育の根幹をなすのは家計管理能力の育成であろう[1]。本章では、家計管理の視点から消費者教育について論じるが、紙幅の都合上、家計管理が自らの力では困難になっている多重債務者に対する支援に的を絞って論じることとする。2016 年 9 月末時点において、無担保無保証借入れの残高が 5 件以上の者は 9 万人で、1 人当たりの残高は 167 万 3,000 円、3 件以上の者は 82 万人で、1 人当たりの残高が 97 万 9,000 円である（日本信用情報機構 2016）。また、2013 年 10 月から 1 年間の財務局等への多重債務相談における、相談者の借金をしたきっかけは、「低収入・収入の減少等」1,587 人、「商品・サービス購入」583 人、「事業資金の補塡」533 人、「住宅ローンの返済」398 人、「ギャンブル・遊興費」260 人、「病気・けが」240 人、「保証・借金肩代わり」239 人となっている（金融庁 2015、8 頁）[2]。

　本章では、人々は、なぜ借金をして返済不能の多重債務状態に陥るのか、また、多重債務者の生活を再建させるためにはどのような支援が必要となるのかについて論じていく。特に、支援においては、主体的に行動させたり、家計管理能力を育成したりするための相談支援に重点を置いて示していくこととする。

---

(1) 北欧諸国共通の消費者教育ガイドラインにおいては、消費者教育の 6 つの学習テーマのうちの 1 つに「家計」が指定され、家計管理能力の育成が重要課題とされている（Nordic Council of Ministers 2009）。
(2) 紙面の都合上、選択肢は適宜、省略している。

1 消費者が置かれている環境

　人々が借金に至る経緯を考える際には、消費者が現在置かれている環境について知る必要がある。現代社会に生きるわれわれは、衣食住をはじめとするあらゆる営為においてモノやサービスの購入を必要とし、その購入はコンビニやインターネットの普及などにより、時と場所とを選ばず可能となっている。さらに、購買欲をあおる企業の戦略や見えないお金の普及、お金がなくてもお金を使うことのできるシステムなど、ありとあらゆるところにお金を使わせようとする仕掛けが施されている。

1─1　見えないお金の普及

　支払い方法が現金のみであった時代には、財布から現金が減っていくのが見えた。しかしながら現在は、財布の現金に加え、銀行口座からの引落し、クレジットカード、デビットカード、プリペイドカード、電子マネーなど、支払い時にお金の流れが見えないお金を使う機会も増え、便利な反面、管理の難しさに直面している。特にクレジットカードは、利用代金を後で支払うために購入と支払いに時差が生じる点や、一括払いでは約1カ月、分割払いやリボ払いでは支払いが完了するまで未払残高を借金として把握しておかねばならない点に管理の難しさがある[3]。加えて、利用明細はきちんと確認すれば支出の把握に役立つが、近年は利用明細書が紙からWeb明細に変わりつつあるため、明細自体を確認しない人もいる（日本クレジットカード協会2011、5頁）。

　また、近年普及が著しい電子マネー（総務省2015、70頁）は、前払い方式のものにオートチャージを設定した場合、残高が設定金額を下回るとクレジットカードから自動的に引き落とされることになるし、後払い方式では、当然クレジットカードから引き落とされるため管理しにくい。このようにわれわれは、支出に際してお金の流れを把握しづらい社会の中で生活している。

---

[3] 借金とは金銭消費貸借契約により発生する負債である。クレジット払いについては、クレジット会社の立替債権に対応する債務であるが、ここでは、借金と同様返済の義務が生じることを強調したく、負債全般について借金という言葉で統一している。

1—2 お金がなくてもお金を使うことのできるシステムの存在

　2015年の家計調査によれば、2人以上の世帯のうち38.1％に何らかの負債がある。負債額のうち約9割が住宅・土地のための負債である（総務省統計局2015a、15頁）が、それ以外にも、車や教育ローンの利用は一般的であると言えよう。また、2015年度においては、大学生の2.6人に1人が日本学生支援機構の奨学金を利用している（日本学生支援機構2016、7頁）。さらに、携帯電話の分割払いはほとんどの人が利用しており、2016年3月における携帯電話の個別クレジット契約件数は1億5,233万件である[4]。しかしながら、2016年の調査では、携帯電話・スマートフォンの代金を分割して月々の通信料と一緒に支払うことはクレジット契約の1つであると認識していない人が49.9％に上る（日本クレジット協会2016）など、借金をしているという認識のないまま借金のシステムに取り込まれている人々が多数いる[3]。

　また、買物の際にクレジットカードで支払うことも一般化している。2015年におけるクレジットカード発行枚数は2億5,890万枚、クレジットカードショッピング信用供与額は49兆8,341億円で、同年の民間最終消費支出の16.6％を占めている（日本クレジット協会クレジット研究所2016、16、33頁；内閣府2016）。クレジットカード利用の理由は、「ネットショッピングで決済が簡単」69.2％、「ポイントや割引」62.4％、「現金を持たなくてよい」57.9％など、利便性やお得感であり、「分割払い（後払い）」を理由としている人は13.0％にすぎない[2][5]。しかしながら、クレジットカードを持っていることは、カードを使う目的が、単なる利便性やお得感などから、分割払い（後払い）へとシフトする危険性を内包している。

　さらに、信販会社や消費者金融会社、銀行などは、保証人不要・無担保で、現金を消費者に貸すシステムを用意している。一番手軽に利用できるのが、クレジットカードキャッシングであろう。クレジットカードは、ショッピング機能に加えてコンビニや銀行のATMで現金を借りることができるキャッシング機能つきのものがほとんどであるため、カードの所有と同時にいつで

---

[4]　シー・アイ・シーより情報提供。
[5]　日本クレジット協会より情報提供。

も借金できる状況に置かれることとなる。また、消費者金融会社からの借入れは、イメージはよくないが（酒井 2014）、審査のノウハウなどの蓄積により短時間での融資が可能で利便性が高い。クレジットカードキャッシングと消費者金融会社を含む貸金業者の消費者向け無担保貸付の貸付残高は、2016年3月末時点で4兆275億円である（日本貸金業協会 2016、10頁）。また、2006年に成立した貸金業法の総量規制により、貸金業者からの借入金額が年収の3分の1までに制限されたこと、さらに日本銀行のマイナス金利政策下でも一定の利益が確保できることから、総量規制の対象外である銀行などが消費者向けのカードローンに力を入れている。2016年3月末時点の銀行などのカードローンの貸出金残高は、5兆5,148億円で、貸金業者を上回っている（日本銀行 2016）。銀行などのカードローンは、口座振込、自社と提携先のATM、コンビニATM、インターネットなど多岐にわたる方法で、誰にも知られることなく即日融資を受けることも可能である。カードローンは借金ではあるが、有名タレント起用のテレビCMで安心感を与えられるうえ、銀行というネームバリューが後押しして、利用の際の敷居は低くなっている（酒井 2014）。

　このように、われわれ消費者は、ほとんどすべてを購入しなければ生活することができない社会の中で、時間と空間を気にすることなく提供されるモノやサービスを、見えないお金や、将来のお金までをも使い、消費することができる環境に置かれている。

2　お金が足りなくなる理由

　ありとあらゆるところにお金を使わせようとする仕掛けが施されているとはいえ、すべての人々が仕掛けに翻弄されてお金を使い、返済能力を超える借金をするわけではない。しかし、生活基盤が脆弱、家計状況の未把握、感情のコントロールが不得手などの理由でお金が足りなくなる場合がある。

2—1　脆弱な生活基盤
　先述の多重債務相談における相談者の世帯年収は、「100万円未満」658人、

「100万円以上200万円未満」724人、「200万円以上300万円未満」574人、「300万円以上400万円未満」425人、「400万円以上」477人であり（金融庁2015、8頁）、その大半が国民生活基礎調査における2014年の世帯年収の中央値427万円を下回っている（厚生労働省2015、11頁）。また、2014年の非正規労働者の割合は37.4%（総務省統計局2015b、9頁）であることから、多重債務者も不安定で低収入な非正規労働に従事している場合が多いと推測される。非正規労働者であることは、低収入であるのみならず、本人の病気や怪我、妊娠・出産や家族に介護が必要となった際には退職せざるを得なかったり、いつでも解雇される危険性と隣り合わせであったりもする。しかしながら、非正規労働者のほとんどは雇用保険未加入のために失業給付を受けられず、失業と同時に収入を失うこととなる。さらに多重債務者の中には、公的医療保険や国民年金に未加入の人もおり（花城2002）、病気や怪我の悪化による収入減や、高齢で働けなくなってからの生活費の不足に直結する。なお、金融広報中央委員会（2015、4頁）が実施した2人以上世帯を対象とした調査によれば、「金融資産を保有していない」人は30.9%で、収入が低い人ほどその割合は高い傾向にある。このように生活基盤が脆弱であるがゆえに、生活費が不足する場合が多い。

2—2　家計状況の未把握

　われわれが生活を営むためには、収支のバランスを取り続けること、つまり家計管理が必要である。家計管理とは、「生活設計に基づいて家庭の収入・支出と資産・負債について計画を立て、その実行結果を反省・検討し、計画にフィードバックする一連の活動」（三宅2004、224頁）のことであるが、これを実行するためには、1ヵ月に使えるお金、つまり予算がいくらで、今月はいくら支出し、あといくら使えるということが大まかでもよいのでわかっている必要がある。1ヵ月の予算は、手取収入から毎月決まって出ていく家賃や水道光熱費、通信費などの固定費を引き、残った金額を長期的・短期的に自分がどのような生活を送りたいかという生活設計に基づき設定すればよい。しかし、非正規労働者や自営業者が手取収入を把握することは思いのほか難しい。予算は自分の価値観を明確に把握したうえで生活設計を立て

ていると設定しやすいが、多重債務に陥る人々はそうしたことをしていないと思われる。また、いくら支出したかを把握するためには、使ったお金をその都度記録していく必要があるが、2002年に日本消費者金融協会の家計管理支援を訪れた多重債務者のうち「家計簿をつけている。またはつけたことがある」人は28.1%にとどまる（小野 2004）。先述の見えないお金の普及や、お金がなくてもお金を使うことのできるシステムの存在も、家計状況の把握を困難にさせる一因となっている。

2―3　感情コントロールの不得手

　多重債務に陥る人の中には、欲しいと思うと視野が狭くなりそのことしか考えられない人や、お金の支払いに他者が関わる際に、感情のコントロールができにくくなる人がいる。たとえば、使えるお金がないことがわかっていても、「断ると嫌われるかも」「男性が払うべき」「年上が払うべき」「ケチだと思われたくない」「心配させたくない」のでお金を使ってしまったり、保証人になってしまったり、名義貸しをしてしまったりする。多重債務に陥る人は家計管理をできていないことに負い目を感じている人が多く、「お金がない」と認めることは自分自身の汚点を露呈することになるため、お金がないとは言えずに上述の感情が先行してお金を使いすぎてしまう場合が多い。

　さらに、お金がなくてもお金を使うことのできるシステムがあるため、借金に抵抗感があろうとなかろうと借金に至ることとなる（西村1997; マクロミル 2003）。それは、借金でお金を手に入れることができれば「人（男、女、夫、妻、親、長男、長女、年上、上司、その他の役割）としてのプライドを保つことができる」と思えたり、経済的DVを受けている妻が「夫にお金をもらわなくて済む」と精神的に楽になったりするなど、借金への抵抗感をも打ち砕く何らかの感情に突き動かされた結果であると考えられる。加えて、お金が必要な出来事、たとえば結婚、別居、離婚、妊娠、出産、事故、怪我、病気、進学、引越し、減収、失業などが重なると、ますます借金せざるを得なくなる。

3 返済不能に陥る経緯

多重債務に陥る人も、最初から自分の返済能力を超えた借金をしているわけではない。前節のような経緯で1社から少額を借り入れたことから始まり、それがいつしか数社からの多額の借金に変化するのである。では、人々はどのようにして返済不能な多重債務状態に陥るのだろうか。

3−1 返済計画のない借金

借金をしても、返済できれば問題はない。返済できる借金とは、収入から借金を返済しても残りのお金を使って生活が成り立つ場合を言う。したがって、計画的な住宅ローンや利益を上げることを目的とした事業者の借金などは問題とは言えない。一方、問題のある借金とは、給与所得者が「お金が足りないので」借金に至るもの、また、事業者でも「事業資金が足りないので」借金に至るものが相当し、返済不能に陥る人々の借金はこれにあたる。

2015年の金融庁委託調査では、3年以内に消費者金融などから借入れを経験した人の借入目的は、「生活費補填」39.2％、「欲しい物」27.0％、「クレジットカードの支払い」20.8％、「遊ぶお金」17.7％、「冠婚葬祭費」7.0％、「他への返済」6.2％、「医療費」6.1％、「ギャンブル」5.9％、「住宅ローンの支払い」4.5％となっている（インテージ2015、8頁）[2]。中でも、生活費の補填を目的として借りた場合は、次の月以降は借りた月よりも返済分の支出が増えるので、ただでさえ足りない生活費をさらに節約しなければ返済することはできない。また、欲しい物や遊ぶお金、ギャンブルのための借入れに関しては、感情のコントロールが苦手な人は、買物や遊ぶ機会のたびに、また、ギャンブルへの欲求が高まるたびに借り入れてしまうことにもなりかねない。さらに、住宅ローンの支払いのために消費者金融などから借りるとなると、金利差のため、どんどん借金が膨らんでいくのは火を見るよりも明らかである。同様にクレジットカードの支払いや他への返済のための借入れは、増えた借入先の数だけ支払うべき利息が増えていくため、返済すべき借金も増えていく。このように、人々はさまざまな目的で借金をしているが、必ずしもきちんと返済計画を立てているわけではなく（NTTデータ経営研究所2012）、

多重債務者に至ってはほとんどの人が「返済計画が甘かった」と認識している（小野 2004）。

3—2 借入先と借入額の膨張

　お金が足りなくなり、銀行のカードローンやクレジットカードキャッシング、消費者金融会社など1社から利用限度額いっぱいの借入れをした場合、ほとんどの人は約定どおりに返済するため、返済した元本分だけ利用可能枠が空くこととなる。その時点でお金が足りない場合には2回目の借金をすることになり、それ以降も1社目への返済と借入れを繰り返すこととなる。1社目への返済を一定期間以上きちんと行っていた場合には、利用限度額の増額の案内があったり、自分で増額を希望できたりするが、増額される前に1社目からの借入れではお金が不足したときには、2社目から借りることになる。同様に、1社目、2社目からの借入れではお金が不足したときには、3社目から借りるというように借入先と借入額、それに伴う利子が膨張していく。そうなると、借金を返済し家賃や水道光熱費、通信費などを支払うと生活費が不足するため、足りない分を借りなければ食うに困ることとなる。そのため、完済に至るほどの金額を返済することなく、少額を返済しては少額を借りることを数年から10年以上もの間、続けることとなる。

3—3 お金をくるくる回して生活維持

　その間、多重債務者は、多かれ少なかれ借金をして生活していることに罪悪感を抱き、また、借金なしでは生活できないことに恐怖感を覚えながらも、くるくると返済と借入れを止めることなく繰り返して生活を維持している。また、少額であれきちんと返済していることは、多重債務者の借金に対する罪悪感の軽減につながるとともに、「完済できるかもしれない」という淡い希望を抱かせることとなるが、それは現実を直視せずに思い描いた錯覚でしかない。一方、何とかしようと節約をしたり、仕事を増やしたりしてせっせと返済する時期もあるが長くは続かない場合も多い。また、「家計管理は自分の役割」と認識しているにもかかわらずうまくできずに借金に至った人や、「お金を稼ぐのは自分の役割」と認識しているにもかかわらず減収などで借

金に至った人などは、役割を果たせていないうえに借金までしてしまったことに自信を失っている場合が多いと考えられ（宮坂2008、188-189頁; 田村2015、42頁）、誰にも相談できずに抱え込んでしまうことが予想される。なお、2002年に日本消費者金融協会の相談支援を訪れた多重債務者のうち、49.7％が「借金について相談できる人がいない」と答えている。さらに生活状況に関しては、91.5％が「返済のことが頭から離れず、苦痛である」、81.3％が「借金について、もう何年も苦しい思いをしている」と答えており[2]、多重債務に陥った人々は、金銭的にも精神的にも苦しい状況に立たされていることがわかる（小野2004）。だからこそ、多重債務者は、借金により生活が維持されている限りは、苦しい現実から目を背け、借金をはじめとする生活問題を解決し、生活を再建しようという考えには至らない。

4 多重債務者への生活再建支援

多重債務を抱えた人々は、どのようなときに借金問題を解決しようと本気で考えるのだろうか。それはすべての業者の利用限度額が上限に達し、それ以上借りることができなくなったときであり、くるくる回していた返済と借入れが止まり、生活が維持できなくなったときである。このようなときに多重債務者が相談できる適切な相談窓口が必要であるとともに、生活再建に向けた継続的な支援が求められる。2007年に多重債務問題改善プログラムが決定し、相談窓口の整備・強化が掲げられたことも影響し、2014年9月末時点ではすべての都道府県と99％の市区町村に相談窓口が整備済みである（金融庁2015、2頁）。さらに、2013年には生活困窮者自立支援法が成立、2015年から実施され、生活保護に至る前段階の生活困窮者が抱える複合的な課題に対応した相談や支援を提供することとなっている。多重債務者の場合も同法の適用範囲である場合には、居住相談、就労相談、そして家計相談などが行われることとなる。特に、家計相談に関しては、2015年に「家計相談支援事業の運営の手引き」が発行され、「家計相談支援事業の必要性」「家計相談支援事業の具体的な実施方法と留意点」などについて、わかりやすく記載されている（日本総合研究所2015）。また、2011年には「多重債務

者相談の手引き」が発行され、「相談対応の流れ」「債務整理の知識」「家計管理の方法」などについて詳しく記載されている（金融庁・消費者庁 2011）。本節では、これらの手引きには記載されていないが、重要な事項や多重債務者への家計相談を中心とした生活再建支援策について、筆者のこれまでの調査・研究（田村 2010, 2011, 2012, 2013, 2014; 田村・西村 2014）をもとに示していく。

4—1　主体的に行動させるための相談支援

多重債務者が生活を再建した状態とは、生活を主体的に営むことができる状態であると考える。そのために、相談員は多重債務者である相談者との関係性において、また、相談者に相談支援を行う際に留意すべきことがある。

(1) 相談者との関係性

相談支援においては、相談者が生活再建に向けて主体的に行動できるように促すことが必要であるため、相談者との信頼関係、および、協働関係を構築することが求められる。

①信頼関係の構築

相談者との信頼関係を構築するためには、相談者が「わかってほしい」と思っていることを的確に読み取り、理解と共感を示すことが大切である。「わかってほしい」ことは相談者により異なるため、相談員は相談者に真摯に向き合い、話を傾聴することが肝要である。その際、相談員は事前の知識として、本章で示した「消費者が置かれている環境」や「お金が足りなくなる理由」「返済不能に陥る経緯」などを理解しておく必要がある。また、前節で述べたように、返済不能に陥る過程では、多くの人々は何とか返済しようと節約をしたり仕事を増やしたり、誰にも相談できずに1人で頑張ってきた場合が多く、借金をしてしまった自分を責め自信を失っている場合がほとんどである。相談員は、そうした事情を理解したうえで対応することが必要である。

②協働関係の構築

相談員は相談者よりもお金に関する知識が豊富で、かつ多重債務者である

相談者はお金に関して自信を失っている場合がほとんどであるので、ともすれば上下関係や依存関係に陥ってしまいがちである。しかしながら、生活を再建し生きていくのは相談者本人であるため、相談員に頼る関係ではなく、相談員とともに相談者自身が考え問題を解決していく協働関係を構築することが必要である。そのためには、相談員が勝手に相談を進めるのではなく、常に相談者の同意を得ながら進めるのが望ましい。

(2) 主体性を育む相談支援

支援中は相談員の助けを借りながらも、最終的には相談者が自ら考え判断可能になることを意図して相談を行う必要がある。そのためには、問題を自覚化させて目標を明確化し、相談者の意思を尊重することが有用である。

①問題の自覚化

多重債務者である相談者は、膨らんでしまった借金という現実から逃避し、借金に至った原因を見ることなしに、目の前の問題である「足りない生活費」に借金という形で対処してきた人々である。しかし生活を再建するためには、借金に至った原因を相談者自らが理解しなければ、今後の目標も立てることができない。そのため相談員は、相談者が置かれた状況を可視化したり、相談者が表面的な問題しか語らなかったとしても、問題が起こった背景の関連情報や生活状況の客観的情報を聴き取ったりして、相談者に真の問題を自覚させることが必要である。その際には、必ずしも所定の様式が必要ということではないが、「家計相談支援事業の運営の手引き」（日本総合研究所 2015）の「参考様式」が役に立つ。

②目標の明確化

目標には、人生における長期的な目標、日々の短期的な目標、相談支援の最終的な目標、そして、毎回の相談目標が挙げられる。これらの目標を相談者の状況に応じて明確化するようにし、それに向かって行動を起こさせる支援が必要である。中でも、相談目標を毎回の相談ごとに定めてそれを相談中に達成していくことは、生活における目標を自分で達成していく練習になるものと思われる。

③相談者の意思の尊重

　人の価値観は、十人十色であり、価値観によりお金をかけたいところも違えば、大切にするものも違う。予算など家計管理において決めるべきことについては、相談員は相談者の意思を尊重することが重要である。このことは、相談員が支援内容を勝手に決めてしまい相談者の意思が介在しないときには、支援としての効果がない（バイステック 1996、161-162 頁）ことからも当然のことと言える。ただし、相談員の立場から見て相談者の意思の軌道修正が必要だと思われる場合には、なぜ軌道修正が必要かという理由を説明するなどして納得のうえで意思決定させることが望まれる。

(3) 行動を促す相談支援

　相談者の行動を促すためには、生活再建への意欲を維持向上させていくことと、各相談者の能力に応じた課題を提示していくことが鍵となる。

①生活再建への意欲の維持向上

　多重債務者である相談者は、これまで借金への負い目や恥ずかしさなどさまざまな理由から、相談して生活を再建するという根本的な解決をしてこなかった人々である。そのため、はじめて来談したという相談者の行動は生活再建の大きな第一歩であるため、この意欲を削ぐことなく維持向上させたい。そのためには、相談者に「自分はきっと生活を再建できる」と希望を抱かせるだけの根拠を示すことが必要である。根拠としては、相談者がすでにできていること、相談者の相談中におけるプラス面の変化などである。基本的に相談者は、「お金の管理の甘さ」など自分のマイナス面ばかりを語る傾向にあるが、相談員がそれを「お金の管理がうまくできたこともあるはず」などと、できていることに焦点化することは有用である。また、相談者は「早く相談すればよかった」などと自分を責めることも多いが、相談員がそのような捉え方をプラスに変換し「1人で頑張って対処されてきたのですね」などと言い換えることも役に立つ。

②能力に応じた課題の提示

　相談時に決めたことを実際の生活の中で実行させるためには、次回の相談時までに何を実行するかを提示して同意を得る必要がある。実行する課題は、

相談者の能力に応じたものでなければならない。そうでなければ、課題を実行できなかった場合は相談者に自信を失わせることとなり、相談支援から脱落する可能性が高くなる。そうならないためには、たとえば「次回までに実行すること」を相談員が提示したり、提示した中から選ばせたり、相談者に考えさせてそれよりも少しだけハードルを下げた課題を提示したりすることが有用である。

4—2 家計管理能力育成のための相談支援

多重債務者が生活を再建するためには、家計を管理できるようになることが必要不可欠である。そのためには、最低限、長期的・短期的な生活設計から考えて今使えるお金がいくらなのかを把握し、購入の意思決定時に感情抑制が求められることは、第2節で述べたとおりである。本項では、中でも、家計状況を把握させるための支援、および、感情をコントロールさせるための支援について示す。

(1) 家計状況の把握

多重債務に陥る人々は、家計簿をつけておらず家計状況を把握していない場合が多いことは先述のとおりである。相談者は、家計管理をできずに借金を抱えた経験から、家計簿をつけたことがある人もない人も、家計簿に苦手意識を持っている人が多い。そのため、相談支援においては、家計簿をつけることを失敗させないように、また、失敗しても立直しができるように配慮することが必要である。

①家計簿をつけさせることのハードル調整

家計簿をつけさせる目的は、家計状況を把握させるということであるが、消費行動を制御するという目的もある。つまり、人は同時に相反することを行えないという原理を利用し、家計簿をつけるという行動をさせることで、消費行動を無意識的に抑えるのである。したがって、現状を把握する際には、過去のお金の使い方を尋ねるよりも、新たに家計簿をつけさせる方が効果的である。また、相談者に家計簿をつける課題を出す場合、絶対に避けたいことは、家計簿をつけることができないことに負い目を感じて支援から脱落す

ることである。そうさせないためには、家計簿をつけるハードルを下げることが重要である。たとえば、手書きの家計簿、エクセル家計簿、スマートフォンの家計簿アプリなど、いろいろな家計簿を提示し、できそうだと思わせることである。また、できなくても負い目を感じさせないために、家計簿をつけることができなかったときに相談者を正当化するような言葉を事前にかけておくとよい。具体的には、「人それぞれなので、自分にとって使いやすい家計簿がみつかればよい」「うまくいかなかった場合は自分に合っていなかったのだから、別の方法を試せばよい」などである。このように先手を打っておくことで、家計簿をやめてしまった場合にも対処が可能となる。

②家計簿をつけるコツの自覚化

相談者が家計簿をつけてきた場合は、さらにそれを維持させることができればよい。「いつ、どこで、どのように家計簿をつけることができたのか」を相談者に詳しく尋ね、「この時間に、この場所で、このようにつけた」と相談者自身に答えてもらうことで、相談者に家計簿をつけるコツを自覚させるとともに、自信を持たせることが継続につなげる方法である。また、相談員がそれらの情報を収集しておくことは、家計簿をやめてしまったときに再開させるための重要な情報となる。さらに相談者の中には、完璧に家計簿をつけようとするが、少し失敗するとやめてしまう人がいるため、完璧につけるよりも、ゆるく続けることの方が大切であることを伝えることも重要である。

③家計簿再開への称賛

家計簿は、相談者が、いったん家計簿を中断しても再開できれば継続する。そのため、家計簿をいったんやめたにもかかわらず再開できたときの対応が重要となる。その対応とは、家計簿を再開できたことについて、相談員が直接的に称賛することで、相談者の行為は素晴らしいことだと認識させ、再開の重要性を自覚させることである。そうしたうえで、「どういう経緯で家計簿を再開できたのか」を尋ねて、家計簿再開のコツを相談者自身に自覚させることが効果的である。

(2) 感情のコントロール

　購入の意思決定時の感情抑制は重要である。感情コントロールの不得手が多重債務の原因であると自覚している相談者は、そのことで自信を失っている可能性が高い。支援においては、衝動買いなどによって散財させないように、また、たとえ散財してしまっても立直しができるように配慮することが必要である。

①自発的な節約方法の自覚化

　家計簿をつけることが消費行動を無意識的に抑える効果があることは先述のとおりであるから、節約について話し合う前に、相談者が自発的に節約をしてくることがある。その際には、「どのように節約することができたか」を尋ねて、相談者に自らの節約方法を自覚させ、自信を持たせ、継続させていくことが大切である。

②失敗させない課題の提示

　支出を予算内に収めさせるための方法は、「欲しいけれど我慢できたときのことを覚えておく」という課題を出すことである。この目的は、我慢できたときのコツを自覚させることと消費行動を制御することである。しかし、相談者は急には支出を予算内に収めることができないことも考えられるため、できなくても相談者を正当化するような言葉を事前にかけておくのがよい。具体的には、「今は感情コントロールのトレーニング中」「いらない物を買ってしまったときのことを覚えておくことが大切」などである。

③感情コントロールのコツの自覚化

　収支の予算を立ててからの対応として、支出が予算内に収まっていた場合には、今後もそれを継続させたい。そのためには、「どのような方法で予算内に収めることができたのか」を尋ね、実際の意思決定場面における感情コントロールのコツを相談者に自覚させることである。

④失敗における成功への焦点化

　感情抑制が苦手な相談者は、収入以上のお金を使ってしまった場合でも立て直すことをしなかったものと思われる。失敗時に立て直させるための方法は、「○円予算オーバーしてしまった」という相談者の捉え方を「予算オーバーの額を○円に抑えることができた」とプラスに変換し、少しでもできた

ところに焦点化することである。また、予算オーバーを全体として捉えるのではなく、オーバーしていない費目に着目して「この費目はどのようにして予算内に収めることができたのか」を尋ねて、そのコツを自覚化させることである。加えて、予算オーバーしても一定の期間で立て直せばよいことを理解させることも有用である。

⑤感情のコントロール能力定着の確認

購入の意思決定時に冷静になれれば、必要性や予算、優先順位を考えたりする余裕ができるため、安易に衝動買いをすることはないと思われる。冷静に見ることができているか否かは、欲しいものを買ったり、買わなかったりしたときの理由を自覚できているかどうかで判断でき、購入理由を自覚できているということは、自分の価値観を理解していると捉えることができる。また、衝動買いをしてしまっても立て直すことができれば、感情のコントロールを理由として再度の多重債務に陥ることはないと思われる。この段階まできたら、相談支援のゴールを相談者と設定するのがよい。

4—3 多重債務者の生活再建支援の到達点

多重債務者の生活再建は、大きく3段階に分けられる。第1段階は、相談者が、自分が何に価値を置くかを知っており、長期的・短期的な目標を持つことができる状態である。第2段階は、目標を土台として、家計管理能力を獲得し、家族関係を修復し、自立した生活を送ることができる状態である。家計管理能力を獲得した状態とは、相談者が買物やギャンブル、食事などのお金を使う必要性や欲求を感じたり、誘いを受けたりしたときに、いったん冷静になることができ、そのうえで、価値観に基づいて優先順位をつけたり、必要性や家計状況を考えたりしてお金を費やすか否かを判断できることである。そのためには、家計状況は事前に把握しておくことが必要である。また、失敗しても立て直すことができることにより、長期的・短期的に収入の範囲内で支出をコントロールすることが可能となる。自立した生活を送っている状態とは、自力で問題を解決できることはもちろんのこと、自分の力が及ばないときには、家族をはじめとする周りの人の力を借りたり、制度や機関などの社会資源を活用したりできることを知っており、それを納得して受け入

れることができていることである。第3段階は、家計を管理できるようになること、自立した生活ができるようになることをとおして、「価値観に基づいた生活を自分の力で実現できた」ことを実感し、「自分は今後もやっていける」と思える自信を回復できた状態であり、生活再建のゴールであると言える。

　2006年の貸金業法の成立以降、複数の貸金業者からの債務を抱える人々の数は激減している。しかしながら、近年は就業構造の変化などから脆弱な生活基盤しか持たない人々が増えてきている。また、現金以外の支払方法の普及なども相まって家計状況を把握できなかったり、お金を使う場面で感情をコントロールできなかったりする人も多い。このような人々は、お金が足りなくなったときに高リスク・高コストの借入れシステムに頼る可能性が高い。本章で取り上げた多重債務者も、高リスク・高コストの借入れシステムを利用し続けたことで、市場における主体的な消費が困難となった人々である。多重債務者に家計管理支援を行うことで、市場の構成員として自分の価値観に従った意思決定を行いうるようにすることの意義は大きい。

　われわれ消費者は、生活していくうえで必要なモノやサービスのほとんどすべてをお金で購入せざるを得ない社会の中で、多かれ少なかれ借金というシステムを利用しながら生きている。消費者金融からの借入金額が年収の3分の1以下に制限されたことは、一面では従来のように返済と借入れを繰り返して生活を維持することを困難にした。消費者には、これまで以上に家計管理能力を高めることで生活を維持することが求められている。多重債務者に限らず市場から疎外されつつある人々に対して家計管理支援を行うことは、人々が生活設計を考えて適切に貯蓄や保険、クレジットカード、低リスク・低コストの借入れの利用などをできることにつながる。つまり、家計管理支援は、人々の家計管理能力を向上させることで金融排除をなくし、金融包摂に向かう社会政策的な意味で消費者教育の果たす新たな役割であると考える。

【参考・引用文献】

バイステック, F. P. 著、尾崎新他訳（1996）『ケースワークの原則—援助関係を形成する技法』誠信書房

花城梨枝子（2002）「多重債務者への社会的支援に関する研究」『消費者教育』第22冊、57-66頁

インテージ（2015）「金融庁委託調査 貸金業利用者に関する調査・研究」(http://www.fsa.go.jp/common/about/research/20151209-1/01.pdf)

金融庁（2015）「地方自治体及び財務局等における多重債務相談の状況について」(http://www.fsa.go.jp/policy/kashikin/soudan_zyoukyou/soudan_zyoukyou26kami/01.pdf)

金融庁・消費者庁（2011）「多重債務者相談の手引き『頼りになる』相談窓口を目指して」(http://www.fsa.go.jp/policy/kashikin/20110831-1/01.pdf)

金融広報中央委員会（2015）「家計の金融行動に関する世論調査」(https://www.shiruporuto.jp/finance/chosa/yoron2015fut/pdf/yoronf15.pdf)

厚生労働省（2015）「平成27年国民生活基礎調査の概況」(http://www.mhlw.go.jp/toukei/saikin/hw/k-tyosa/k-tyosa15/dl/03.pdf)

マクロミル（2003）「銀行及び消費者金融に関する調査」(http://www.macromill.com/r_data/20030509kinyuu/)

三宅栄子（2004）「家計の管理」日本家政学会編『新版家政学事典』朝倉書店

宮坂順子（2008）『「日常的貧困」と社会的排除 多重債務者問題』ミネルヴァ書房

内閣府（2016）「平成27年度国民経済計算年次推計（支出側系列等）（平成23年基準改定値）」(http://www.esri.cao.go.jp/jp/sna/data/data_list/kakuhou/gaiyou/pdf/point20161208.pdf)

日本クレジットカード協会（2011）「Web明細に関する消費者意識調査」(http://www.jcca-office.gr.jp/topics/houkoku.pdf)

日本クレジット協会（2016）「クレジットに関する消費者向け実態調査結果の公表について」(http://www.j-credit.or.jp/information/download/investigation_result11.pdf)

日本クレジット協会クレジット研究所（2016）「日本のクレジット統計 平成27年版」(http://www.j-credit.or.jp/information/statistics/download/toukei_03_h.pdf)

日本学生支援機構（2016）「日本学生支援機構について（IR資料）」(http://www.jasso.go.jp/about/ir/saiken/__icsFiles/afieldfile/2016/10/03/45ir.pdf)

日本銀行（2016）「日本銀行統計（5）預金・貸出 個人向け貸出金 消費財・サービス購入資金」(http://www.boj.or.jp/statistics/pub/boj_st/index.htm/)

日本貸金業協会（2016）「月次統計資料 平成28年5月発行」(http://www.j-fsa.or.jp/doc/material/monthly_survey/backnumber/h28/book_160527.pdf)

日本信用情報機構（2016）「残高がある者の借入件数毎の登録状況」(https://jicc.co.jp/vcms_lf/touroku1.pdf)

日本総合研究所（2015）「家計相談支援事業の運営の手引き」(https://www.jri.co.jp/MediaLibrary/file/column/study/pdf/150514_kakei_honpen.pdf)

西村隆男（1997）「クレジット多重債務者への生活再建支援」『横浜国立大学人文紀要 第一類 哲学・社会科学』第43輯、19-35頁

Nordic Council of Ministers (2009) *Teaching Consumer Competences - A Strategy for Consumer Education* (http://www.kkv.fi/globalassets/kkv-suomi/opettajalle/julkaisut/en/teaching-consumer-competences-a-strategy-for-consumer-education.pdf).

NTTデータ経営研究所（2012）「消費者金融利用者の人物像調査」(http://www.keieiken.co.jp/aboutus/newsrelease/120816/index2.html)

小野由美子（2004）「金銭管理カウンセリングサービスの相談者の分析」『消費者教育』第24冊、125-133頁

酒井理（2014）「消費者金融のステレオタイプ ネガティブイメージが付与される構造」『法政大学キャリアデザイン学部紀要』11号、133-149頁

総務省（2015）「平成27年版 情報通信白書」(http://www.soumu.go.jp/johotsusintokei/whitepaper/ja/h27/pdf/27honpen.pdf)

総務省統計局（2015a）「家計調査年報（貯蓄・負債編）平成27年貯蓄・負債の概況」(http://www.stat.go.jp/data/sav/2015np/gaikyou.htm)

総務省統計局（2015b）「労働力調査（基本集計）平成26年平均（速報）」(http://www.stat.go.jp/data/roudou/rireki/nen/ft/pdf/2014.pdf)

田村愛架（2010）「多重債務者の生活再建支援における実績と課題『金沢あすなろ会』を例に」『消費者教育』第30冊、55-66頁

田村愛架（2011）「多重債務者の生活再建支援における初回面接の方法」『消費者教育』第31冊、157-168頁

田村愛架（2012）「衝動買いに陥りやすい多重債務者に対する生活再建支援の方法」『消費者教育』第32冊、113-124頁

田村愛架（2013）「多重債務者に対する生活再建支援の方法 お金の学校くまもとを例に」『消費者教育』第33冊、191-201頁

田村愛架（2014）「多重債務者の生活再建のための相談支援のあり方」『消費者教育』第34冊、125-133頁

田村愛架（2015）「多重債務者への生活再建支援 借金から抜け出せなくなるプロセスの分析」『日本消費者教育学会第35回全国大会要旨集』42頁

田村愛架・西村隆男（2014）「多重債務者が抱える問題の分析」『法と実務』Vol.10、261-279頁

第Ⅲ部
市場社会における意識変容と消費者教育学の課題

第 16 章

市場社会における意識変容

西村隆男

1　環境倫理と消費者行動

1—1　消費者教育と価値形成

　消費者教育が教育であるためには、教育をされる側の人間発達の過程で能力が全面開花する必要がある。教育はすぐれて人間性陶冶の営為であり、教育する側が教育活動を行うことにより、教育される側の教育の全過程におけるあるべき像を常に描きつつ実践される。端的に言えば、教育目標を持ち、対象者に一定の変化を期待して行われる営為である。そのことは、教育主体が導き至る方向を明確に描くことによらなければ、教育実践としての存在意味を持たないと言ってよい。

　さて、消費者教育が今日の経済社会状況を消費者の視点で内発的に改良を加えていくものであることは疑いない。いまや単なる利己主義的な買い物上手育成論を消費者教育の本質として掲げる論者はないが、消費者を経済社会の変容の主体者と持ち上げ、かつての消費者主権論に限りなく近い、ユートピア的消費者教育論を展開する論者も見られる。

　消費者購買における経済的投票としての行動が、経済社会を消費者志向へ転化させていくとする論はかつてよりある。しかし、消費者意識を啓発する意味はあったとしても、現実の経済社会を変革させるだけの消費者のインセンティブになりうるだろうか。

　顕著なものとして一例を引用する。「政治的投票は数年に一度の選挙で行使するだけだが、貨幣票は日常の買い物を通して日々何回となく行使する。それによって何が多く作られ、売られるかが決まって行くのだから、『円の

投票』には選挙と同じように公正で自主的、合理的な選択や意思決定が求められる。(中略)消費者教育も主権者の名にふさわしい賢さを持つ『円の投票者』を育てる必要があり、それは小・中学校からの市民教育として実施されるべきであろう」(早川編著1987、13頁)。

たしかに論理は正しいのであるが、問題はどのようにして円の投票者に育て上げるかであって、消費者の投票行動で経済社会に変化を与える手応えが感じられるものが得られなければ、消費者の行動は変容しまい。ここは消費者としての主体形成論に踏み込まなければならない。

1―2 環境価値と消費者実践

現代社会をめぐる最大の問題に環境問題がある。地球上のあらゆる国々、地域で差し迫った今世紀最大の克服すべき課題である。しかもこの問題の解決が国連も含め、世界的に取り上げられるわりには、企業行動の変容の速度が急であるのに比べ、消費者の意識変容は一部にとどまっているのではないか。

企業は今日、積極的に環境認証を受け、ISOの環境規格の取得を進めてきた。一方、消費者はと言えば、過剰包装に甘んじ、缶入飲料やペットボトルを大量購入し、ひたすら多量のゴミを排出し続けている。冷房に暖房にと電気エネルギーを大量消費し、自動車を乗り回して地球温暖化を一層加速させている。

あるべき方向は明白で、資源多消費型社会から省資源型社会への転換である。資源を枯渇させないために消費を少なく抑えること、リサイクル可能な商品選択をすること、ゴミとする前に有効活用を考えたり、できるだけ長く使用するなど消費者が取り組むべき課題や行動は無数に存在する。まさに、"Think globally, Act locally"なのである。

環境倫理は、環境保全・環境保護を人間の生存に不可欠な条件とする生活行動規範である。環境問題を学習するほどに、環境倫理への認識が高まり、その結果が消費行動に反映していく。松葉口(1996、17-19頁)の調査によれば、環境問題に関する家庭内の親子の会話状況の頻度が、環境保全行動に影響を与えている。特に「過剰包装のものは買わない」、「飲み物はお茶や牛

乳」、「品質表示を見る」、「捨てる前に修理を考える」などの項目で有意な差が見られた。また、生協に入り環境問題学習にふれることの多い組合員は、非組合員に比べ、「ファストフードは食べない」など食の安全に関する意識が高くなっていた。

　これは家庭内の学習の成果と考えられる。親子の対話を通じ学習を深めていくプロセスがうかがえる。環境学習が環境意識高揚につながる好例であろう。

　環境保護運動が市民運動として欧米では早くから進められ、環境配慮行動を商品購入と結びつけた環境消費者教育の実践も盛んである。一例としてアメリカの The Council on Economic Priorities（経済優先度評議会）の *Shopping for A Better World*, 1989、イギリスの *Green Consumer Supermarket Shopping Guide* がベストセラーとなった事実がある。いずれも消費者の環境責任を問うものであり、前者は商品メーカーごとに環境貢献度にとどまらず、経営のディスクロージャー度、地域貢献度などを含む広範な観点で評価を加え、後者はスーパーマーケットの環境貢献度を包装材や商品構成、リサイクルなど環境の総合評価を加えたものであった。

　購入行為で環境保全社会を実現させていこうとする環境責任は、環境倫理と言い換えても同義である。消費者の意識改革は環境問題への地道な取り組みが端緒となって、やがて大きく結実する可能性を秘めているのである。各企業にとって、弱小な一市民団体であるにせよ、企業が外部評価され、その結果が出版物となって多くの人の目に触れることは脅威であろう。

2　市民意識の変化

2—1　住民投票による市民意識形成

　住民投票は間接民主制の日本では、ごく限られた場合、限られた地域でしか実施されていない。しかし、原発建設など地域のかかえる諸課題解決への住民意思の発動というきわめて基本的な民主主義的方法の行使は、ともすれば忘れがちな主権者意識を見事に蘇生させるのに成功しているようである。ここではネーダーの言う「パブリックシティズン」の考え方があらためて確

認されることになるのである。

　新潟県巻町で行われた原発建設をめぐる住民投票は、マスコミの話題にもなり住民自治の本質を問い直すビッグイベントとなった。はじめに若干の経緯を確認しておきたい。

　1994年10月、原発建設の賛否を問うため、住民投票を実施する市民運動グループが発足した。しかし、町長が住民投票の条例がないことを理由に実施が拒否されたため、市民グループ側が町の体育館で自主住民投票を実施しようとその利用願いを出したが、町長が使用許可を与えなかったことから大問題に発展していった。建設推進派のボイコットの中で、翌95年1月に行われた自主管理住民投票は投票総数1万378（投票率45.4％）、賛成474、反対9,854となり、反対票が圧倒する結果となった。町長側が投票結果に法的根拠がないとする中で、同年4月の町議会議員選挙を迎え、反対派議員が半数をわずかに超え、住民投票条例が可決成立した。しかし住民投票を先送りにして実施しない町長に、推進派は業を煮やし、町長リコールのための署名活動が同年暮れに行われ、ついに町長を辞職に追いやった。出直し町長選挙が翌96年1月に行われ、推進派が候補擁立をあきらめたこともあり、住民投票実施の市民グループ代表が町長に当選した。同年8月に行われた住民投票は投票率88.29％と異例の高さとなり、反対1万2,478、賛成7,904と反対派が勝利を収めた。

　こうして建設予定地の町有地を東北電力に売却しないことが町長によって約束され、建設は見送られたのである。

　国のエネルギー政策の一環として原発建設は各地で推進されてきたが、スリーマイル島、チェルノブイリと続いた原発事故に、建設地の住民の緊張が広がるのは当然であろう。この住民の結束による意思表明は、日本人が忘れかけていた自らの意思を社会に反映させるという民主主義の発現であり、自己決定権の行使である。日本社会の間接民主制は、地域の意思を決定する議員を選出する権利を住民が行使することで維持してきた。しかし、地域の存亡にも関わる重要な判断は、その都度何らかの方法で住民の意向を直接に、十分に反映させる道筋を持たなければならない。諸外国で行われる住民投票はまさにこうした今日の民主国家の安全弁として機能しているのである。

巻町住民の住民投票実施に賭けるエネルギーは、どこから生まれたものだろうか。ほかの地域でもこれほどまでに住民の内なる感情を爆発させる機会があるだろうか。この分析にあたっては、住民がこの問題をどれだけ真剣に学習したかに注目する必要がある。この学習の内容は単に原発の問題点を理解するといったことだけでなく、住民の意思はどのように反映させることができるのか、住民投票は法的に意味を持つのか持たないのかといった方法論に関わる内容も含まれる。巻町住民投票ではむしろ、後者の方法論に対する住民の学習と認識の高まりが期待する結果を生み出したと考える。なぜならば反対派の住民投票条例の実施運動を支えた有力なブレーンにある弁護士がいる。彼こそは住民投票の持つ意味、住民自治の大切さを住民一人ひとりに意識させる最大の貢献者であった。

　その後、各地で地域住民の声を地域政治に反映させるための住民投票が試みられている。最近では、神戸市の新空港建設の是非を問うための住民投票の実施を目指して行われた住民投票条例の制定を求める署名活動で、法定数の約13倍に上るほぼ30万人の署名を集めた。このことは新空港建設の是非を問うことの意味以上に、開かれた政治を求める住民意思の表明であり、多くの住民がその運動の輪を次第に広げていく過程での民主制への覚醒が重要な意義を持つ。予想以上に署名が集まったことに関し、マスコミは「代議制を否定するものとみるのではなく、むしろ住民と議会の緊張関係を取り戻すことで、結果的には代議制を補強することに役立つと考えるのが妥当である」と、住民が行政のアカウンタビリティを求めることは当然であると論評した[1]。

　その後、産業廃棄物処理施設の建設の是非や、周辺自治体との合併をめぐる住民の意思を問う住民投票が相次いだ。また、全国で初めて永住外国人に投票資格を与え、周辺自治体との合併の意思を問う住民投票が2002年3月、滋賀県米原町で実施され、永住外国人31人中13人が投票に参加し、全体で69.6%の投票率となり、規定の過半数を超え成立した。

　地域のあり方を左右するほどのビッグプロジェクト実施の是非について、

---

[1]　『朝日新聞』社説、1998年9月23日付けによる。

直接意思表明の行使の機会を与える住民投票の意義を理解し、条例制定を求める署名に賛同し、そして議会が条例を可決すれば、住民投票に参加する。もし制定を可決しなければ町長リコールの住民請求に署名する、といったこれら一連の過程に関与しアクションを起こす。この過程で自らの考えを内から外へ表明し、社会に影響力のあるもう一人の自分自身を認識する。つまり、社会との関わりを持った存在としての個人の意識・態度に変容が見られるようになることが、住民投票をめぐるプロセスで最大の成果なのだと思う。換言すれば、一人の個人が社会の中の一人である消費者・市民であることをあらためて確認する一つのバイパスが住民投票という手段なのであり、ビッグプロジェクト実施の是非や自治体の将来展望そのものに直接住民が関わることが重要であること以上に、自らの主体形成に住民投票が大きな役割を果たしうるということであろう。言い換えれば、住民投票は民主主義の実験とも言えるかもしれない。

2—2　SNSを背景とした若者による発信

2015年5月頃から、SNSを通じて情報を得た学生や若者を中心に、政府の集団的自衛権の行使容認の強行などに反対する人々が各地で集会を開き、やがて安保法関連法案の審議が山場を迎えた8月末には、国会議事堂周辺に集まりデモを行うといった、近年ほとんど見られなくなった風景の再現が、メディアで報道された。

シールズ（SEALDs: Students Emergency Action for Liberal Democracy-s）は、自由で民主的な日本を守るための10代から20代前半の若い世代による緊急アクションとして次第に賛同者を拡大していった。戦後70年かけて作り上げられてきた日本の自由と民主主義を尊重し、その基盤である憲法の価値を守り、同時に持続可能で健全な成長と分配により人々の生活保障を実現するという主張である。過去の歴史の反省に立脚することのない、政権党の憲法改正による防衛力という名の戦力拡大路線への動きを背景にした若者の純粋な意思は、時代を反映したスマホやパソコンを駆使した呼びかけや情報共有により、全国津々浦々に瞬時に広がっていった。種々の論評もあったものの、2016年8月の解散に至るまでには、大きな影響を社会に与えたと言える。

政治的な背景を持たない若者が主体的に、自らの意思で発言し、行動し、その動きに一般の市民が賛同しその輪は大きく広がった。2016年7月の参議院選挙における野党共闘の実現に向けた選対ボランティアなどでも学生たちは活躍した。

新しい市民運動の一例ではあるが、社会への関心、政治への接近を果たした若者の存在が再確認できた。民主社会における主体性認識の重要性を改めて世に問うた好事例ではないだろうか。

3 消費者倫理の確立

3—1 消費者責任の考え方

韓国の東亜大学校経営学部教授の金容大・金大元（1998）は、1998年8月プサンで開催された国際消費者教育フォーラムの席上、以下のような消費者の社会的責任について報告した。

「企業は消費者に比べ絶対的に優位な立場にあり、社会的責任は企業の側に置かれてきた。しかし、企業の消費者志向のマーケティングが強化され、定着してきた結果、消費者の動向が企業経営にも大きく反映するようになった。今日、消費者のニーズは生産を規定し、消費生活のレベルを自身で決定している。企業は国際社会の競争のなかにあるが、消費者の潜在需要による生産への影響力が大きすぎると、企業経営の存立を危うくする場合さえある。企業の社会的使命と同様に、秩序ある消費行動が、健全な市場にとって不可欠である。

消費者は積極的な存在である。従来の消費者保護の考え方では、前提は、消費者は弱者であり、保護されるべき客体であるとする。しかし、企業がそうであるように、消費者もまた社会的存在である。社会の技術水準、商品の価格を決定するのは消費者である。市場は下部構造であり、消費されない商品（科学技術、制度）は意味を持たない。」

たしかに、社会の方向性を決定する消費者であるが、これまで消費者をなぜ客体としてしか見てこなかったのか。われわれは、科学、技術、生産シス

テム、資本を利用しそれらを結合して社会を発展させてきた。生産方法の革命が社会の発展を促した。

一方で、社会科学において消費者に対する新しい思想が生まれ始めた。ドラッカー、コトラー、ミルトン・フリードマンらが社会の方向を決定するのは消費者であると主張した。経営学にも変化が現れ、マネジメント・コンセプト、すなわち経営の根幹をなすものは consumer orientation（消費者志向）であるとする。

ビル・ゲイツは消費者に奉仕するという姿勢を貫いていた。彼の社会貢献は消費者の意思を通じて実現されたものである。とすれば消費者に対応する新しい見解が必要となる。社会における消費者の位置は重要であり、その立場に相応の正しい行動を必要とする。企業の社会的責任（CSR）には多くの論理が展開されているが、消費者の社会的責任については論じられていない。これからの課題の中心となるのは消費者責任である。

消費者は次のような社会的責任を負うと考えられる。

①消費者は過ぎたる消費をしてはいけない。際限のない消費は過剰生産を刺激し、環境破壊を招く。

②限りある資源の消費を助長させてはいけない。資源浪費は他国との間に不信感、不平等感を招き、国際秩序を乱す。

③文化水準を落としたり、人間性を退廃させるような青少年の心身の発達に悪影響を及ぼす消費をしない。

④健全な文化を築くため、不道徳な企業の商品を消費しない責任がある。良識ある企業と良識のない企業を峻別する責任がある。消費者は政治的投票をするのと同様、経済的投票をする必要がある。

⑤先進諸国の消費行動が、発展途上国に影響を与えることを認識する責任がある。消費者が意図しない消費であっても、他国の文化や生活習慣を崩壊させることもあるので消費に慎重である必要がある。

したがって、企業に勝るとも劣らない社会的責任が消費者に厳しく求められているとする。

3―2　消費者倫理としてのエシカル消費

　昨今の論調では、倫理的消費あるいは消費者倫理、さらにエシカル消費（ethical：倫理的な）に言及するものが増えている。環境配慮行動に関してはグリーン・コンシューマリズムなどさまざまな団体の取り組みが90年代頃から活発化し、学校における環境教育の実践や、ESD（持続可能な開発のための教育）の普及とともに高まりを見せている。一方で、南北問題や人権問題の観点からフェアトレードなどの途上国支援も広がってきている。

　消費者庁は、公式な審議会として消費者教育推進会議とは別個に、消費者市民社会のあり方を模索すべく、「『倫理的消費』調査研究会」（座長：山本良一東大名誉教授）を2015年8月に立ち上げた。消費者の意識変化と、企業の行動変化の実態を掴みつつ、海外事情を調査し、地域における「倫理的消費」の取り組みを紹介するイベント（エシカルラボ）の開催などを通じ、今後の定着への道筋を議論しているところである。

　2014年3月に日本で初めてのフェアトレードタウン認証都市となった熊本市において、国際フェアトレードタウン会議が開催されたが、2日間の日程に全国から多くの若者がボランティアスタッフとして集まったのには驚かされた。高齢者の消費者被害防止のために出前講座などに取り組む大学生グループの事例報告も各地から聞かれるようになった。自ら何らかの行動により社会とつながりたいと潜在的に考えている若者は、相当数いるのではないかと期待するところである。

3―3　学習主体としての消費者

　学習が意識や行動に変容を与えることは確認されているが、学習方法も意識や行動の変容に大きく関わってくる。生活クラブ生協における組合員相互の互酬的学習[2]という学習形態は学習を進化させていく好例である。

　学習の主体は教育者側にあるのではなく、被教育者側にあることは言うまでもない。しかし、学校をはじめ教育を制度として行う場における学習形態

---

(2)　松葉口・西村（1996、22-23頁）は一方的な知識の伝達ではなく、対話を通じて互いが学び合い、自己変革の糧にしていく関係を「互酬的関係」と名付けている。学習活動を通じて互いに教え合う創造的な関係を作り出している。

では、学習主体がともすれば教育者側に振れがちである。知識注入型の教育手法は、教育者の一方的な講義を被教育者に伝授する旧来からの方法であるが、受験競争や資格取得といった知識確認型の試験を目指す場合は最良の方法にもなりうる。しかし、消費者教育の場合は知識偏重の学習は必ずしも学習の成果にはなりえない。

消費者教育の意義は、消費者としての自立であり、市場健全化を目指す自覚ある行動にあるとすれば、意識化や行動変容のプロセスが重要であり、問題解決能力が育成される必要がある。知識レベルにとどまらず行動レベルにまで、個人の能力や技量を引き上げることが消費者教育の目標となろう。今、学校教育の場で消費者教育が展開されるとき、ロールプレイングやディベーティングなどが盛んに行われるようになったのも、体験型・思考型の学習方法を採用することによって、子どもたちが問題の本質を自ら発見し、自らの言葉で意見表明ができるようになることを、多くの教師が認めているからにほかならない。

成人への消費者教育の場合にも、近年は国民生活センターが相談員養成講座や講師養成講座などで、こうした参加型学習を取り込む努力をするようになってきた。

学習の主体は学習者にあり、教育者は学習者の学習行動を側面的に支援する。近年、学習支援という用語が、学校教育や生涯学習で頻繁に使用されるようになった。消費者教育を受けるものが学習の主体として、意欲的に取り組むことが必要であり、思考力や判断力が鍛えられながら、集団学習の学び合いの過程で次第に意識化されていくことが求められる。

4　企業倫理の確立

4—1　企業の変容

わが国で企業の社会的責任が問われるようになったのは 1970 年代のことである。当時、高度成長の歪みとして公害問題が全国的に拡大し、公害被害者に対する企業の賠償責任の考え方が訴訟でも確立し、公害防除への資本投入も拡大していった。企業は言うまでもなく社会的存在であり、製品を生

産・流通・販売し、最終消費者に効用満足を与える社会的装置である。ゆえに、自由経済体制といえども企業の利己的な行動原理が社会から非難を浴びることは必至であり、その社会性が常に追求されなければならない。

今日、あらためて企業の社会性が問われ出している。典型的な問題はバブル期の企業行動が招いた不良債権問題である。その結末として、わが国を代表する大銀行、大証券会社が事実上倒産した。

金融システム不安の解消を目的とした金融再生法が1998年秋には成立施行され、破綻した長期信用銀行が同法第36条にもと基づき特別公的管理下に置かれることになった。戦後はじめて銀行が国有化されるという異例の事態であることを誰もが認識すべきである。企業経営者の責任が問われる昨今である。

企業を取り巻く環境として、ステークホルダーには株主、従業員、労働組合、消費者、取引先企業、金融機関、監督官庁、地域社会（コミュニティ）などさまざまなものが存在している。これらステークホルダーは企業行動により影響を受け、また企業に対し影響を与える関係にある。これまで企業は株主や従業員、取引先、金融機関などと個別的に良好な関係を維持すべく、利潤の極大化を図りつつ努力してきたところであろう。

しかし、企業が社会的存在であるとするならば、あらゆるステークホルダーを重視し、それらとの間に十分な配慮が求められていると言える。これこそが企業倫理の思想である。それぞれのステークホルダーの利益は、互いに衝突する場合もあるだろうし、まさにトレードオフの関係にあるかもしれない。個々の企業はどのステークホルダーを最も重視するか、経営政策において優先順位をつけるかもしれない。にもかかわらず、今求められる企業倫理はどのステークホルダーにも納得のいく公正な配慮であろう。

企業倫理を追求するためには、経営のディスクロージャーが欠かせない。経営の情報開示によってこそ、個々のステークホルダーが企業の実情を把握しえ、企業経営に側面から関わることができる。オープンな経営が求められるゆえんである。

消費者はステークホルダーの一翼をなす。PL法（製造物責任法）が1994年7月1日に施行され、企業のPL責任（製造物責任）が強化された。法制

定への道は険しく産業界の抵抗は大きいものがあり、欧米に大幅に遅れての立法化となった。大方の不安は、企業相手の訴訟が増えて、賠償額によっては、企業経営の足下を脅かしかねないとするものであった。しかし、法制定後のPL訴訟提起の実態は、予想したほどにはならなかった。裁判外紛争処理機関（ADR）として、PLセンターを各業界団体が設置したことも反映しているが、PLセンターの利用自体も当初の予想ほどには広がっているとは言えない。一方、各地の消費生活センターおよび国民生活センターへの拡大損害を伴った苦情相談は、法施行1年後から毎年3,000件近くに達した。

　折しも1993年の総選挙で自民党が議席定数の半数を割り、いわゆる55年体制の終焉とマスコミは論評したが、89年のベルリンの壁の崩壊、91年のソ連邦崩壊と続いた東西冷戦体制の終結は、若干のタイムラグはあったものの日本にも大きな影響を与えたのである。製造物責任法がこうした中で、野党連立政権のもとで成立したことは意義深い。日本人の保守安定志向のメンタリティはおだやかにも揺れ動きつつある。世界の潮流に敏感に反応しながら、産業優先・企業中心社会からの脱却、言い換えれば、モノの豊かさからココロの豊かさへの転換という新たな精神構造へと、世紀末の大変革を日本人に促したとされる。

　これを市民・消費者サイドから表現すれば、市民社会における主体性の回復と言えるかもしれない。成熟化した西欧の経済社会ではすでに経験済みのことであろうが、人間が活き活きとして生きることに幸福を感じる余裕に、日本人が目覚めてきたということだろう。企業経営において、終身雇用体制が崩れ中年層の転職機会も増加傾向にあり、学歴を無用とする実力主義の採用人事が育ちつつある。男性が育児休暇・介護休暇をとり、家族の時間を大切にしようとする世代が増えてきた。しかし、リーマンショック後の世界的不況の中で、サービス残業やブラック企業問題などが顕在化してきた事実もある。

　企業が従業員の福利を考慮し、消費者への対応を一層充実させていくことは、今日の企業倫理では当然のことである。

4—2　企業の環境倫理

　エクソン社のタンカー、バルディーズ号がアラスカ沖で座礁し、原油流失による環境汚染という大問題を引き起こしたのは 1989 年のことであった。この事件を契機に、アメリカでは企業の環境責任を追及する市民運動が広がりを見せ、バルディーズ原則と呼ばれる企業の環境倫理に関する評価基準が、環境保護運動団体 CERES (Coalition for Environmentally Responsible Economies) によって作成され、今日バイブル的存在となっている。この原則は次の 10 項目からなる。

　①生物圏の保護、②天然資源の持続的活用、③廃棄物処理とその量の削減、④エネルギーの知的利用、⑤リスクの減少、⑥安全な商品やサービスの提供、⑦損害賠償、⑧情報公開、⑨環境問題の専門取締役および管理者の設置、⑩評価と年次監査。

　植田（1992、12 頁）は、バルディーズ原則は、「投資家・市民は、企業が環境に対して何をしているか知る権利があるという点から出発しており、投資家の保護という考え方にも立脚している。株主提案権を活用して、企業の社会問題に対する行動様式を変更するよう要求していく社会的投資運動と結びついたところ」の独自性があると言う。

　CERES は企業の環境問題への対応をこの原則に基づき、採点し公表している。消費者は採点結果を参考に当該企業の製品購入の際の選択判断に活用している。つまり、環境保全のために企業が積極的に取り組むことが、消費者による監視の中で行われており、環境保全行動は企業倫理の重要な発現となっている。

　一方、企業は国際社会の環境規格の動向にも注目し、着々と対応を進めてきた。ISO（International Organization for Standardization：国際標準化機構）は、1996 年以来、生産・流通・消費・廃棄の全過程における環境負荷量を計量的に測定し評価する LCA（ライフサイクルアセスメント）やエコラベリングなどの国際的規格化を検討してきた。わが国では 96 年に家電業界などが中心となり、国際動向の情報収集と環境監査を業とする環境認証機構が発足するなど急速な進展をみせている。いまや、環境保全への企業の取り組みは当

然の責務として企業の社会的責任（CSR）の一端となっている。

4—3　CSRの厳格化

　2010年、アメリカでは金融商品取引に関する新たな規制を議員立法で可決した[3]。内紛の絶えないコンゴ共和国との取引の有無を証券取引委員会に示す必要が求められたのである。今日ではスマートフォンをはじめレーザーディスクプレーヤーなど、さまざまな商品に金やチタン、タンタル、タングステンなどの希少金属が用いられている。それらの資源は主に、赤道直下の国々、中でもコンゴ共和国での採掘の比重が高かった。しかも、その採掘を巡って、反政府勢力との取引によって資金供与が行われるという非人道的な方法が蔓延している現状を改善するため、法律によって規制を加えたのである。これにより、コンゴ共和国との取引のある企業は、市場での活動が実質的に否定され、インドネシアなどの別の採掘国に拠点を移動することになった。

　同様のことは、2015年に制定されたイギリス現代奴隷法にも言えよう。売り上げが3,600万ポンド以上の対象となる企業に、「奴隷と人身取引に関する声明」を会計年度ごとに公表することを義務付けたものである。日本の企業でも、イギリス法人のある多くの企業はこれに該当するという。現在もなお強制労働や人身取引などのある労働現場における人権侵害の実態は、ILOの調査で2,100万人に上るとされ、その24％が18歳以下と報告されている。しかも半数以上が、アジア・太平洋地域なのである。対象となる企業は、強制労働の有無などの実態をどのように確認しているか明示する義務があり、その公表を消費者が絶えずチェックすることにより一層の透明性を高める工夫がなされている。

　これからは、企業も芸術振興、植林事業への協力、リサイクル支援など企業市民としての社会的活動は言うまでもなく、見せかけのものではなく、ほんものの CSR（社会的責任）が求められていると言えよう。すでに、一部の企業では、オーガニックコットン製品を現地生産者と直接提携し販売する取

---

(3)　提案者の名を冠してドッド・フランク法と呼ばれる。

り組みや、独自のルートでフェアトレード原料のココアマスを輸入しチョコレートを生産する企業も出てきている。

【参考・引用文献】
早川克己編著（1987）『消費者教育の理念と実際―米国と日本の現状と展望』ブレーン出版
Issac, K. K. (1992) *Civics for Democracy: A Journey for Teachers and Students*, Essential Books
金容大・金大元（1998）「消費者の社会的責任」国際消費者教育フォーラム（1998年8月4日、釜山）における報告要旨集及び発表資料
Makower, J. and J. Elington (1991) *Green Consumer Supermarket Shopping Guide*, Penguin Books
松葉口玲子・西村隆男（1996）「環境配慮型消費者行動を促進するための消費者教育に関する研究」『消費者教育』16
The Council on Economic Priorities (1989) *Shopping for a Better World*, New York: Ballantine Books
植田和弘（1992）「環境責任と社会システム」『国民生活』5月号

第17章

消費者教育学の確立へ向けて

西村隆男

1 社会実験としての消費者教育学の提唱

　消費者教育の革新は、21世紀へ入ると加速したと言える。「賢い消費者」の育成に始まり、「自立した消費者」支援、そして「消費者市民」の意識形成へと、大きく変化してきている。もちろん、80年代より、市民参加概念は消費者教育の主要な柱の1つと認識され、また、主体形成の理論からは、市場における主体、すなわち市場で疎外されることのない消費者の意識と行動力の涵養はまさしく社会参加を意味する。

　しかし、これまでの消費者教育の議論を超えた新たな行動力、創造力を秘めた消費者像を構想することはできないものだろうか。欧米である意味消費者教育が成功しているのは、個人の権利意識、市民意識が本来的な意味で社会一般に定着していると見ることができるからにほかならない。購入した商品に問題があれば、クレームを主張し、場合によれば訴訟も辞さないアメリカ社会では、侵害された個人の権益を国家の力（裁判）によってでも回復しようとする。一方、欧州型消費者教育では、環境や人権への配慮を中心とした共生思想の浸透により、責任ある消費の実現によって社会参画を目指している。現に、フェアトレードタウン発祥の地イギリスでは、1,000以上のフェアトレードタウンが存在すると言われ、キオスクのような店でもフェアトレードの商品が気楽に購入できることが多い。社会的な合意形成がすでにできていると見ることができよう。

　さて日本の場合はどうなのか。長いものに巻かれろの精神は根強く、はみ出ることを嫌い、絶えず護身・保身に回る。国家・政府への信頼もことのほ

か厚い。筆者は、その意味で、日本人の意識改革に消費者教育が有効であると考えるものである。消費者知識の獲得と消費生活の向上を狙った消費者教育、あるいは消費者の主体性回復と権利学習による社会参加の消費者教育を超えて、消費者市民教育の推進を、時代を見据えて社会変革を意識的に巻き起こす壮大な社会実験であると位置づけたい。

　消費者が社会のイニシアチブをとることは並大抵のことではないが、"Make a Difference"（小さな動きを作り出すの意）一人一人のささやかな行動が、やがて、さざ波の如く、社会を大きく動かすうねりとなっていくと考える。この "Make a Difference" という表現は、環境保全運動やボランティア活動などさまざまな活動で使用されるようであるが、何かの行動を起こす前後を比較して、明らかに、これまでと違った、新たな価値ある変化を創り出すという意味であろう。足を踏み出す第一歩の行動によって、自らも変わり、社会を変えうるものと捉えることができるのである。

　行政から背中を押されてきた消費者から、180度発想転換をして、賢い消費者、自立した消費者として、社会を創造する側に回るのである。そのためには、多くの知識やスキルも身に着ける必要がある。指導者に求められるものや、教育のためのツールキットの開発なども不可欠であろう。2012年の消費者教育推進法の制定は、そうした好機を与えてくれたと認識するべきである。

2　トランスサイエンス時代の消費者教育学

　消費者教育学の存立をめぐる学問的環境は、教育学をはじめ、経済学、商学、法学、社会学、社会福祉学、家政学（生活科学）、環境学、情報学、政策科学などに加え農学、工学、医学などあらゆる分野が関わりうると見ることができる。消費者教育学は、人間が生命を再生産し、より Well-being を求めて生活を創造し、来るべき新たな社会を切り拓くことに寄与するものでなければならない。必要な叡智は、既存の学問分野の枠組みでは捉えきれないものなのである。これぞまさに、トランスサイエンスとしての消費者教育学の存在である。

第 17 章　消費者教育学の確立へ向けて

　2016年秋、横浜国立大学で開催された日本消費者教育学会全国大会シンポジウムにおいて、パネリストの一人、お茶の水女子大学の小玉亮子氏は、消費者教育学をトランスサイエンスの文脈の中で捉えるのが妥当ではないかと発言された。アメリカの物理学者 A. ワインバーグは1972年の論文で、「科学に問うことはできるが、科学だけで答えることはできない問題がある」として、科学技術がもたらす問題であるが、科学では解決できないものが増大しているとし、そうした問題の解決には科学を超えた民主的な議論こそ必要であると論じた。日本では、2011年3月11日の福島原発の事故がきっかけとなり、トランスサイエンス論が再び話題となった経緯がある。先端の科学技術による所産として生み出された巨大装置が、想定外の大事故を引き起こし、なおも今日に至っても汚染水処理をはじめとして、以降数十年にわたる廃炉への取り組みを余儀なくされている。つまり、トランスサイエンスは、"trans"が「超えて」、「横切って」の意味なので、「科学を超えた」「超科学」とでも言うべきものであろう。つまり、科学のあり方、科学技術への根源的な問いかけであり、科学技術と人間、社会との間に新たな関係性を構築することこそ求められているという今日的課題なのである。遺伝子組み換え、クローン技術など生命体維持に向けた科学技術の深化は著しいものがある。一方で、倫理が問われていることも事実である。

　消費者教育の向かうべき方向性でもある持続可能な社会の構築には、あらゆる分野の対話が必要なのかもしれない。トランスサイエンスの考え方では、コミュニケートが重要な要素とされる[1]。科学への絶大な信頼は、時として子孫への大きな禍根を生み出しかねない。廃炉先進国とされるイギリスは25基の原発の廃炉を決めたが、完全な廃炉にはまだ80年以上かかるという。

　本書では、日本消費者教育学会に所属するさまざまな分野の会員よりご寄稿いただいている。もちろん、科学技術分野を含むあらゆる分野まで議論を広げることはできていないが、こと消費と生活に関わる分野の裾野は広い。食品科学、環境科学、情報科学のみならず、さまざまな分野の研究成果が消費者教育学に活かされる可能性を秘めている。科研費補助金の申請では「消

---

(1) 小林（2007）58-62頁。

費者教育」のキーワードは、複合領域分野の生活科学、細目は家政・生活学一般（コード1701）のもとに組み込まれてはいるが、まさに複合科学なのである。

　教育学はもとより人間の全面発達に寄与するものでなければならないが、消費者教育学も教育学の大きな領域の一隅にその位置を占めるべきであろう。一方で、消費者科学でもなければならない。人間生まれてから死ぬまで消費者であり続けること、また、高度に発達した商品社会において、日々の生命の再生産活動のためには、市場より何らかの商品を購入し続けなければならないこと、いずれもが客観的な事実である。個人としてよりよく生きるために、より人間らしく生きるために、地球上の誰もが共生し安心して暮らせる社会を築くことができるために、消費者教育学の存在意義が問われるべきであろう。

　OECDは2008年の政策提言（Policy Recommendations）で、Formal Education, Non-formal Education, Targeting Educationの三方向から進める必要があると提言した。第1のFormal Educationは学校教育を指し、第2のNon-formal Educationは学校外の社会教育、第3のTargeing Educationは対象を絞り込んだ教育を指す。

　第3では社会的支援を要する障がい者や判断能力の衰えた高齢者、社会的経験の浅い若年層などがこれにあたる。国際消費者機構（Consumers International: CI）は、早くからSocial Inclusionに消費者教育を取り込んできている。とりわけ途上国において、市場から疎外され搾取されることなく、生活を送ることができるように知識やスキルを教授し、消費能力を高めるための支援である。

　消費者教育は、そうした意味において人権を擁護し、社会的差別を解消するツールとしての有用性も備えるものである。本書で取り上げる要支援者への家計管理能力の向上のための学習支援はその好例であろう。

　国内においては、既述のとおり、2012年に消費者教育推進法が成立した。この法律の意義は極めて大きいと言わなければなるまい。日本全国の自治体行政が、消費者市民社会の何たるかを問い、「消費者市民社会とは何か」といった市民講座は全国で数多く開催されている。まさに、持続可能な消費と

生産に向けた意識変革が始まっている。この動きを支えていくためにも、消費者教育学の発展、進化が欠かせない。あらゆる科学分野を超えたところに真理を求めていく姿勢が求められているのではないか。

3 消費者市民育成の学へ

　筆者は消費者教育が消費者個人の消費者能力を高めることであると、本書の序章で示したが、これまでの論述から消費者能力とは自らの消費生活を向上させうるための基本的知識の習熟や、発言力、社会への影響力の行使、すなわち消費者としての責任を行使できる能力であると再定義できよう。この点に関し、CIは消費者の責務（消費者行動憲章）として、以下の5つの形成すべき能力を掲げている(2)。

　　① 批判的意識を持つ（Critical Awareness）
　　② 関わり行動する（Involvement Action）
　　③ 社会的責任を果たす（Social Responsibility）
　　④ 環境への責任を果たす（Ecological Responsibility）
　　⑤ 連帯する（Solidarity）

　自らを社会的存在としての消費者、言い換えれば消費者市民としてどれだけ意識形成しうるかが、これからの消費者には問われることになろう。市民の裁判ウォッチング運動、情報公開を求める市民運動が活発化することで、裁判官や裁判所の対応、行政の反応が少なからず変化しつつある。しかし、目覚めた少数の市民の動きにとどまっていては、社会の大きなうねりにはなりえない。

　消費者被害裁判手続特例法の成立（2016年10月から施行）により、消費者被害に関し悪質業者からの被害回復を求める集団訴訟が本格的に稼働できる条件が整ってきた。これまで、全国で14の適格消費者団体(3)が消費者庁よ

---

(2) Consumers International（国際消費者機構）のHP（http://www.consumersinternational.org/）。2016年10月25日閲覧。なお、西村（1998）273–277頁も参照のこと。

り認定され（2016年現在）、被害者に代わって不当な勧誘行為などの差し止め請求訴訟を起こすことは可能だったが、損害賠償請求はできず、被害回復のためには個別に消費者自身が訴訟によって事業者を訴える以外にとるべきすべがなかった。しかし、今回の特例法では被害の情報を得た特定適格消費者団体が、損害賠償金の支払い義務の確認を求めて提訴できることとなった。その後、裁判所が支払い義務を認定すれば、被害者へHPなどで告知して訴訟への参加を募り、裁判所が被害者個人ごとの賠償額を確定することになる。

つまり、自己責任社会では司法救済に重点がシフトすることが予想されるので、消費者が自力救済を求めて行動できるだけの力量や、自らの消費者としての意識形成が鍵になると言える。したがって、規制緩和と自己責任社会の消費者としての行動戦略が求められるであろう。このことは、今日的な消費者学習の重要性を意味し、消費者の意識形成過程を重視するプログラムが求められることを意味する。消費者としての意識化はもちろん一朝一夕に完成するものではなく、今日の経済社会の中で、消費者の置かれている状況をつぶさに観察し、問題状況を正しく把握することによってこそ、意識化の重要性への自覚が芽生えてくるものと考えられる。

ネーダーグループのアイザック（1992）（K. K. Isaac）は、18、19世紀の労働運動、婦人運動の歴史にさかのぼりながら、民主主義が形成されていく過程を示し、消費者運動、環境保護運動の成果として、消費者保護、環境汚染対策の諸法が制定されてきた歴史を明示した。その著書『デモクラシーを求める市民』（原題：*Civics for Democracy*）は消費者自立のための権利意識、義務意識の高揚に寄与しようと意欲的に書かれたものである。内容の究極は「教室のデモクラシー」、すなわち学生への処方箋で、自分たちの意見が反映されるための壁新聞の作り方、署名活動などのさまざまな意思表明手段をていねいに列挙した格好の教育教材となっている。

本書でわが国の消費者教育の歴史的発展に注目したのは、これからの経済社会においてもなお、消費者教育の意義を見出すことができると確信するか

---

(3) 消費者契約法（2000年制定）の2006年の改正により制定された、消費者被害救済のための集団訴訟を起こすことのできる専門的消費者団体として、内閣総理大臣によって認定された団体。

らにほかならない。そのため、冒頭では消費者教育発展の足跡を辿ってみた。その結果、消費者の市場での選択能力を向上させると同時に、主体者意識を高め市場社会を監視しうる能力を育てるために、換言すれば健全な市場発達の安全弁として、消費者教育は存在意義を有することが明らかとなった。教育機関のみならず消費生活に常に影響を与える消費者のステークホルダーとしての企業、行政、地域社会その他の外部環境は、消費者能力を高める消費者教育をいっそうプロモートする必要がある。つまり、そのため消費者教育学は現代社会の基本的なインフラとしての新たな展開が求められてくるのである。

　消費者教育により洗練された消費者が、良質な商品を市場から選りすぐることで、企業は、期待すべき収益を上げることができる。市場ウォッチャーの消費者の存在は粗悪な商品、詐欺的販売の防波堤である。市場のカウンターベイリングパワー（対抗勢力）としての消費者の地位を再認識し、企業自身が消費者の意思に敏感に反応しながら、ニーズに応えていく責任があろう。生産や流通の過程に消費者の意思を取り込むことも、これまで以上に重要な戦略となるだろう。消費社会を浪費社会から再生するためにも、消費者ニーズを組み込んだ企業行動、企業倫理が要求されることになるだろう。

　こうして、企業による生産・流通活動と消費者による消費活動は、互いの受発信機能を的確に果たし合いながら、新たに密接な関係性を築いていく。卑近な例では、家電製品のリサイクルの制度化やパソコン関連商品購入者へのアフターケアなどに、販売・購入後の絶えることのない生産・流通と消費の確かな関係性の維持増進が図られようとしている。言い換えれば、生産者の生産行為も、消費者の消費行為なしでは単独では完結しえず、消費者規格の実現などの端緒的実験もすでに見られている。

　一方、行政は健全な市場育成のために、消費者の市場監視能力をいっそう向上させる支援をする必要がある。企業の行動はともすれば利益本意になりがちで、消費者へ巧みな販売攻勢をかけて、消費者を困惑させることもありうる。安定した経済社会を構築するための消費者支援は現代福祉国家の重要な任務である。自己責任と称して行政のスリム化が進められているが、行政に頼らずとも、市場において主体的な行動がとれる消費者を生み出していく

ための先行投資が、現在の行政に求められるのである。

　消費者が自らの不断の努力によって、真の消費者自立を自己実現することはわれわれ消費者に課された永遠の課題であり、それによってこそ市場社会は消費者の目指す Quality of Life 実現のステージになりうるのである。

　ここにこそ消費者教育学の存在価値がある。イギリスが「シティズンシップ」を必修教科にしてすでに 20 年近くになるが、1998 年のクリックレポートのとりまとめにあたった B. クリックは、「シティズンシップ教育施行令は、他の科目施行令とは異なり、情報をしっかりふまえた課題探求型の討論を非常に強調している点がユニークである。（中略）時事的な政治的・社会的・道徳的争点、問題、事件の重要な側面を学習し熟考し討論するように指導される」[4]と述べている。自らを能動的な市民として育て、公的生活において影響力を持つことに意欲的となるためには、学校における学習と討論が不可欠で、批判的思考能力を育てることが必要なのである。

　市場における消費者が消費者市民として成長し、持続可能な社会、地球を築き上げていくことを目標として、消費者教育学もまた学問的進化を遂げていかなければならない。

【参考・引用文献】

Consumers International（国際消費者機構）の HP　http://www.consumersinternational.org/

クリック，バーナード著、関口正司監訳（2011）『シティズンシップ教育論─政治哲学と市民』法政大学出版局

小林博司（2007）『トランス・サイエンスの時代』NTT 出版

Lsaac, K. K. (1992) *Civics for Democracy,* Essential Information

西村隆男（1998）「消費者教育・消費者運動」『日本人の生活─50 年の軌跡と 21 世紀への展望』建帛社

Weinberg, A. (1972) "Science and Trans-Science," *Minerva,* Vol. 10, No. 2

---

(4)　クリック（2011）198-199 頁

消費者教育発展史（年表）

太字は法制（法律、閣議決定、組織・会議設置等）

年月	項　目
	〈～1960年〉
1948年　9月	不良マッチ退治主婦大会（渋谷、中央社会館講堂）
10月	主婦連合会結成（第1回総会は49年4月）
1952年　1月	向井鹿松編『消費者の経済学』
1955年　7月	**経済企画庁発足**
1956年　6月	『国民生活白書』（初）発行
1958年11月	日本生産性本部に消費者教育委員会発足（野田信夫委員長）
1959年　4月	同委員会「買い物上手」発刊（のちの「月刊消費者」）
1960年　1月	日本生産性本部に消費者教育室設置（山崎進室長）
4月	日本生産性本部、消費者教育視察団（主婦連会長奥むめお団長、女性9名で構成）を米国へ派遣
	〈1961～70年〉
1961年　7月	**経済企画庁、国民生活向上対策審議会設置**
9月	日本消費者協会設立（神田小川町）
1962年　3月	ケネディ大統領、消費者の利益保護に関する特別教書
9月	同協会がコンサルタント養成講座を開始
1963年　6月	**国民生活向上対策審議会「消費者保護に関する答申」**（消費者教育について初めて言及）
1965年　6月	**国民生活向上対策審議会を国民生活審議会へ改組**
11月	神戸生活科学センター（神戸市三宮）設置（最初の消費生活センター）
12月	姫路生活科学センター設置（消費生活センター第2号）
12月	**産業構造審議会消費経済部会「消費者意向の方策と消費者教育の在り方についての答申**
1966年11月	**国民生活審議会「消費者保護組織及び消費者教育に関する答申」**（学校における消費者教育、教員への指導啓発、教員養成の在り方にも言及）
1967年　6月	山崎進『消費者商品学―生活手段の分析』光生館
1968年　3月	国民生活研究所「消費者教育の意義と内容」
5月	**消費者保護基本法制定**（消費者の役割に「必要な知識を修得する」を明記）
7月	兵庫県「消費者教育に関する研究」で小中高7校を研究指定校とする（消費者教育実践の端緒、ほぼ同時期に静岡県も高校10校を指定）
7月	**第3次学習指導要領改記**（中学公民「消費者は消費生活に必要な知識の修得に努め……」）
1969年　5月	小木紀之『現代消費者教育論―かしこい消費者となるために』風媒社
1970年　6月	巻正平『消費者革命』新時代社
10月	**特殊法人国民生活センター設立**

年月	項目
	〈1971～80年〉
1971年12月	今井光映他『消費生活思想』法律文化社
1972年	神戸市「くらしとしょうひ」（小学校向け、副読本の草分け）
12月	正田彬『消費者の権利』岩波新書
1973年 4月	小木紀之『物価のカラクリと消費者教育』家政教育社
9月	滋賀県「しょうひとせいかつ　小学校用」
9月	日本消費者連盟『アメリカの学校における消費者教育の理論と実際　消費者問題シリーズ《海外編》』（野村かつ子他訳）
12月	国民生活センター「消費者教育（要約）（Consumers Union of US Education Service Division）」
1974年 3月	東京都消費者センター「ニューヨーク市の消費者教育―小学校・中学校用（海外資料1）」
3月	東京都消費者センター「ニューヨーク市の消費者教育―高等学校用（海外資料2）」
	消費者の利益に関する大統領委員会「アメリカの学校における消費者教育の理論と実際」日本消費者連盟
1975年 2月	神奈川県消費生活課「アメリカにおける消費者教育―その印象と資料」
4月	東京都、中学校向け副読本「消費者―消費生活を考える」完成するも配布せず
	滋賀県教育委員会「小・中学校及び高等学校における消費者教育に関する指導資料（基礎編／実験・実習編）」
1976年 2月	愛媛県消費者保護審議会答申書「愛媛県における消費者教育の基本的方向について」
3月	国民生活センター「自治体における消費者教育の現状―消費生活センター講座を中心に」
11月	藤枝悳子ほか『家庭科教育における消費者教育』家政教育社
1977年 3月	国民生活センター「学校における消費者教育」
4月	**第4次学習指導要領**（中学は1978年、高校は1979年）
1978年 3月	岐阜県環境部県民生活課編、県教育委員会監修「消費者教育の理論と実践―小・中学校における指導資料」
1979年 5月	山崎進・木村静枝『新版消費者商品学―消費者教育の理論』光生館
7月	呉世煌『現代消費経済論』泉文堂
7月	東京都消費者センター、教員向け消費者教育機関誌「わたしは消費者」第1号
8月	宮城県消費生活審議会「宮城県における消費者教育の体系化について」答申
12月	藤枝悳子ほか『家庭科教育における消費者教育指導の実際』家政教育社
1980年 3月	**国民生活センター商品テスト・研修施設開所**（相模原市）
3月	長野県・長野県教育委員会「学校における消費者教育―指導資料（中学校編）」

消費者教育発展史　337

年月	項　目
3月	岐阜県「小・中学校の消費者教育＝より理解を深めるために＝」
3月	東京都都民生活局「消費者教育の理論と実態に関する調査（実態調査編）」
7月	東京都都民生活局「消費者教育の理論と実態に関する調査報告書（理論編）」
12月	東京都消費生活対策審議会「消費者行政における情報活動と消費者教育に関する答申」
	〈1981〜90年〉
1981年 7月	小木紀之『消費者は守られているか』ドメス出版
7月	愛知県生活課「わたしたちのある日曜日―暮らしの家庭読本（児童向）」
	愛知県生活課「中学生のくらし：春夏秋冬―暮らしの家庭読本（中学生向）」
8月	（財）生命保険文化センター編『新しい消費者教育を求めて』
11月	**日本消費者教育学会設立**（創設者：今井光映）
11月	三重県消費生活教育検討委員会「児童・生徒等低年齢層に対する消費生活教育の実践について―消費生活教育検討委員会報告書」
1982年 1月	静岡県消費者問題審議会「生涯の各時期における消費者学習に関する調査検討結果報告書」
1月	R.Bannister & C.Monsma, "Classifieation of Concepts in Consumer Education" South Western Publishing Co.
4月	国民生活センター「月刊国民生活4月号―特集　消費者教育を見直す」
9月	東京大学公開講座『消費者』東京大学出版会
10月	小笠原ゆ里・村田昭治・津止登喜江・舟木美保子編修『技・家の消費者教育』開隆堂
1983年 4月	日本消費者教育学会『消費者保護論』光生館
11月	国民生活センター「学校における消費者教育」
1984年 3月	経済企画庁委託調査「消費者教育のあり方に関する調査―欧米の学校教育における消費者教育の原理・方法とわが国の学校教育における消費者教育のあり方に関する調査・研究」家政教育社
8月	福島県「小学校における消費者教育のてびき」
11月	消費者教育実践交流会第1回（渋谷区立消費者センター）
1985年 2月	東京都消費生活対策審議会「消費者行政における消費者教育関連事業の改善・強化策に関する答申」
3月	中野区教育委員会「学校における消費者教育（第一集）」
3月	埼玉県・埼玉県教育委員会・埼玉県社会科教育研究会・埼玉県技術・家庭科教育研究会「消費生活関連中学校指導資料　社会科、技術・家庭科編」
5月	福島県「小学校における消費者教育の手引き」

年月	項　目
6月	日本消費者教育学会「消費者教育のための京都国際シンポジウム」開催（於京都国際会議場、エイボン・プロダクツ協賛）
6月	小木紀之『消費者教育の時代』ドメス出版
7月	東京都「消費者教育検討会議」設置（教育庁と生活文化局で構成）
8月	『自立する消費者をめざして　消費者教育のための京都国際シンポジウム基調講演集』エイボン・プロダクツ
10月	東京都生活文化局「消費者教育事業に関する調査研究報告書」
11月	消費者教育副読本刊行会「きみはリッチ？　クレジット・カード・サラ金の話」
12月	東京都消費者センター「学校における消費者教育」（都生活文化局「消費者教育事業に関する調査研究報告書」抜刷）
1986年 1月	消費者教育を考える教員交流会発足（東京）
1月	国民生活センター『月刊国民生活2月号―特集　消費者教育のあり方を求めて』
3月	米川五郎・高橋明子・小木紀之編『消費者教育のすすめ』有斐閣
3月	東京都消費者センター「学校教育における消費者教育」
9月	**国民生活審議会「学校における消費者教育について」を教育課程審議会に要望**
9月	消費者教育・教員ネットワーク発足（神戸）
10月	秋田県「中学校技術・家庭科指導資料　わたしたちの消費生活」
11月	参議院決算委員会刈田貞子委員の消費者教育の充実を求める質問に対し塩川文科大臣及び文部省局長が答弁
1987年 3月	日本リサーチ研究所「学校における消費者教育の新しい視点―市民社会における消費者教育へ」経企庁委託調査
3月	東京都消費者センター「これからの消費者教育」（東京都消費者センター運営委員会調査報告書）
3月	東京都消費者センター「消費者教育に関する報告集―消費者の権利についてのアメリカ会議より（海外資料10）」
3月	埼玉県・埼玉県教育委員会・埼玉県社会科教育研究会「新しい消費者教育を求めて―中学校社会科における実践報告書 No.2」
5月	「消費者の日」制定10周年記念シンポジウム、消費者教育のあり方を考える―学校教育を中心として
5月	早川克己『消費者教育の理念と実際―米国と日本の現状と展望』ブレーン出版
9月	野村かつ子「アメリカの学校における消費者教育」『海外の市民活動』47号
9月	経済企画庁消費者行政第一課『学校における消費者教育の新しい視点―市民社会における消費者教育へ』大蔵省印刷局
10月	**経済企画庁「消費者教育を考える研究会（加藤一郎座長）」設置**

年月	項　目
1988年 3月	経済企画庁同研究会「消費者の主体性の確立を目指して―新たな消費者教育の展開」
3月	横浜市「学校における消費者教育のあり方研究報告書」
3月	東京と消費者センター「小学生に対する消費者教育用教材の開発の視点」（東京と消費者センター運営委員会調査報告書）
3月	鳥取県民生部社会課・鳥取県教育委員会指導課「高等学校における消費者教育のあり方について」
4月	国民生活センター『月刊国民生活5月号―特集　学校における消費者教育』
9月	『月刊家庭科研究'88　9月号』「特集　消費者教育をどうすすめるか」あゆみ出版
9月	**国民生活審議会「消費者教育の推進について」**
9月	経企庁消費者行政第一課『新しい消費者教育の推進をめざして』大蔵省印刷局
11月	埼玉県・埼玉県教育委員会、さいたま消費者教育フォーラム'88を開催
1989年 1月	日本消費生活アドバイザー・コンサルタント協会「きみは　だいじょうぶ？　契約ってなあに」（NACS教材第1号）
1月	横浜市学校における消費者教育推進研究会編「消費者教育情報 NICE」創刊
1月	神奈川県県民部消費者生活課「消費者教育を考える」創刊
1月	埼玉県・埼玉県教育委員会「消費者教育通信」創刊
1月	千葉県「消費者教育情報」創刊
3月	今井光映監修『Consumers Now より良い消費生活を求めて』実教出版（高校向け教材）
3月	商事法務研究会「学校における消費者教育の総合調査」経済企画庁委託調査
3月	国民生活センター「子どもの消費生活と消費者教育―家庭における消費者教育を中心に」
4月	**第5次学習指導要領実施**（小学校生活科誕生、高校家庭男女共修、「家庭経済と消費」入る）
6月	消費者教育を考える教員交流会『消費者教育269』たいせい
7月	宮坂広作『消費者教育の創造』ウイ書房
9月	中国地方弁護士会連合会「消費者教育プレシンポジウム報告書」
1990年 2月	愛知県消費者保護審議会「本県における消費者教育のあり方に関する意見書」
2月	**財団法人消費者教育支援センター設立**
3月	国民生活センター編『消費者問題と消費者保護』（研修講座副読本）第一法規
3月	日本リサーチ総合研究所「学校における消費者教育実践のための教材と解説」経企庁委託調査

年月		項　目
	3月	日本リサーチ総合研究所「学校における消費者教育の支援方策研究報告書」経企庁委託調査
	3月	鳥取県・鳥取県教育委員会「小学生のための消費者教育指導資料集」
	3月	鳥取県・鳥取県教育委員会「中学生のための消費者教育指導資料集」
	3月	鳥取県・鳥取県教育委員会「高校生のための消費者教育指導資料集」
	3月	岩手県『自立する消費者―消費者保護から消費者の自立へ』(高校生用)
	8月	愛知県「学校における消費者教育実践のために―消費者教育とは」発行
	9月	海外市民活動情報センター「学校における消費者教育の推進」
	9月	経済企画庁消費者行政第一課編「新たな消費者教育の展開を目ざして」第一法規
		〈1991～2000年〉
1991年	1月	『実践・消費者教育―自立する消費者の育成』『週刊教育資料』(日本教育新聞社)に連載(7月1日まで)
	1月	林郁編『ヤング消費者読本―21世紀の主役へのメッセージ』民事法研究会
	3月	正田彬・金森房子『消費者問題を学ぶ』有斐閣選書
	3月	(財)消費者教育支援センター「NICE消費者教育データベース91」
	3月	(財)消費者教育支援センター『あなたが住居の主人公になるために』消費者教育副読本(高校生向け)
	3月	(財)消費者教育支援センター「消費者教育の定着と普及・推進のために」
	3月	国民生活センター「消費者情報および消費者学習機会の提供の現状」
	3月	横浜市・横浜市教育委員会「消費者教育指導用資料」
	5月	千葉県柏市、消費者教育推進連絡会設置
	7月	愛知県「学校における消費者教育実践のために　消費者教育とは」
	9月	「社会教育9月号―特集インテリジェントライフのための消費者教育」全日本社会教育連合会
	9月	宮坂広作『共生社会への教育―生活主体の形成を求めて』ウイ書房
1992年	3月	(財)消費者教育支援センター「NICE消費者教育データベース92」
	3月	国民生活センター「ヤング消費者教育最前線」(「国民生活」臨時増刊号)
	3月	島根県・島根県教育委員会『小学校における消費者教育　教員用指導資料』
	3月	名古屋市経済局『学校における消費者教育指導の手引き―小学校家庭編』
	4月	西村隆男「授業に生かす消費者教育のポイント(中学校技術・家庭科教授用資料)」開隆堂出版

年月	項　　目
7月	経済企画庁消費者行政第1課編『カード社会を生きるあなたへ　消費者教育の実践に向けて（視聴覚教材検討編）』大蔵省印刷局
11月	日本消費者教育学会編『学校消費者教育推進のマニュアル―小・中・高教師のための』家政教育社
1993年 1月	日本弁護士連合会消費者問題対策委員会「アメリカ消費者教育事情視察報告書」
2月	（財）消費者教育支援センター「みんなで作る消費者教育―楽しい親子消費者教育講座」平成4年度文科省委嘱事業
3月	（財）消費者教育支援センター「NICE 消費者教育データベース 93」
3月	島根県・島根県教育委員会「中学校における消費者教育　教員用指導資料」
3月	（財）消費者教育支援センター「消費者教育推進に関するアンケート調査報告書」
3月	国民生活センター「『子ども消費者』と消費生活センター」
3月	名古屋市経済局「学校における消費者教育指導の手引き―中学校技術・家庭編」
4月	金融広報中央委員会「A Guide to Money & Card お金やカードについて考えてみよう」（中学生向け教材）
11月	東京都消費者センター「持続可能な消費への転換―IOCU（国際消費者機構）政策文書」（消費者運動資料）
1994年 1月	今井光映・中原秀樹編『消費者教育論』有斐閣
1月	茨城県「これからの消費者教育　教師向け情報資料」
5月	有斐閣選書『消費者教育のすすめ―自立した消費者をめざして』
10月	日本消費者教育学会『新・消費者保護論』光生館
1995年 2月	（財）消費者教育支援センター『アメリカの消費者教育関連機関 65 ガイド』
3月	静岡県「あなたも消費者　高校生用副読本　暮らし、契約、クレジットの話」
1996年 3月	（財）消費者教育支援センター「全国大学消費者教育講義データ」
3月	（財）消費者教育支援センター『消費者教育〈政策・答申〉資料』
3月	（財）消費者教育支援センター「消費者教育特論　消費者教育を考える第一輯」
9月	経済企画庁「学校における製品安全教育のすすめ方」
11月	日本消費者教育学会関東支部「地球市民を育てる消費者教育―人・資源・環境」（15 周年記念誌）
11月	日本消費者教育学会関東支部訳「消費者教育における諸概念の分類 (Classification of Concepts in Consumer Education)」
1997年 3月	消費者教育支援センター「考えさせる消費者教育」（文科省委嘱・女性の社会参加支援特別推進事業）

年月	項目
6月	西村隆男編『クレジットカウンセリング─多重債務者の生活再建と消費者教育』東洋経済新報社
	経済企画庁、消費者教育専門家派遣制度開始
1998年 4月	J.S. ボニス『賢い消費者─アメリカの消費者教育の教科書』家政教育社
4月	**第6次学習指導要領改訂**（中学校　技術・家庭科に「家庭生活と消費」）
4月	日本弁護士連合会消費者問題対策委員会「弁護士のための消費者教育講師マニュアル─21世紀に生きる自立した消費者を目指して」
6月	消費者教育支援センター『消費者教育事典』（有斐閣）
11月	日本弁護士連合会消費者問題対策委員会「消費者教育欧州視察報告書」
1999年 2月	山本紀久子『自己責任を育てる消費者教育』日本書籍
4月	第6次学習指導要領改訂（高等学校　家庭科に「消費と環境」）
5月	西村隆男監修『子どもとマスターする46のお金の知識』合同出版
10月	西村隆男『日本の消費者教育─その生成と発展』有斐閣
10月	鈴木深雪『消費生活論─消費者政策』尚学社
2000年 3月	（社）全国消費生活相談員協会『子ども消費者─自立のためのワンステップ』
3月	東京弁護士会・第1東京弁護士会・第2東京弁護士会・日本弁護士連合会、消費者教育シンポジウム「規制緩和・インターネット時代の消費者教育」
3月	（財）消費者教育支援センター『21世紀の新消費者像』
	〈2001〜10年〉
2001年 3月	日本消費者教育学会関東支部「子どもの生活と意識に関する実態調査報告書」
3月	内閣府「学校教育における消費者教育の実態調査　報告書」
3月	（財）消費者教育支援センター「高等教育機関の消費者教育─全国大学シラバス調査」
7月	松村晴路編『消費者主権と消費者法』嵯峨野書院
2002年 3月	金融広報中央委員会「金融に関する消費者教育の推進に当たっての指針」
3月	日興ファイナンシャル・インテリジェンス（株）『米国、英国における金融に係わる消費者教育に関する実態調査』
10月	日本消費者教育学会関東支部「21世紀の消費者─『自立』と『共生』への課題」（20周年記念誌）
2003年 3月	水谷節子『新時代の消費者教育─実証プログラム付』西日本法規出版
5月	**国民生活審議会消費者政策部会「21世紀型の消費者政策の在り方について」**
6月	消費者教育支援センター『消費者教育の新たな展開に向けて』消費者教育に関する研究会報告書

年月	項　目
11月	大原明美『北欧の消費者教育―「共生」の思想を育む学校でのアプローチ』新評論
2004年 5月	消費者教育NPO法人「お金の学校くまもと」設立
6月	**消費者基本法制定**（消費者教育を受ける権利を明記）
2005年 10月	日本消費者教育学会編『消費生活思想の展開』税務経理協会
11月	**内閣府、消費者教育体系化のための調査研究会設置**
2006年 2月	内閣府「高齢者の消費者トラブル『見守りガイドブック』講師用マニュアル」
3月	消費者教育支援センター「消費者教育体系化のための調査研究報告書」（消費者教育の体系シート）
4月	内閣府「平成17年度消費者教育専門家派遣制度に係る派遣報告書」
9月	宮坂広作『消費者教育の開発―金銭教育を展望して』明石書店
9月	日本消費者教育学会関東支部「21世紀の住まいと消費者教育」（25周年記念事業）
10月	**関係省庁消費者教育会議第1回**
2007年 3月	三菱総研「消費者教育の総合的推進に関する調査研究」
3月	三菱総研「消費者教育の講師育成に関する実態調査」
3月	内閣府「障害者の消費者トラブル　見守りガイドブック」
3月	みずほ情報総研「消費者教育ポータルサイトに関する調査研究報告書」
4月	細川幸一『消費者政策学』成文堂
4月	谷村賢治・小川直樹編『新版　生涯消費者教育論―地域消費者力を育むために』晃洋書房
9月	日本消費者教育学会編『新消費者教育Q&A』中部日本教育文化会
9月	樋口一清・井内正敏編『日本の消費者問題』建帛社
2008年 3月	内閣府国民生活局「教員・講師のための消費者教育ティーチングガイド」
3月	株式会社DELTAi.D総合研究所「消費者教育ポータルサイトの運用に関する調査研究報告書」（内閣府請負事業）
3月	**第7次学習指導要領改訂**（小・中学校、高校は2009年3月）
3月	（社）新情報センター「平成19年度消費者教育の総合的推進方策に関する調査研究報告書」（内閣府請負事業）
3月	**内閣府、消費者教育ポータルサイト【試行版】運用開始**
10月	日本消費者教育学会関東支部25周年記念誌『転換期の消費者教育』
10月	**OECD/UNEP消費者教育合同会議**
10月	**自民党、消費者問題調査会消費者教育WT第1回会合**（島尻あい子座長）
12月	**内閣府「平成20年版　国民生活白書―消費者市民社会への展望」**（最後の「国民生活白書」）
2009年 3月	価値総合研究所「消費者市民教育に関する諸外国の現状調査　報告書」
5月	**消費者庁設置関連3法成立**

年月	項　目
9月	消費者庁および消費者委員会発足
10月	日弁連消費者教育・ネットワーク部会『消費者教育北欧視察報告書』
12月	OECD消費者教育に関する消費者政策委員会の政策提言
2010年 2月	正田彬『消費者の権利　新版』岩波新書
4月	日弁連シンポジウム「いま、消費者市民社会の実現に向けた消費者教育へ」開催
7月	『衣料管理士養成のための消費生活論』日本衣料管理協会
11月	消費者教育推進会議設置（末松義規内閣府副大臣会長）
	〈2011年～〉
2011年 2月	文部科学省消費者教育フェスタ第1回（東京）
3月	文部科学省生涯学習政策局「大学等及び社会教育における消費者教育の指針」
3月	文部科学省生涯学習政策局「大学等及び社会教育における消費者教育の指針　消費者教育に関する取組状況調査」
3月	文部科学省生涯学習政策局「消費者教育の試行的実施による効果検証のための調査研究」
3月	佐賀大学・消費者教育を考える会編「Consumer's Why みんな消費者―2011年度版」
7月	(財) 消費者教育支援センター「海外の消費者教育2011　韓国・スペイン・PERL」
2012年 3月	消費者教育推進会議【有識者会議】「消費者教育推進のための課題と方向」
3月	文科省「消費者教育実践の手引き―親子を対象とした教育実践」平成23年度消費者教育推進事業
5月	埼玉県教育庁高校教育指導課、消費者教育推進委員会設置
5月	日本弁護士連合会、シンポジウム「広がれ、消費者市民教育！―消費者教育推進法が成立して、教育現場はどう変わる？」開催
8月	消費者教育推進法成立
12月	消費者教育推進法施行
2013年 1月	消費者庁「消費者教育の体系イメージマップ」を公表
1月	消費者庁「消費者教育の体系イメージマップ―消費者力ステップアップのために」（消費者教育推進のための体系的プログラム研究会）
1月	静岡大学消費生活研究サークル「今日からあなたも自立した消費者」
3月	日本司法書士連合会・近畿司法書士連合会・国立大学法人大阪教育大学「法教育としての消費者教育共同研究会『法教育としての消費者教育に関する研究』」
3月	消費者庁、消費者教育推進会議設置
6月	「消費者教育推進に関する基本的な方針」を閣議決定
6月	消費者庁「地方公共団体における消費者教育の事例集」

年月	項　目
6月	（公財）消費者教育支援センター「先生のための消費者市民教育ガイド―公正で持続可能な社会をめざして」
7月	**消費者庁「平成25年度消費者白書」**（最初の「消費者白書」）
7月	岩本諭・谷村賢治編『消費者市民社会の構築と消費者教育』晃洋書房
9月	**文科省、消費者教育アドバイザー派遣制度開始**
9月	日本消費者教育学会関西支部『関西発！消費者市民社会の担い手を育む』
11月	（公財）政教総合研究所「特集　消費者推進法をめぐって―消費者基本法間もなく10年」『生活協同組合研究』454号
2014年 3月	埼玉県教育委員会「高等学校消費者教育指導事例集」
3月	文部科学省「地域における様々な主体の連携と協働を目指して―平成25年度『連携・協働による消費者教育推進事業』を踏まえて」
3月	文部科学省「地域における消費者教育実践ヒント集」
6月	（公財）消費者教育支援センター「海外の消費者教育　イギリス・フランス・国際機関」
11月	（公社）全国消費生活相談員協会「親子で学ぼう消費者教育―上手なお金の使い方実践ワーク集」
12月	（公社）全国消費生活相談員協会「高齢者の消費者被害　みんなで見守り　気づいてつなごう」
2015年 1月	浜松市「家康くん」を消費者教育推進大使第1号に委嘱（消費者庁）
3月	日本消費者教育学会九州支部編『消費者教育30年の歩み―消費者市民社会の構築へ向けて』花書院
5月	**消費者庁「倫理的消費」調査研究会設置**
6月	（公財）消費者教育支援センター、シンポジウム「『消費者市民教育』への展望」開催
7月	**消費者教育推進会議（第2期）発足**
9月	**国連、SDGs（持続可能な開発目標を採択、その第12に「責任ある生産と責任ある消費の確保」を掲げる）**
12月	消費者庁、エシカルラボ東京開催
12月	**国連、新消費者保護ガイドライン採択**
2016年 2月	日本消費者教育学会関東支部監修『新しい消費者教育―これからの消費生活を考える』慶應義塾大学出版会
3月	日本弁護士連合会消費者問題対策委員会『お買いもので世界を変える』岩波ブックレット
3月	文部科学省「いつでも　どこでも　だれでも　できる！―消費者教育のヒント＆事例集」
4月	姫路市教育委員会、学校園消費者教育推進委員会設置
4月	**消費者教育推進会議「学校における消費者教育の充実に向けて」**
5月	（公財）消費者教育支援センター「エシカルアクションガイドブック　私たちの行動が未来をつくる―めざせ消費者市民！」

年月	項目
5月	西村隆男『社会人なら知っておきたい金融リテラシー』祥伝社新書
6月	（公財）消費者教育支援センター、シンポジウム「消費者教育をデザインする―新たな地域連携の可能性を探る」を開催
6月	**消費者委員会「若年層を中心とした消費者教育の効果的な推進に関する提言」**
7月	消費者庁、エシカルラボ徳島開催
8月	（公財）消費者教育支援センター「高齢者の消費者トラブルを地域で防ぐ―見守りワークブック」
	（公財）消費者教育支援センター「ゲームをしながら身近なマーク・絵表示が学べる Mark de cuartet!」
9月	日本消費者教育学会編『消費者教育Q&A―消費者市民へのガイダンス』中部日本教育文化会
9月	神奈川県県民局消費生活課「買い物が未来をつくる 未来をかえる」
9月	**政府、2017年度徳島県に「消費者行政新未来創造オフィス（仮称）」開設を公表**
11月	**パリ協定国会承認**
11月	国民生活センター、消費者教育コーディネーター育成講座開催
12月	民事法研究会「特集 消費者教育を考える」『現代消費者法』33号
12月	**中央教育審議会「学習指導要領等の改善及び必要な方策等について（答申）」**（高校に必修科目として「公共」を設置）
2017年 3月	西村隆男編著『消費者教育学の地平』慶應義塾大学出版会
3月	姫路市教育委員会「姫路市学校園消費者教育指針」

※表中の資料は編著者が確認したもののみ記した。

索　引

あ行

悪質商法　70, 83
アクティブ・ラーニング　117, 145, 168
アジェンダ21　159
新しい公共　247
アメリカ家政学　216

生きる力　165
意思決定　1, 45
　──力　114
　──論　43, 45
今井光映　11, 32
インターネット　137, 138

エコラベリング　323
エシカル消費　319

応援消費　202

か行

カードローン　292
介護福祉士　70
学習指導要領　81-87, 136, 150, 211
学習到達度調査　164
家計管理　274, 275, 277, 293
　──能力　301, 304
家計状況　293, 301
家計簿　294, 301
貸金業法　305
賢い消費者　42, 43, 327
家政学将来構想委員会　217
価値観　304
学校教育　78, 90, 99
　──法　85
学校消費者教育　136
「学校における消費者教育について」
　30, 84
家庭科　143, 276, 279, 280, 282, 283, 285
　──教育　144

ガバナンス　246, 254, 260
環境教育　62, 155
　『──指導資料』　156
　──推進法　158
　──促進法　158
完全競争　182

キー・コンピテンシー　164
機会費用　181
企業倫理　323
希少性　181
規制緩和　177
キャッシング　291
教育委員会　68, 69, 75, 254, 257
教育課程審議会　84
教育基本法　85
教科　143
　──横断的　150
　──学習　142
　──教育学　143
共生　145
行政学　244
京都議定書　51
金銭管理　274, 276, 279, 281, 285
金融　199
　──教育　189
　──経済教育　189
　──排除　305
　──包摂　305

『暮しの手帖』　44
グリーンコンシューマリズム　319
クレジットカード　290, 291
グローバル化　177

ケア　170
経済安定本部　34
経済企画庁　26, 34
経済教育　175, 177

経済的投票　311
経済リテラシー　178
景品表示法　239
契約　86
ケーススタディ　45
結果の公正　186
『月刊消費者』　44
ケネディ（J. F. Kennedy）　1
憲法　241
権利主体論　46

公害問題　168
「公共」　87, 149
高度経済成長期　168
公民科　175
公民的資質　146
功利主義　207
効率と公正　185
高齢者の消費者被害　263
コーディネーター　75, 243
国際家政学会（IFHE）　222
国際環境教育計画（IEEP）　158
国際交流特別委員会　217
国際消費者機構　159, 227, 330
国際理解教育　62
国民生活
　——向上対策審議会　25
　——審議会　26, 33, 211
　——センター　35, 70, 72, 103
　——白書　38
国立教育政策研究所　167
国連
　——ESDの10年　159
　——環境開発会議（地球サミット）　159
　——持続可能な開発サミット　222
　——消費者保護ガイドライン　37, 59
　——人間環境会議　158
　——ミレニアム開発目標（MDGs）　222
コンシューマー・シティズンシップ・ネットワーク　38, 60, 107, 195

コンシューマーズ・ユニオン　23, 44, 95, 96
コンシューマリズム　28, 44, 99, 193

さ行

サラ金問題　29
参加・体験型学習　117
参画型消費者主義　195
三種の神器　169

支援行政　253
ジェンダー　168
　——・セグリゲーション　169
事業者（団体）　64
事業者の権利　240
自己責任　177
市場価格　182
市場経済　182
市場メカニズム　182
持続可能
　——な開発のための教育　155
　——な開発目標（SDGs）　159
　——な社会　147, 190
　——な消費　159
　——な消費と生産　159, 194, 330
　『——な未来のための学習』　163
自治事務　248
シティズンシップ　235, 334
市民協働　243
市民権　234
市民社会　235
社会科　143, 175
社会教育　77, 78
社会教育主事　78
社会参加　327
社会参画力　190
社会的価値行動　193
社会の共有資産　190
社会の責任　317, 318, 324
社会の責任投資　203
社会福祉主事　70
ジャンプスタート個人金融連盟　192

索引 349

18歳選挙権　177
住民投票　313
主権者意識　313
主権者教育　177
主婦連合会　20, 79
需要と供給　182
生涯教育　151
正田彬　46
消費
　——社会　137
　——社会化　169
　——文化　140
消費者
　——安全法　58
　——委員会　56, 66
　——運動　25
　——概念　237
　——関連専門家会議　64
　——基本計画　35, 65
　——基本法　35, 55, 65, 86, 226
　——行政　55, 59, 68, 70, 77, 79, 88
　——行政担当課　248
　——行政担当職員　251
　——金融会社　292
　——啓発　63, 75
　——契約法　86
　——主権　2, 240
　——信用　86
　——政策　58, 65
　——責任　318
　——宣言　21
　——相談　75
　——団体　63, 75, 79, 228
　——庁　56, 67, 73, 75
　——の権利　55, 57, 58, 193, 226
　『——の権利』　47
　——の自立　229
　——被害　29
　——法　213
　——保護基本法　28, 63, 77
　——問題　79, 86, 88, 168, 213

消費者教育　1-3, 5-8, 14, 57-60, 62, 63, 65, 67, 69, 72, 75, 87-90, 95, 96, 106, 144, 189
　——科　149
　——コーディネーター　254, 256
　——支援センター　33, 72, 84
　——推進委員会　36, 79, 80
　——推進会議　50, 65, 66, 73, 74, 256
　——推進計画　66, 67
　——推進地域協議会　66, 67, 257, 260
　——推進法　37, 48, 49, 55, 57, 74, 156, 157, 225, 267, 330
　——の諸概念の分類（諸概念の分類）　42
　——の推進に関する基本方針（基本方針）　64-66, 243, 261
　——の体系イメージマップ　35, 68, 150
　——の評価　117
　——ポータルサイト　71
　——を受ける権利　226
消費者市民　60, 75, 107, 195, 327, 334
　——概念　157
　——教育　91, 195
消費者市民社会　37, 49, 50, 58-61, 71, 75, 223, 232, 243
消費生活　215
　——審議会　261
　——センター　28, 63, 71, 75, 77, 79, 83
　——相談員　72, 75, 252
　——と環境　223
情報格差　4
食育　62
職業教育　221
自立した消費者　327
新自由主義　186

生活科　143, 148
生活経営学　211, 212
生活困窮者自立支援法　297
生活再建　297, 304
生活設計　293
生活単元　279-281, 285

政策学　244
脆弱な消費者　239
製造物責任法（PL 法）　321
成年後見制度　273, 278
セクショナリズム　246, 254
全国消費生活情報ネットワーク・システム（PIO-NET）　269
全国消費生活相談員協会　79
専門的人材　253

総合的な学習の時間　85, 165
相談者との関係性　298

た行

大学等及び社会教育における消費者教育の指針　36, 80
確かな学力　165
『たしかな目』　44
多重債務　289, 295
　──問題　86
　──問題改善プログラム　297
縦割り行政　246, 254

地域連携推進小委員会　256
地球温暖化　51, 312
地球サミット　159
『地球の未来を守るために』　161
地方公共団体　255
地方自治　245
　──体　243
　──法　245
地方消費者行政　247, 249
　──活性化基金　249
　──推進交付金　80, 249
地方分権　246

つながり消費　201

ディベート　45
適合性原則　239
テサロニキ宣言　158
デジタルコンテンツ　138

出前講座　260
デューイ（J. Dewey）　82, 93
電子マネー　290

独占禁止法　239
特別支援学校　276, 279, 280, 282, 284–286
ドッド・フランク法　51, 324
都道府県消費者教育推進計画　66
トビリシ会議　158
トビリシ勧告　158
トビリシ宣言　158
豊田商事事件　29, 83
トーレセン（V. W. Thoresen）　38, 107
トレード・オフ　181

な行

21 世紀型スキル　164
21 世紀型能力　165, 167
日本消費者教育学会　31, 55, 215
日本消費者協会　24
日本消費生活アドバイザー・コンサルタント・相談員協会　79
日本生産性本部　23, 24
『人間開発報告書』　163
人間環境宣言　158

ネーダー（R. Nader）　99, 100, 103

は行

パーソナルファイナンス（PF）　192
　──教育　189, 192
パートナーシップ　260
バニスター（R. Bannister）　42, 49, 101, 114, 155
パフォーマンス評価　119, 127
ハラップ（H. Harap）　6, 41, 93
パリ協定　51
バルディーズ原則　323
判断能力　267, 268
判断不十分者　268, 269

索 引　　351

ヒーブ問題特別委員会　217
比較優位　181
人と環境との相互作用　211
批判的思考力　115

フェアトレード　74, 205, 319
　　──タウン　327
不完全競争　182
不完全情報　3, 4
福祉行政　70
ブルントラント委員会　107
ブルントラント報告書　161

ベオグラード憲章　158

訪問介護員　70
ポータルサイト　35
ボン宣言　162

ま・や行
マクレガー（S. L. T. MacGregor）　107

宮坂広作　12, 47
民生委員　70

森永ヒ素ミルク事件　25
モンスマ（C. Monsma）　114, 155

山崎進　8

要支援消費者　268, 274, 285, 286
ヨハネスブルグ・サミット　157

ら行〜
ライフサイクルアセスメント　323
ライフプラン　192

倫理的消費　319
倫理的な消費者　204

ルーブリック　119, 128

連携・協働　256

ロールプレイング　45
ロッチデール原則　19
ロッチデール公正先駆者組合　103

ワークショップ　262

欧文
CCN　161
CEE　178
CI　159
CSR　324
DeSeCo　164
ESD（Education for Sustainable Development）　155, 254, 319
FCS　218
Here and Now!　162
IEEP　158
IFHE　222
ISO　323
LCA　323
MDGs　222
National Standards for Family and Consumer Science Education　218
OECD　36, 37, 164, 330
Our Common Future　161
PDCA　228
PERL　161
PIO-NET　269
PISA　85, 164
SDGs　159, 222
UNDP　163
UNEP　162
UNESCO　163
"with"　171
Youth X Change　161

執筆者紹介

神山久美（かみやま くみ）〔第 6 章〕
　山梨大学大学院総合研究部教育学域准教授
　2007 年横浜国立大学大学院教育学研究科修了、2010 年東京学芸大学大学院連合学校教育学研究科博士課程修了（横浜国立大学所属）。博士（教育学）。私立中学・高校教員、名古屋女子大学家政学部准教授等を経て現職。日本消費者教育学会理事・関東支部長、山梨県消費生活審議会委員、甲府市消費者安全確保地域協議会会長、金融広報中央委員会「金融教育に関する小論文・実践報告コンクール」審査員ほか。専門は消費者教育、生活経営学。
　主な業績：『新しい消費者教育—これからの消費生活を考える』（共編著、慶應義塾大学出版会、2016 年）、「大学におけるアクティブ・ラーニングの検討—消費者行政と協働した実践から」『消費者教育』（第 34 冊、2014 年）、「消費者教育における体験型学習—協同の視点から」『消費者教育』（第 28 冊、2008 年）ほか。

奥谷めぐみ（おくたに めぐみ）〔第 7 章〕
　福岡教育大学教育学部講師
　2008 年大阪教育大学教育学部卒業、2010 年大阪教育大学大学院教育学研究科修士課程修了、2014 年東京学芸大学大学院連合学校教育学研究科博士課程修了。博士（教育学）。甲子園短期大学特任助教を経て現職。専門は生活経営学、消費者教育。
　主な業績：「消費文化を題材とした消費者教育教員研修プログラムの提案」『消費者教育』（第 36 冊、2016 年）、「デジタル環境がかえる若者の消費行動と対策（第 12 章）」岩本諭・谷村賢治編著『消費者市民社会の構築と消費者教育』（晃洋書房、2013 年）ほか。

松葉口玲子（まつばぐち れいこ）〔第 8 章〕
　横浜国立大学教育人間科学部教授
　1983 年横浜国立大学卒業後、（株）リクルート社勤務等を経て 1995 年横浜国立大学大学院教育学研究科修士課程修了、1998 年昭和女子大学大学院生活機構研究科博士後期課程修了。博士（学術）。鳴門教育大学助教授、岩手大学助教授を経て現職。横浜市消費生活審議会消費者教育推進地域協議部会長ほか。専門は、消費者教育、環境教育／ESD、ジェンダー。
　主な業績：「〈新しい能力〉と「消費者市民」時代における消費者教育再考—環境教育／ESD の動向を射程に入れて」『消費者教育』（第 36 冊、2016 年）、「グローバル・スタンダード時代における学力／能力—ケアリングとジェンダーの視点から」諏訪哲郎監修『持続可能な未来のための教育論』（学文社、2016 年）、『持続可能な社会のための消費者教育—環境・消費・ジェンダー』（近代文芸社、2000 年）ほか。

阿部信太郎（あべ　しんたろう）〔第9章〕
城西国際大学経営情報学部准教授
1984年早稲田大学政治経済学部経済学科卒業、1999年早稲田大学大学院教育学研究科修士課程修了、2004年早稲田大学大学院教育学研究科博士課程満期退学。公立高校教員、消費者教育支援センター主任研究員等を経て現職。文部科学省中学校学習指導要領解説技術・家庭作成協力者、経営関連学会協議会副理事長ほか。専門は消費者教育、経済教育、社会科・公民科教育。
主な業績：「効率と公正の視点と消費者教育」『消費者教育』（第35冊、2015年）、「日本のパーソナル・ファイナンス・リテラシーの現状と課題―高校生と大学生及び2時点間の比較分析」『経済教育』（共著、第32号、2013年）、"The Present State of Economic Education in Japan", *The Journal of Economic Education*, 41 (4), Tyler & Francis Group, Philadelphia, PA, USA.（共著、2010年）ほか。

橋長真紀子（はしなが　まきこ）〔第10章〕
札幌学院大学経営学部准教授。
2016年東京学芸大学大学院連合学校教育学研究科博士課程修了。博士（教育学）。金融機関、消費者教育支援センター、長岡大学を経て現職。新潟県消費生活審議会委員ほか。専門は、消費者行動、消費者教育、金融教育。
主な業績：「消費者信用」神山久美・中村年春・細川幸一編著『新しい消費者教育―これからの消費生活を考える』（慶應義塾大学出版会、2016年）、「米国大学のパーソナルファイナンス教育からの示唆」『個人金融』（2016夏号）、"The Effectiveness of Personal Financial Education for College Students: Analysis of a University in the United States"『消費者教育』（第33冊、2013年）ほか。

鎌田浩子（かまた　ひろこ）〔第11章〕
北海道教育大学教育学部釧路校教授
1984年日本女子大学家政学部卒業、1986年日本女子大学文学研究科修了、2005年日本女子大学人間生活学研究科博士課程修了。博士（学術）。公立中・高等学校、大学等の非常勤講師、（財）消費者教育支援センター特別研究員を経て現職。公職として北海道消費生活審議会委員ほか。専門は家庭科教育学、生活経営学。
主な業績：「日本消費者教育学会誌にみる消費者教育の研究動向」『消費者教育』（第36冊、2016年）、『教員養成における経済教育の課題と展望』（共著、三恵社、2012年）、『パワーアップ！　学び、つながり、発信する家庭科』（共著、大修館、2012年）ほか。

岩本　諭（いわもと　さとし）〔第12章〕
佐賀大学経済学部教授
1989年早稲田大学政治経済学部政治学科卒業、1991年早稲田大学大学院政治学研究科修了（政治学修士）、1996年3月上智大学大学院法学研究科法律学専攻単位取得退学。佐賀大学経済学部講師、助教授を経て2005年から現職。2011年10月～2015年9月まで佐賀大学理事・副学長。適格消費者団体・NPO法人佐賀消費者フォーラム理事長、佐賀県消費生活審議会委員、福岡県消費生活審議会委員、厚生労働省佐賀労働局紛争調整委員会委員長ほか。専門は経済法、消費者法。
主な業績：「広告規制と経済法―広告問題に対する射程の整理」『現代消費者法』（No.32、2016年）、「子どもに対する広告規制の理念と展開」『消費者教育』（第35冊、2015年）、『消費者市民社会の構築と消費者教育』（共編著、晃洋書房、2013年）ほか。

柿野成美（かきの しげみ）〔第13章〕
　公益財団法人消費者教育支援センター総括主任研究員
　1995年静岡大学教育学部卒業、1997年お茶の水女子大学家政学研究科修了。文部科学省消費者教育推進委員会委員、東京都消費生活対策審議会委員ほか。専門は消費者教育、消費者政策。
　主な業績：「地方消費者行政における消費者教育推進の人材に関する研究―質問紙調査にみる現状と課題」『消費者教育』（第36冊、2016年）、「消費者市民の国際的潮流」岩本諭・谷村賢治編著『消費者市民社会の構築と消費者教育』（晃洋書房、2013年）、「求められる消費者市民の育成―消費者教育の果たす役割」（社）日本家政学会家庭経済学部会関東地区会編著『少子高齢社会と生活経済』（建帛社、2004年）ほか。

小野由美子（おの ゆみこ）〔第14章〕
　東京家政学院大学現代生活学部准教授
　2002年日本福祉大学大学院博士後期課程満期退学。国民生活センター調査研究員、消費者庁政策調査員、横浜国立大学・東京家政学院大学非常勤講師等を経て現職。神奈川県消費生活審議会委員ほか。専門は消費者教育、消費者福祉。
　主な業績：「特別支援学校における家計管理に関わる教育支援の現状と課題」『消費者教育』（第36冊、2016年）、「全国消費生活相談情報にみる心身障害者関連の判断不十分者契約」『消費者教育』（第35冊、2015年）、「『要支援消費者』への消費者教育の現状と課題」『消費者教育』（第32冊、2012年）ほか。

石橋愛架（いしばし あいか）〔第15章〕
　鹿児島大学教育学部准教授
　2004年琉球大学教育学部卒業、2008年東京学芸大学大学院教育学研究科修士課程修了、2013年東京学芸大学大学院連合学校教育学研究科博士課程修了。博士（学術）。上海日本人学校教員を経て現職。専門は消費者教育、生活経営学。
　主な業績：「多重債務者の生活再建のための相談支援のあり方」『消費者教育』（第34冊、2014年）、「衝動買いに陥りやすい多重債務者に対する生活再建支援の方法」『消費者教育』（第32冊、2012年）、「多重債務者の生活再建支援における実績と課題―「金沢あすなろ会」を例に」『消費者教育』（第30冊、2010年）ほか。

西村隆男（にしむら たかお）〔編者、第Ⅰ部、第Ⅲ部、消費者教育発展史（年表）〕
横浜国立大学教育人間科学部教授
1975年埼玉大学経済学部卒業、1983年横浜国立大学大学院教育学研究科修士課程修了、1999年関東学院大学大学院経済学研究科博士課程修了。博士（経済学）。公立高校教員、消費者教育支援センター主任研究員等を経て現職。消費者教育推進会議会長（消費者庁）、消費者教育推進委員会委員長（文部科学省）、金融広報中央委員会学識者委員ほか。専門は消費者教育、金融教育。
主な著書：『社会人なら知っておきたい金融リテラシー』（祥伝社新書、2016年）、『子どもにおこづかいをあげよう！―わが子がお金に困らないためのマネー教育を！』（監修、主婦の友社、2014年）、『日本の消費者教育―その生成と発展』（有斐閣、1999年）、『クレジットカウンセリング―多重債務者の生活支援と消費者教育』（編著、東洋経済新報社、1997年）ほか。

消費者教育学の地平

2017年3月15日　初版第1刷発行

編著者―――西村隆男
発行者―――古屋正博
発行所―――慶應義塾大学出版会株式会社
　　　　　　〒108-8346　東京都港区三田2-19-30
　　　　　　TEL〔編集部〕03-3451-0931
　　　　　　　　〔営業部〕03-3451-3584〈ご注文〉
　　　　　　　　〔　〃　〕03-3451-6926
　　　　　　FAX〔営業部〕03-3451-3122
　　　　　　振替 00190-8-155497
　　　　　　http://www.keio-up.co.jp/
装　丁―――後藤トシノブ
印刷・製本――萩原印刷株式会社
カバー印刷――株式会社太平印刷社

Ⓒ 2017 Takao Nishimura, Kumi Kamiyama, Megumi Okutani
Reiko Matsubaguchi, Shintaro Abe, Makiko Hashinaga
Hiroko Kamata, Satoshi Iwamoto, Shigemi Kakino
Yumiko Ono, Aika Ishibashi
Printed in Japan　ISBN 978-4-7664-2411-9

慶應義塾大学出版会

新しい消費者教育
——これからの消費生活を考える

日本消費者教育学会関東支部監修／神山久美・中村年春・細川幸一編著　消費者問題の歴史や法整備・行政対応に関する必須知識、消費者教育推進法における消費者教育の考え方と重点領域、小中高校での授業アイデアなどが詰まった便利な入門テキスト。日本消費者教育学会関東支部35周年記念出版。　◎1,800円

大学生が知っておきたい生活のなかの法律

細川幸一著　大学生のうちに身につけておくべき「生活の知恵」としての法律を、学生生活、就職、結婚、老後に至るまでさまざまなライフステージに分けて解説する、社会人へのパスポート！　◎1,800円

表示価格は刊行時の本体価格（税別）です。